微观经济学习题集（第二版）

Weiguan Jingjixue

主编　黄河清

暨南大学出版社
JINAN UNIVERSITY PRESS
中国·广州

图书在版编目（CIP）数据

微观经济学习题集/黄河清主编．—2版．—广州：暨南大学出版社，2013.7（2015.7重印）
ISBN 978－7－5668－0295－8

Ⅰ.①微…　Ⅱ.①黄…　Ⅲ.①微观经济学—高等学校—习题集　Ⅳ.①F016－44

中国版本图书馆CIP数据核字（2012）第184268号

出版发行：暨南大学出版社

地　址：中国广州暨南大学
电　话：总编室（8620）85221601
营销部（8620）85225284　85228291　85228292（邮购）
传　真：（8620）85221583（办公室）　85223774（营销部）
邮　编：510630
网　址：http：//www.jnupress.com　http：//press.jnu.edu.cn

排　版：广州市天河星辰文化发展部照排中心
印　刷：佛山市浩文彩色印刷有限公司

开　本：787mm×1092mm　1/16
印　张：16.625
字　数：410千
版　次：2010年2月第1版　2013年7月第2版
印　次：2015年7月第7次
印　数：26001—29000册

定　价：32.00元

第二版前言

本习题集是与高鸿业主编的《西方经济学》（微观部分）第五版相配套的。广东金融学院在长期办学过程中，特别强调应用型人才的培养。为方便读者对教材的使用，特编写了本习题集。

本习题集主要具有以下特点：

（1）突出应用型人才培养目标。我们从培养应用型经济管理人才的目标出发，力求在知识点的复习上，突出理论联系实际的特点。在基本原理的掌握上，力求把近年来经济社会生活中发生的事件等进行加工，使之符合经济学教学的需要，进一步巩固学生分析问题、解决问题的能力。

（2）内容难易适度。本习题集在知识难度的选择上，删除了对烦琐的经济学模型的数学推导和运算要求，以简洁的方式进行复习，增加了读者自学经济学的乐趣。

（3）教与学有机结合。本习题集按照配套教材的章节顺序，设置了“教学目的”、“本章重点”、“本章难点”、“理论线索”、“本章习题”等栏目，突出对重要问题的解释和说明，使读者能够更容易掌握经济学的基本理论和基础知识，也为其进一步的发展和深造奠定了深厚的基础。同时本习题集也突出了趣味性，通过五套模拟试卷的不同风格组合，注重激发读者的学习兴趣，检验读者的学习效果。

（4）适用范围广泛。本习题集非常适合普通高等教育财经类院校和培养应用型人才的普通本科院校相关专业的读者使用，也适合作为报考经济管理类硕士研究生的考前辅助资料，同时也是帮助广大对经济学感兴趣的自学者检验学习成果的一本经济学入门习题集。

本习题集由广东金融学院经济贸易系教师集体编写。系主任黄河清教授任主编。参加编写的人员分工如下：黄立春负责第一章的编写，唐明琴负责第二章的编写，张捷负责第三章的编写，何南负责第四章的编写，梁涛负责第五章、第十一章的编写，蔡赛男负责第六章的编写，刘礼花负责第七章的编写，周勇负责第八章的编写，曹芳负责第九章的编写，李艳负责第十章的编写，李光德负责第十二章的编写，黄河清负责模拟试卷的编写。最后由主编进行统稿和审稿。

在编写过程中我们借鉴了国内外大量的习题集和教材，在此对相关作者表示最诚挚的感谢。编者特别感谢暨南大学出版社潘雅琴副编审和相关老师的大力支持与帮助，他们为本习题集的编写与出版做了大量的工作。

由于时间仓促，本习题集难免会存在疏漏和不足之处，敬请专家和读者不吝赐教。

编　者

二〇一三年七月

目　录

第二版前言 …… 1

第一章　引　论 …… 1
第二章　需求、供给和均衡价格 …… 7
第三章　效用论 …… 18
第四章　生产论 …… 28
第五章　成本论 …… 39
第六章　完全竞争市场 …… 51
第七章　不完全竞争市场 …… 59
第八章　生产要素价格的决定(需求方面) …… 70
第九章　生产要素价格的决定(供给方面) …… 78
第十章　一般均衡论和福利经济学 …… 94
第十一章　博弈论初步 …… 102
第十二章　市场失灵和微观经济政策 …… 107

微观经济学模拟试卷 A …… 116
微观经济学模拟试卷 B …… 120
微观经济学模拟试卷 C …… 125
微观经济学模拟试卷 D …… 130
微观经济学模拟试卷 E …… 133

参考答案 …… 136

第一章　引　论

【教学目的】

1. 了解什么是西方经济学，了解现代西方经济学的由来和演变。

2. 了解西方经济学原理，理解微观经济学与宏观经济学的研究对象及其区别与联系。

3. 理解西方经济学企图解决的两个问题，对西方经济学持有正确的态度，明确学习西方经济学的目的。

4. 掌握西方经济学的主要分析方法。

【本章重点】

1. 西方经济学的内容、由来和演变。
2. 微观经济学与宏观经济学的研究对象。
3. 西方经济学的分析方法。

【本章难点】

1. 对西方经济学应持有的态度。
2. 西方经济学的分析方法。

【理论线索】

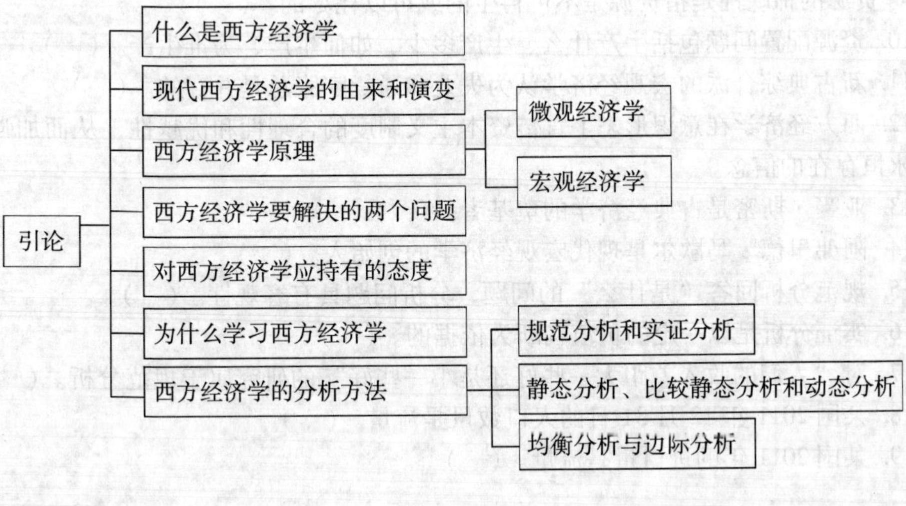

【本章习题】

一、名词解释

1. 经济学
2. 《国富论》
3. 《就业、利息和货币通论》
4. 微观经济学
5. 宏观经济学
6. 实证分析
7. 规范分析
8. 静态分析
9. 比较静态分析
10. 动态分析
11. 均衡分析

二、判断题

1. 杰文斯在英国建立了洛桑学派。( )
2. 宏观经济学以充分就业为分析的前提。( )
3. 凯恩斯经济学主张自由放任、国家不干预经济生活的政策。( )
4. 微观经济学采取个量分析的方法。( )
5. 宏观经济学的中心问题是国民收入决定理论。( )
6. 希克斯在其著作《经济学》中提出了序数效用论。( )
7. 宏观经济学的中心问题是价格理论。( )
8. 西方经济学包括企事业经营管理方法和经验、经济理论的研究与考察两个方面的内容。( )
9. 资源的稀缺性是指资源是不可再生的或可以耗尽的。( )
10. 资源配置问题包括生产什么、生产多少、如何生产、为谁生产。( )
11. 新古典综合派的宏观经济学认为失业和通货膨胀总是并存的。( )
12. 西方经济学在意识形态上宣传资本主义制度的合理性和优越性，从而加强对该制度永恒存在的信念。( )
13. 亚当·斯密是古典经济学的奠基者。( )
14. 阿弗里德·马歇尔是现代宏观经济学的创始人。( )
15. 规范分析回答“是什么”的问题，分析问题具有客观性。( )
16. 实证分析是以一定的价值判断为依据的。( )
17. 对“人们的收入差距大一些好还是小一些好”的研究属于规范分析。( )
18. 某国 2011 年 12 月 31 日的人口数量是流量。( )
19. 某国 2011 年的进口量是流量。( )

20. 某国2011年的GDP是存量。( )

三、单项选择题

1. 庸俗经济学阶段结束于( )。
A. 18世纪中叶 B. 19世纪70年代
C. 20世纪20年代 D. 19世纪30年代
2. 下列经济学家属于洛桑学派的是( )。
A. 马歇尔 B. 杰文斯 C. 瓦尔拉斯 D. 门格尔
3. 凯恩斯的代表著作是( )。
A.《国富论》 B.《政治经济学及赋税原理》
C.《价值与资本》 D.《就业、利息和货币通论》
4. 马歇尔的价值论被称为( )。
A. 劳动价值论 B. 序数效用论 C. 基数效用论 D. 不确定
5. 以萨缪尔森为首的一些西方经济学家建立了( )。
A. 新古典综合派 B. 货币主义学派 C. 新剑桥学派 D. 理性预期学派
6. 新古典综合派理论表明( )。
A. 失业与通货膨胀总是同时存在
B. 滞涨现象是可能的
C. 失业和通货膨胀不可能同时存在
D. 不确定
7. 西方经济学认为( )是"理想的社会"。
A. 社会主义 B. 资本主义 C. 共产主义 D. 封建社会
8. 西方经济学萌芽时期的代表流派是( )。
A. 重商主义 B. 重农主义 C. 古典经济学 D. 庸俗经济学
9. 下列理论不属于微观经济学基本问题的是( )。
A. 供求理论 B. 效用理论 C. 失业理论 D. 分配理论
10. 张伯伦和罗宾逊于1933年提出了( )理论。
A. 完全垄断 B. 垄断竞争 C. 寡头垄断 D. 完全竞争
11. 新古典综合派的理论无法解释( )现象。
A. 失业 B. 通货膨胀 C. 通货紧缩 D. 滞涨
12. 微观经济学的中心理论是( )。
A. 价值理论 B. 生产理论 C. 价格理论 D. 分配理论
13. 以下哪一项不属于微观经济学研究的问题?( )
A. 失业率和通货膨胀的关系
B. 某品牌彩电降价对全国彩电市场价格的影响
C. 一家空调企业的产量水平
D. 冰箱市场上供给与需求的相互作用

14. 微观经济学的研究对象是（　）。
A. 整个国民经济　　B. 单个经济单位的经济行为
C. 经济周期　　D. 国际收支平衡
15. 宏观经济学的中心理论是（　）。
A. 经济周期理论　　B. 开放经济理论
C. 国民收入决定理论　　D. 失业理论
16. 下列哪一项是宏观经济学研究的问题？（　）
A. 彩电行业的价格决定
B. 经济总体状况，如失业和通货膨胀等
C. 自然灾害对农产品价格的影响
D. 单个消费者的购买决策
17. （　）是以一定的价值判断为基础的分析方法。
A. 规范分析　B. 实证分析　C. 结构分析　D. 边际分析
18. 下列哪一项属于实证的表述？（　）
A. 目前房价太高
B. 降低失业率比抑制通货膨胀更重要
C. 医生挣的钱比农民多
D. 应该降低利率以刺激投资
19. 西方经济学分析方法中的实证分析（　）。
A. 研究“是什么”的问题
B. 研究如何作出评价
C. 研究“应该是什么”的问题
D. 对行动结果进行预测和评价
20. 经济学理论或模型是（　）。
A. 对经济发展的预测
B. 基于一系列假设以及由这些假设推导出来的结论
C. 凭空产生的
D. 一些数学等式
21. 一定时期内发生的某种经济变量变动的数值是（　）。
A. 内生变量　B. 外生变量　C. 流量　D. 存量
22. （　）是以一定的价值判断为基础，提出分析和处理问题的标准，作为决策的前提和制定政策依据的分析方法。
A. 实证分析　B. 规范分析　C. 边际分析　D. 结构分析
23. 以下属于存量的是（　）。
A. 2011 年第六次全国人口普查广州常住人口是 1270.19 万人
B. 我国某年的出口量
C. 某人在 2008 年的存款是 10 万元

D. 某一时期的变量

24. 资源的稀缺性是指（ ）。

A. 资源总量太少

B. 资源最终会被耗光

C. 相对于人们的欲望而言，资源是不足的

D. 资源的人均量不足

25. 下列经济学家中，属于货币主义学派的是（ ）。

A. 亚当·斯密　　B. 弗里德曼

C. 萨缪尔森　　D. 瓦尔拉斯

四、多项选择题

1. 马歇尔认为（ ）是最好的政策。

A. 自由放任　B. 国家干预　C. 国家不干预　D. 宏观调控

2. 希克斯在其代表著作《价值与资本》一书中探讨了（ ）两个问题。

A. 劳动价值论　　B. 一般均衡论

C. 边际效用论　　D. 序数效用论

3. 下列经济学派中，在政策实践上影响较大的有（ ）。

A. 货币主义学派　　B. 理性预期学派

C. 供给学派　　D. 新奥地利学派

4. 我们对西方经济学应持有的态度是（ ）。

A. 在整个的理论体系上持否定的态度

B. 在具体的内容上持否定的态度

C. 在整体倾向性上持肯定的态度

D. 在具体的内容上应看到它的有用之处

5. 微观经济学的基本问题是（ ）。

A. 供求理论　B. 效用理论　C. 市场理论　D. 分配理论

6. 边际效用学派的奠基人是（ ）。

A. 杰文斯　B. 门格尔　C. 张伯伦　D. 瓦尔拉斯

7. 西方经济学企图解决的两个问题是（ ）。

A. 在意识形态上，宣传资本主义制度的合理性和优越性，从而加强对该制度永恒存在的信念

B. 在意识形态上，宣传社会主义制度的合理性和优越性，从而加强对资本主义制度必然灭亡的信念

C. 作为资本主义制度的上层建筑，为这一制度所面临的经济问题提供政策建议

D. 作为社会主义制度的上层建筑，为这一制度的改革提供政策建议

8. 一个完整的经济理论包括（ ）。

A. 定义　B. 假设　C. 假说　D. 预测

9. 资源配置问题主要包括（　　）。

A. 生产什么　　B. 如何生产　　C. 为谁生产　　D. 在哪里生产

10. 下列（　　）属于西方经济学的内容。

A. 企事业的经营管理方法和经验

B. 生产力发展规律

C. 经济理论的研究和考察

D. 对一个经济部门、经济领域或经济问题的集中研究成果

五、简答题

1. 回想你看到过或接触过的西方经济学著作，它们各自属于本章所说的三种类别中的哪一种？

2. 英国的著名西方经济学家罗宾逊说：“宣传成分是这一学科（指西方经济学——引者）所固有的，因为它们是关于政策的，假使不是这样，就会无人过问。假如你需要一门值得为其内在的吸引力而探索的学科，但对其结果并无任何目的，那你就不会来参加经济学讲座，你就会去，譬如说，研究纯粹数学或鸟类的活动。”你同意罗宾逊的说法吗？

3. 在你学过的或目前学习的课程中，有哪几门与西方经济学有关？

4. 为什么入门教科书的内容可以对初学者产生较大的影响？

5. 简述“看不见的手”原理。

6. 简要说明实证分析与规范分析的区别与联系。

7. 简述传统西方经济学先后经历的三次比较重大的修改和补充。

8. 简述微观经济学的研究对象。

9. 简述宏观经济学的研究对象。

六、论述题

1. 为什么我国学员学习西方经济学的目的不同于西方？

2. 论述微观经济学与宏观经济学的区别与联系。

第二章　需求、供给和均衡价格

【教学目的】

1. 通过本章的学习，使学生了解微观经济学的研究对象、基本假设和理论体系。
2. 掌握需求、供给、均衡价格、弹性等重要概念。
3. 理解均衡价格的决定及其对经济的调节作用。

【本章重点】

1. 微观经济学理论体系。
2. 静态分析与动态分析。
3. 供求模型的构造。
4. 均衡价格的决定与变动。
5. 价格机制对经济的调节作用。
6. 弹性分析。

【本章难点】

区分“曲线的变动”和“沿曲线的变动”。

【理论线索】

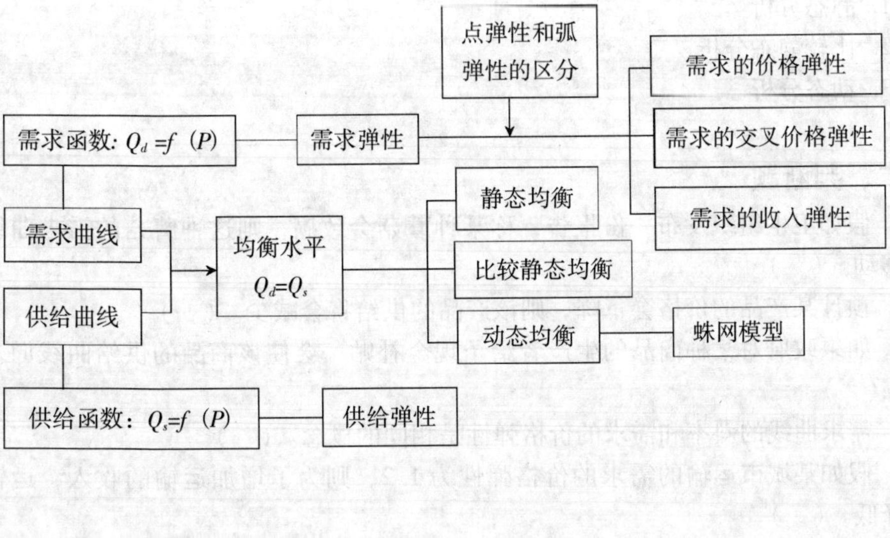

【本章习题】

一、名词解释

1. 经济人
2. 需求
3. 需求函数
4. 需求定理
5. 供给
6. 供给函数
7. 供给定理
8. 均衡价格
9. 供求定理
10. 恩格尔曲线
11. 需求的价格弹性
12. 需求的交叉价格弹性
13. 需求的收入弹性
14. 替代品
15. 互补品
16. 恩格尔定律
17. 蛛网模型
18. 局部均衡
19. 一般均衡
20. 经济模型
21. 静态分析
22. 比较静态分析
23. 动态分析

二、判断题

1. 假如卫生组织发布一份报告，称某种蘑菇会致癌，则这种蘑菇的需求曲线会向右方移动。( )

2. 预计某产品的价格会下降，则该产品的供给将会减少。( )

3. 如果政府对某种商品的生产者给予现金补贴，会使该商品的供给曲线向左上方移动。( )

4. 需求曲线的斜率和需求的价格弹性是相同的概念。( )

5. 假如某城市运输的需求的价格弹性为1.2，则为了增加运输的收入，运输价格应该降低。( )

6. 降低价格一定会使供给量下降。( )

7. 一般来说，生活必需品的需求弹性比奢侈品的需求弹性小。( )

8. 如果供给的价格弹性等于零，当价格上升的时候，卖者的总收益不会增加。( )

9. 需求的价格弹性为零意味着需求曲线是一条水平线。( )

10. 假如需求曲线是一条直线，那么任意两点间的需求弹性一定相等。( )

11. 卖者降低价格肯定会降低每单位产品的收益。( )

12. 当价格下降的时候，根据卖者的总收益是增加或是减少可以判断供给的价格弹性的高低。( )

13. 假如某种商品的价格从 5 美元上升到 5.1 美元，买者就会完全停止购买这种商品，这表明需求富有价格弹性。( )

14. 供给的价格弹性和供给曲线的斜率在数值上一定不等。( )

15. 当咖啡的价格上升时，茶叶的需求就会增加。( )

16. 根据调查，青年人中有 80% 的人希望自己有一辆车，我国有 3 亿青年人，因此断定，我国的汽车需求极大。( )

17. 世界石油价格下降有助于增加购买汽车的需求。( )

18. 替代效应使价格上升的商品需求量减少。( )

19. 市场经济的协调机制是价格。( )

20. 支持价格是政府规定的某种产品的最高价格。( )

21. 当我们想让人们节约用水时，提价是最有效的方法。( )

22. 世界上许多城市对房租进行限制，这种做法称为价格下限。( )

三、单项选择题

1. 在得出某种商品的个人需求曲线时，下列除（ ）外均保持为常数。

A. 个人收入　　B. 其余商品的价格

C. 个人偏好　　D. 所考虑商品的价格

2. 在得出某棉花种植农户的供给曲线时，下列除（ ）外均保持为常数。

A. 土壤的肥沃程度　　B. 技术水平

C. 棉花的种植面积　　D. 棉花的价格

3. 在某一时期内彩色电视机的需求曲线向左平移的原因可以是（ ）。

A. 彩色电视机的价格上升

B. 黑白电视机的价格上升

C. 消费者对彩色电视机的预期价格下降

D. 消费者的收入水平提高

4. 某月内，X 商品的替代品的价格上升和互补品的价格上升，分别引起 X 商品的需求变动量为 50 单位和 80 单位，则在它们共同作用下该月 X 商品需求数量（ ）。

A. 增加 30 单位　　B. 减少 30 单位　　C. 增加 130 单位　　D. 减少 130 单位

5. 如果一条线性的需求曲线与一条曲线型的需求曲线相切，则在切点处两条需求曲线的需求的价格弹性系数（ ）。

A. 不相同　　B. 相同
C. 可能相同，也可能不相同　　D. 根据切点的位置而定

6. 消费者预期某物品未来价格要上升，则对该物品当前需求会（　）。
A. 减少　　B. 增加　　C. 不变　　D. 上述三种都可能

7. 如果商品 X 和商品 Y 是可替代的，则 X 的价格下降将造成（　）。
A. X 的需求曲线向右移动　　B. X 的需求曲线向左移动
C. Y 的需求曲线向右移动　　D. Y 的需求曲线向左移动

8. 一个商品价格下降对其互补品最直接的影响是（　）。
A. 互补品的需求曲线向右移动　　B. 互补品的需求曲线向左移动
C. 互补品的供给曲线向右移动　　D. 互补品的价格上升

9. 生产者预期某物品未来价格要下降，则对该物品当前的供给会（　）。
A. 增加　　B. 减少　　C. 不变　　D. 上述三种都可能

10. 假如生产某种物品所需原料价格上升了，则这种商品的（　）。
A. 需求曲线向左方移动　　B. 供给曲线向左方移动
C. 需求曲线向右方移动　　D. 供给曲线向右方移动

11. 小麦歉收导致小麦价格上升，准确地说在这个过程中（　）。
A. 小麦供给的减少引起需求量下降
B. 小麦供给的减少引起需求下降
C. 小麦供给量的减少引起需求量下降
D. 小麦供给量的减少引起需求下降

12. 均衡价格随着（　）。
A. 需求和供给的增加而上升
B. 需求和供给的减少而上升
C. 需求的减少和供给的增加而上升
D. 需求的增加和供给的减少而上升

13. 假定某商品的需求价格为 $P=100-4Q$，供给价格为 $P=40+2Q$，均衡价格和均衡产量应为（　）。
A. $P_e=60$，$Q_e=10$　　B. $P_e=10$，$Q_e=6$
C. $P_e=40$，$Q_e=6$　　D. $P_e=20$，$Q_e=20$

14. 直线型需求曲线的斜率不变，因此其价格弹性也不变，这个说法（　）。
A. 一定正确　　B. 一定不正确
C. 可能不正确　　D. 无法断定正确与否

15. 度量沿着需求曲线的移动而不是曲线本身移动的弹性是（　）。
A. 需求的价格弹性　　B. 需求的收入弹性
C. 需求的交叉价格弹性　　D. 需求的预期价格弹性

16. 假定玉米市场的需求是缺乏弹性的，玉米的产量等于销售量且等于需求量，恶劣的气候条件使玉米产量下降 20%，在这种情况下，（　）。

A. 玉米生产者的收入减少，因为玉米产量下降20%

B. 玉米生产者的收入增加，因为玉米价格上升低于20%

C. 玉米生产者的收入增加，因为玉米价格上升超过20%

D. 玉米生产者的收入增加，因为玉米价格上升等于20%

17. 当两种商品中一种商品的价格发生变化时，这两种商品的需求量都同时增加或减少，则这两种商品的需求的交叉价格弹性系数为（ ）。

A. 正　B. 负　C. 0　D. 1

18. 若 X 和 Y 两种商品的交叉价格弹性是 -2.3，则（ ）。

A. X 和 Y 是替代品　B. X 和 Y 是正常品

C. X 和 Y 是劣等品　D. X 和 Y 是互补品

19. 如果某商品是富有需求的价格弹性的，则该商品价格上升会使该商品的（ ）。

A. 销售收益增加　B. 销售收益不变

C. 销售收益下降　D. 销售收益可能增加也可能下降

20. 如果人们收入水平提高，则食物支出在总支出中的比重将（ ）。

A. 大大提高　B. 稍有增加　C. 下降　D. 不变

21. 假定某商品的价格从3美元降到2美元，需求量从9单位增加到11单位，则该商品卖者的总收益将（ ）。

A. 保持不变　B. 增加　C. 减少　D. 无法确知

22. 如果价格下降10%能使买者总支出增加1%，则这种商品的需求量对价格（ ）。

A. 富有弹性　B. 具有单位弹性

C. 缺乏弹性　D. 其弹性不能确定

23. 两种商品中若当其中一种的价格变化时，这两种商品的购买量同时增加或减少，则这两种商品需求的交叉价格弹性系数为（ ）。

A. 负　B. 正　C. 0　D. 1

24. 对劣质商品需求的收入弹性 e_M 是（ ）。

A. $e_M<1$　B. $e_M=0$　C. $e_M<0$　D. $e_M>0$

25. 某商品的市场供给曲线是一过原点的直线，则其供给的价格弹性（ ）。

A. 随价格的变化而变化　B. 恒为1

C. 为其斜率值　D. 不可确定

26. 如果政府利用配给的方法来控制价格，这意味着（ ）。

A. 供给和需求的变化已不能影响价格

B. 政府通过移动供给曲线来抑制价格

C. 政府通过移动需求曲线来抑制价格

D. 政府通过移动供给和需求曲线来抑制价格

27. 政府为了扶持农业，对农产品规定了高于其均衡价格的支持价格。政府为了维持支持价格，应该采取的相应措施是（ ）。

A. 增加对农产品的税收　B. 实行农产品配给制

C. 收购过剩的农产品　　D. 对农产品生产者予以补贴

28. 政府把价格限制在均衡水平以下可能导致（　）。

A. 黑市交易

B. 大量积压

C. 买者按低价买到了希望购买的商品数量

D. A 和 C

29. 某户今年扩大播种面积并取得丰收，则可预期他的收入必定（　）。

A. 增加　　B. 减少　　C. 不变　　D. 不确定

30. 下列哪种情况将导致商品需求量的变化而不是需求的变化？（　）

A. 消费者的收入变化

B. 生产者的技术水平变化

C. 消费者预期该商品的价格将上涨

D. 该商品的价格下降

四、多项选择题

1. 以下哪项的需求和价格之间的关系，是需求规律的例外？（　）

A. 面包　　B. 吉芬商品　　C. 低档品　　D. 小汽车

E. 炫耀性商品

2. 1966 年以前，天主教徒在星期五不许吃肉，他们便吃鱼。1966 年，教皇允许教徒们在星期五吃肉，则（　）。

A. 一周内的平均鱼价将上涨　　B. 鱼的消费量将增加

C. 鱼的消费量将减少　　D. 肉的消费量将减少

E. 肉的价格将上涨

3. 对西红柿需求的变化，可能是由于（　）。

A. 消费者认为西红柿价格太高了

B. 消费者得知西红柿有益健康

C. 消费者预期西红柿将降价

D. 种植西红柿的技术有了改进

E. 以上都对

4. 政府把价格提高到均衡价格以上可能导致（　）。

A. 黑市交易　　B. 大量积压

C. 卖者卖不出希望出售的商品　　D. 卖者卖出希望出售的商品

E. 买者买到了希望买到的商品

5. 从经济的观点看，资源配置问题说明的是（　）。

A. 人们的需要是多方面、无止境的

B. 资源的供给是有限的

C. 一种资源有许多种可供选择的用途

D. 一种资源总有一种利用效果最好的用途

E. 上述说法都对

6. 若 X 和 Y 的需求交叉价格弹性大于零，则（ ）。

A. X 和 Y 是互补品　B. X 和 Y 是替代品

C. X 和 Y 是必需品　D. X 和 Y 的需求曲线都具有正斜率

E. 以上都不对

7. 若某商品需求的收入弹性为负，则该商品为（ ）。

A. 正常品　B. 低档品　C. 必需品　D. 奢侈品

E. 吉芬物品

8. 满足需求的条件包括（ ）。

A. 欲望　B. 购买愿望　C. 满足心理要求　D. 有能力购买

E. 满足自我实现的要求

9. 影响需求量的因素包括（ ）。

A. 价格　B. 质量　C. 收入　D. 个人偏好

E. 时间

10. 需求定理是指（ ）。

A. 商品价格提高，对该商品的需求量减少

B. 商品价格提高，对该商品的需求量增加

C. 商品价格下降，对该商品的需求量增加

D. 商品价格下降，对该商品的需求量减少

E. 商品与价格成反方向变化

11. 满足供给的条件是（ ）。

A. 高价格　B. 有商品　C. 好质量　D. 愿出售

E. 方便出售

12. 影响供给量的因素有（ ）。

A. 价格　B. 质量　C. 成本　D. 自然条件

E. 时间

13. 供给定理是指（ ）。

A. 商品价格提高，对该商品的供给量减少

B. 商品价格提高，对该商品的供给量增加

C. 商品价格下降，对该商品的供给量增加

D. 商品价格下降，对该商品的供给量减少

E. 商品与价格成同向变化

14. 均衡价格就是（ ）。

A. 供给量等于需求量时的价格

B. 供给价格等于需求价格，同时供给量也等于需求量时的价格

C. 供给曲线与需求曲线交叉点的价格

D. 供给等于需求时的价格

E. 需求等于供给时的价格

15. 政府对商品的调节通过价格进行，其对价格实施（　　）。

A. 政府直接定价　　B. 指导价

C. 支持价格　　D. 建议价格

E. 限制价格

16. 影响需求价格弹性的因素有（　　）。

A. 购买欲望　　B. 商品的可替代程度

C. 用途的广泛性　　D. 商品的价格

E. 商品的使用时间

五、计算题

1. 已知某一时期内某商品的需求函数为 $Q_d = 50 - 5P$，供给函数为 $Q_s = -10 + 5P$。

（1）求均衡价格 P_e 和均衡数量 Q_e，并作出几何图形。

（2）假定供给函数不变，由于消费者收入水平提高，使需求函数变为 $Q_d = 60 - 5P$。求出相应的均衡价格 P_e 和均衡数量 Q_e，并作出几何图形。

（3）假定需求函数不变，由于生产技术水平提高，使供给函数变为 $Q_s = -5 + 5P$。求出相应的均衡价格 P_e 和均衡数量 Q_e，并作出几何图形。

（4）利用（1）、（2）和（3），说明静态分析和比较静态分析的联系和区别。

（5）利用（1）、（2）和（3），说明需求变动和供给变动对均衡价格和均衡数量的影响。

2. 假定下表是需求函数 $Q_d = 500 - 100P$ 在一定价格范围内的需求表：

价格（元）	1	2	3	4	5
需求量	400	300	200	100	0

（1）求出价格 2 元和 4 元之间的需求的价格弧弹性。

（2）根据给出的需求函数，求 $P = 2$ 元时的需求的价格点弹性。

（3）根据该需求函数或需求表作出几何图形，利用几何方法求出 $P = 2$ 元时的需求的价格点弹性。它与（2）的结果相同吗？

3. 假定下表是供给函数 $Q_s = -2 + 2P$ 在一定价格范围内的供给表：

价格（元）	2	3	4	5	6
供给量	2	4	6	8	10

（1）求出价格 3 元和 5 元之间的供给的价格弧弹性。

（2）根据给出的供给函数，求 $P=3$ 元时的供给的价格点弹性。

（3）根据该供给函数或供给表作出几何图形，利用几何方法求出 $P=3$ 元时的供给的价格点弹性。它与（2）的结果相同吗？

4. 下图中有三条线性的需求曲线 AB、AC、AD。

（1）比较 a、b、c 三点的需求的价格点弹性的大小。

（2）比较 a、e、f 三点的需求的价格点弹性的大小。

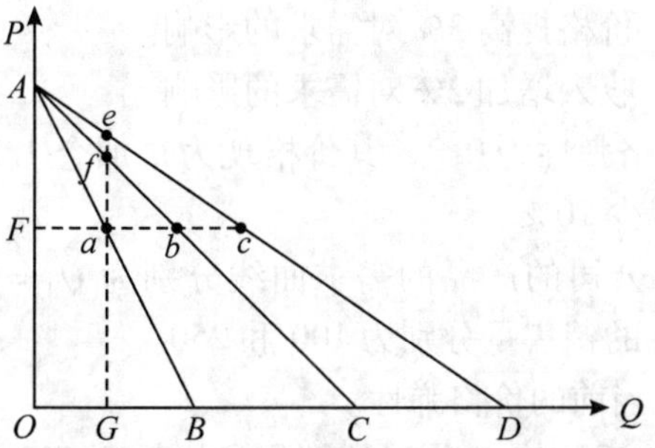

5. 假定某消费者关于某种商品的消费数量 Q 与收入 M 之间的函数关系为 $M=100Q^2$，求：当收入 $M=6\,400$ 时的需求的收入点弹性。

6. 假定需求函数为 $Q=MP^{-N}$，其中 M 表示收入，P 表示商品价格，N（$N>0$）为常数。求：需求的价格点弹性和需求的收入点弹性。

7. 假定某市场上有 100 个消费者，其中，60 个消费者购买该市场 $\frac{1}{3}$ 的商品，且每个消费者的需求的价格弹性均为 3；另外 40 个消费者购买该市场 $\frac{2}{3}$ 的商品，且每个消费者的需求的价格弹性均为 6。求：按 100 个消费者合计的需求的价格弹性系数是多少？

8. 假定消费者的需求的价格弹性 $e_d=1.3$，需求的收入弹性 $e_M=2.2$。求：

（1）在其他条件不变的情况下，商品价格下降 2% 时对需求数量的影响。

（2）在其他条件不变的情况下，消费者收入提高 5% 对需求数量的影响。

9. 假定某市场上 A、B 两厂商是生产同种有差异的产品的竞争者；该市场对 A 厂商的需求曲线为 $P_A=200-Q_A$，对 B 厂商的需求曲线为 $P_B=300-0.5Q_B$；两厂商目前的销售分别为 $Q_A=50$，$Q_B=100$。求：

（1）A、B 两厂商的需求的价格弹性 e_{dA} 和 e_{dB} 各是多少？

（2）如果 B 厂商降价后，使得 B 厂商的需求量增加为 $Q_B'=160$，同时使竞争对手 A 厂商的需求量减少为 $Q_A'=40$。那么，A 厂商的需求的交叉价格弹性 e_{AB} 是多少？

（3）如果 B 厂商追求销售收入最大化，那么，你认为 B 厂商的降价是一个正确的选择吗？

10. 假定肉肠和面包卷是完全互补品。人们通常以一根肉肠和一个面包卷为比例做一个热狗，并且已知一根肉肠的价格等于一个面包卷的价格。

(1)求肉肠的需求的价格弹性。

(2)求面包卷对肉肠的需求的交叉弹性。

(3)如果肉肠的价格是面包卷的价格的2倍,那么,肉肠的需求的价格弹性和面包卷对肉肠的需求的交叉价格弹性各是多少?

11. 利用图阐述需求的价格弹性的大小与厂商的销售收入之间的关系,并举例加以说明。

12. 假设对新汽车需求的价格弹性 $e_d=1.2$,需求的收入弹性 $e_m=3.0$,计算:

(1)其他条件不变,价格提高3%对需求的影响。

(2)其他条件不变,收入增加2%对需求的影响。

13. 设汽油的需求价格弹性为0.2,其价格现为每加仑1.2美元,试问汽油价格上涨多少才能使其消费量减少10%?

14. 假设 A 公司和 B 公司的产品的需求曲线分别为 $Q_A=200-0.2P_A$,$Q_B=400-0.25P_B$,这两家公司现在的销售量分别为100和250。

(1)求 A、B 两公司当前的价格弹性。

(2)假定 B 公司降价后,使 B 公司的销售量增加到300,同时又导致 A 公司的销售量下降到75,问 A 公司产品的交叉价格弹性是多少?

(3)假定 B 公司目标是谋求销售收入最大,你认为它降价在经济上是否合理?

六、简答题

1. 需求量的变动与需求的变动有什么区别和联系?
2. 供给量的变动与供给的变动有什么区别和联系?
3. 均衡价格是如何实现的?它对于制定价格政策有何意义?
4. 什么是供求定理?结合现实经济生活的实例予以说明。
5. 如果考虑到提高生产者的收入,那么对农产品和高档次电视机、录像机一类高级消费品应采取提价还是降价的办法?为什么?
6. “谷太贱则伤农,太贵则伤末”(苏轼语)。请你运用经济学原理分析这种现象。
7. 用图说明蛛网模型的三种情况。
8. 如何理解西方经济学中的“经济人”假设?
9. 需求的价格弹性的弧弹性计算公式和点弹性计算公式有什么区别和联系?
10. 时间的长短对供给的价格弹性有什么影响?
11. 商品的产量和价格为什么会呈蛛网状变化?
12. 说明交叉弹性的经济意义。

七、论述题

1. 运用供求理论分析说明石油输出国组织为什么要限制石油产量。
2. 利用图形简要说明微观经济学的理论体系框架和核心思想。
3. 需求的价格弹性的高低对生产者的总收益有什么影响?

4. 蛛网原理的主要内容是什么？

5. 17 世纪英国有一位统计学家 Gregory King 说过，谷物越多，其货币价值就越低。我国古代也有“谷贱伤农”的说法，联系需求价格弹性谈谈你的看法。

第三章　效用论

【教学目的】

1. 通过本章的学习，使学生掌握基数效用论和序数效用论的基本观点，并能用边际效用工具与无差异曲线工具分析消费者达到最大效用的条件。

2. 理解商品价格变化所引起的收入效应和替代效应。

3. 了解单个消费者的需求曲线和市场需求曲线的关系，并能由单个消费者的需求曲线推导出市场需求曲线。

4. 了解消费者在风险的情况下的态度及其行为决策。

【本章重点】

1. 总效用和边际效用。
2. 边际效用的变动规律与效用最大化条件。
3. 无差异曲线的含义及特征。
4. 序数效用分析与效用最大化条件。

【本章难点】

1. 需求曲线的推导。
2. 边际替代率。
3. 替代效应和收入效应。

【理论线索】

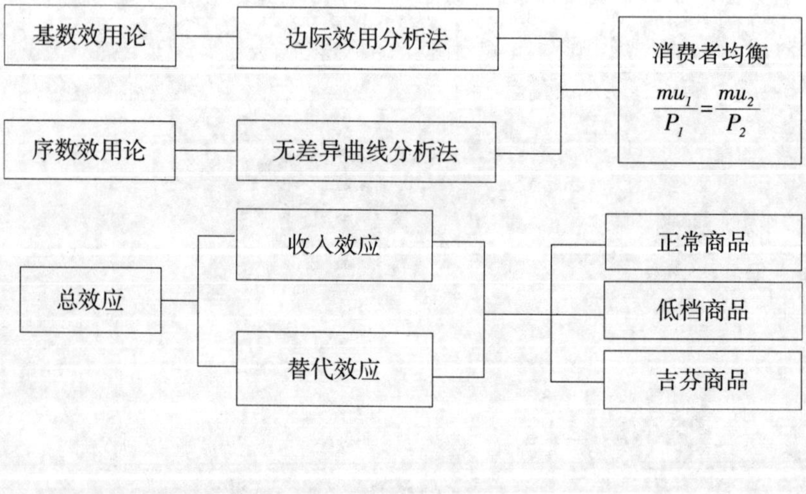

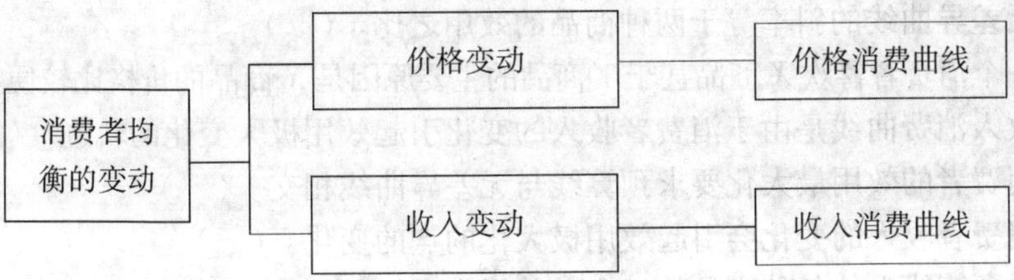

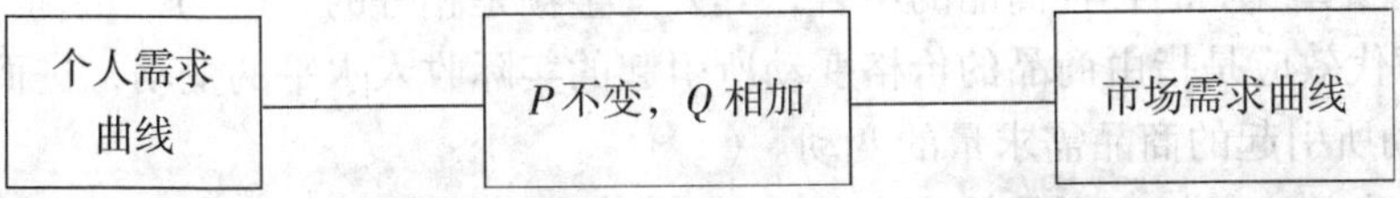

【本章习题】

一、名词解释

1. 效用
2. 边际效用递减规律
3. 无差异曲线
4. 边际替代率
5. 基数效用论
6. 替代效应
7. 恩格尔曲线
8. 收入效应
9. 预算线
10. 消费者均衡

二、判断题

1. 如果边际效用递减，则总效用也必然减少。(　)

2. 预算线总能与某一条无差异曲线相切并在切点上达到消费者均衡。(　)

3. 一条特定的消费预算线表示货币收入和两种商品的价格既定。(　)

4. 货币收入不变，一种商品价格上升，且另一种商品价格下降将使新的预算线与原来的预算线相交。(　)

5. 在同一条无差异曲线上，越靠左上方的点代表的效用水平越高。(　)

6. 在同一无差异曲线图上不同的无差异曲线不可能相交。(　)

7. 某种商品的价格对所有消费者来说都是一样的，只是效用不一样。(　)

8. 一个消费者对某种商品的数量感到足够了，这说明对他来说该种商品的边际效用已达到了极大值。(　)

9. 两种商品的价格不相同，但对消费者来说，这两种商品每元的边际效用有可能相同。(　)

10. 无差异曲线的斜率等于两种商品的效用之比。(　)

11. 一个消费者喜欢 X 商品甚于 Y 商品的主要原因是 X 商品的价格比较便宜。(　)

12. 收入消费曲线是由于消费者收入的变化引起效用极大变化的轨迹。(　)

13. 消费者的效用最大化要求预算线与无差异曲线相交。(　)

14. 消费者收入的变化会引起效用极大化的点的变化。(　)

15. 在预算线上的各种商品的组合，其开支金额是相等的。(　)

16. 替代效应是指由商品的价格变动所引起的实际收入水平的变动，进而由实际收入水平变动所引起的商品需求量的变动。(　)

17. 收入效应是指由商品的价格变动所引起的商品相对价格的变动，进而由商品的相对价格的变动所引起的商品需求量的变动。(　)

18. 无差异曲线是指由给消费者带来相同效用水平的所有商品组合所构成的轨迹。(　)

19. 边际替代率表示在保持效用不变的前提下，增加一种商品的消费所必须减少的另一种商品的消费。(　)

20. 基数效用论是一种消费行为理论，这种观点认为人们不可以为效用赋值，但是可以对不同商品所带来的效用进行排序。(　)

三、单项选择题

1. 边际效用递减规律说的是（　）。

A. 当消费者从所消费的每种商品的每一单位中所获得的效用相等时总效用最大

B. 当消费者在同一时间连续消费某种商品超过一定数量时，每多消费的一单位该商品所带来的满足越来越少

C. 为了使厂商供给更多的商品必须降低价格

D. 在连续生产某种商品超过一定数量时，每生产一单位该商品所耗费的资源越来越多

2. 如果某商品的价格上涨，由此导致购买量的下降将（　）。

A. 必然增加消费者从全部购买中获得的总效用

B. 增加消费者从购买该种商品中获得的总效用

C. 降低最后一单位商品的边际效用

D. 提高最后一单位商品的边际效用

3. 效用是（　）。

A. 某商品需求曲线的下降比率

B. 某商品的相对稀缺性

C. 消费者从某种商品或劳务的消费中获得的满足

D. 某商品的用途

4. 如果总效用增加，则边际效用（　）。

A. 是正的　　B. 必然也增加

C. 可能是正的，也可能是负的　　D. 以递增的速率增加

5. 若消费者只消费一种商品，当总效用达到最大时，边际效用（　）。

A. 为负数　　　　　　　　　　B. 为零

C. 为正数但递增　　　　　　　D. 为正数但递减

6. 消费者行为理论假定（　）。

A. 消费者在使其总效用最大化过程中的行为是理性的

B. 消费者的收入是有限（既定）的

C. 消费者知道从不同商品的连续消费单位中获得的边际效用的大小

D. 以上都是

7. 已知消费者的收入是 100 元，商品 X 的价格是 10 元，商品 Y 的价格是 3 元。假定他打算购买 7 单位 X 和 10 单位 Y，这时商品 X 和 Y 的边际效用分别是 50 和 18。如要获得最大效用，他应该（　）。

A. 停止购买　　　　　　　　　B. 增购 X，减少 Y 的购买量

C. 减少 X 的购买量，增购 Y　　D. 同时增购 X 和 Y

8. 若 X，Y 的价格 P_x，P_y 已定，当 $MRS_{xy} > P_x/P_y$ 时，消费者为达到最大满足，他将（　）。

A. 增购 X，减少购买 Y　　　B. 减少购买 X，增购 Y

C. 同时增购 X、Y　　　　　D. 同时减少 X、Y 的购买量

9. 若汤姆的 MRS_{xy} 小于约翰的 MRS_{xy}，对汤姆来说，要想有所得，就可以（　）。

A. 放弃 X，用以与约翰交换 Y　　B. 放弃 Y，从约翰处换取 X

C. 或者放弃 X，或者放弃 Y　　D. 以上都不对

10. 在均衡条件下，消费者购买的商品的总效用一定（　）他所支付的货币的总效用。

A. 小于　　　B. 等于　　　C. 大于　　　D. 都有可能

11. 当消费者的偏好保持不变时，消费者（　）也将保持不变。

A. 均衡点

B. 满足

C. 所喜爱的两种商品的无差异曲线

D. 购买的商品数量

12. 下列哪种情况不属消费者均衡的条件?（　）

A. $MU_x/P_x = MU_y/P_y = MU_z = \cdots = \lambda$

B. 最后一单位货币在每种用途上的效用相等

C. $MU = \lambda P$

D. 各种商品的边际效用与价格比相等

13. 消费者预算线发生平移时，连接消费者诸均衡点的曲线称为（　）。

A. 需求曲线　　　　　　　　　B. 价格—消费曲线

C. 收入—消费曲线　　　　　　D. 恩格尔曲线

14. 消费品价格变化时，连接消费者诸均衡点的线称为（　）。

A. 收入—消费曲线　　　　　　B. 需求曲线

C. 价格—消费曲线　　　　　　　　D. 恩格尔曲线

15. 恩格尔曲线从（　）导出。

A. 价格—消费曲线　　　　　　　　B. 收入—消费曲线

C. 需求曲线　　　　　　　　　　　D. 无差异曲线

16. 需求曲线从（　）导出。

A. 价格—消费曲线　　　　　　　　B. 收入—消费曲线

C. 需求曲线　　　　　　　　　　　D. 预算线

17. 对于效用函数 $U(x, y) = (x+y)/5$ 来说，无差异曲线（　）。

A. 是一条直线　　　　　　　　　　B. 显示了边际替代率 $MRS_{(x,y)}$ 递减

C. 有一正的斜率　　　　　　　　　D. 说明 X、Y 为完全互补商品

18. 对一位消费者来说古典音乐磁带对流行音乐磁带的边际替代率是 1/3，如果（　）。

A. 古典音乐磁带的价格是流行音乐磁带价格的 3 倍，他可以获得最大的效用

B. 古典音乐磁带的价格与流行音乐磁带价格相等，他可以获得最大的效用

C. 古典音乐磁带的价格是流行音乐磁带价格的 1/3，他可以获得最大的效用

D. 用 3 盘流行音乐磁带交换一盘古典音乐磁带，他可以获得最大的效用

19. 一位消费者只消费两种商品：z 和 y。z 对 y 的边际替代率在任一点（z，y）是 y/z。假定收入为：$I=260$ 元，$P_z=2$ 元，$P_y=3$ 元，消费者消费 40 单位 z 商品和 60 单位 y 商品，则（　）。

A. 消费者实现了效用最大化

B. 消费者可以通过增加 z 商品的消费，减少 y 商品的消费来增加他的效用

C. 消费者可以通过增加 y 商品的消费，减少 z 商品的消费来增加他的效用

D. 消费者可以通过增加 y 商品和 z 商品的消费，来增加他的效用

20. 若一个模型仅有两种商品，假定这两种商品的边际效用是正的，下列陈述中哪一个不能从这一假定中推断出？（　）

A. 消费者的无差异曲线是向下方倾斜的

B. 没有两条无差异曲线会相交

C. 无差异曲线凹向原点

D. 沿着任何从原点出发的射线，无差异曲线离原点愈远，所代表的效用就愈高

21. 在消费者均衡点以上的无差异曲线的斜率（　）。

A. 大于预算线的斜率　　　　　　　B. 小于预算线的斜率

C. 等于预算线的斜率　　　　　　　D. 以上都不对

22. 假定其他条件不变，如果某种商品的价格下降，根据效用最大化原则，消费者则会（　）这种商品的购买。

A. 增加　　　　B. 减少　　　　C. 不改变　　　　D. 增加或减少

23. 消费者收入以及商品价格确定时，消费者均衡是两种商品的边际替代率等于（　）。

A. 两种商品的边际效用比　　B. 两种商品的效用比
C. 两种商品的价格比　　D. 两种商品的数量比

24. 预算线上每一点所反映的可能购买的商品的数量组合是（ ）。
A. 相同的　　B. 不同的
C. 在某些场合下相同　　D. 以上三者都不对

25. 若消费者低于他的预算线消费，则消费者（ ）。
A. 没有完全用完预算支出　　B. 用完了全部预算支出
C. 或许用完了全部预算支出　　D. 处于均衡状态

26. 当商品的价格不变，消费者的收入增加时，预算约束线（ ）。
A. 向右平移　B. 向左平移　C. 不变　D. 旋转

四、多项选择题

1. 效用是（ ）。
A. 指商品满足人的欲望和需要的能力和程度
B. 主观的　　C. 客观的
D. 使用价值　　E. 价值

2. 总效用和边际效用的关系是（ ）。
A. 当边际效用为零时，总效用最大
B. 当边际效用为零时，总效用递增
C. 当边际效用为负时，总效用递减
D. 当边际效用为正时，总效用递增

3. 消费者剩余是指（ ）。
A. 需求曲线之上、价格线以下部分
B. 供给曲线之上、均衡价格以下部分
C. 需求曲线之下、价格线以上部分
D. 消费者的最大满足程度
E. 消费者获得的满足大于他实际支付的价格的部分

4. 在不同的市场条件下，需求曲线形状不同，消费者剩余（ ）。
A. 大小不一样
B. 完全竞争的消费者剩余大于完全垄断的消费者剩余
C. 大小一样
D. 完全竞争的消费者剩余小于完全垄断的消费者剩余
E. 不好确定

5. 无差异曲线的特征包括（ ）。
A. 任意两条无差异曲线可以相交
B. 一般来说无差异曲线具有负斜率
C. 一般来说无差异曲线具有正斜率

D. 任意两条无差异曲线不能相交
E. 在无差异曲线的坐标图上，任一点都应有一条无差异曲线通过
6. 商品的边际替代率（　　）。
A. 是正的　　B. 是负的
C. 具有递减的趋势　　D. 等于该两种商品的边际效用之比
E. 是指消费者为保持原有的效用水平或满足程度不变的前提下，增加一单位某种商品的消费时，而需放弃另一种商品的消费数量
7. 预算线的位置和斜率取决于（　　）。
A. 消费者的收入　　B. 消费者的成本
C. 消费者的偏好　　D. 商品的价格
E. 消费者的边际效用
8. 下列属于低档商品的是（　　）。
A. 收入效应：$X_1X_3=-2$，替代效应：$X_3X_2=+3$
B. 收入效应：$X_1X_3=-5$，替代效应：$X_3X_2=+2$
C. 收入效应：$X_1X_3=-5$，替代效应：$X_3X_2=+8$
D. 收入效应：$X_1X_3=+5$，替代效应：$X_3X_2=+2$
E. 收入效应：$X_1X_3=+5$，替代效应：$X_3X_2=-5$
9. 下面属于正常商品的是（　　）。
A. 消费者的收入增加80%时，某商品的需求量增加40%
B. 消费者的收入增加80%时，某商品的需求量增加90%
C. 已知某商品价格下降时，替代效应：$X_1X_3=+3$，收入效应：$X_3X_2=-2$
D. 已知某商品价格下降时，替代效应：$X_1X_3=+3$，收入效应：$X_3X_2=+5$
E. 消费者的收入增加80%，某商品的需求量减少20%
10. 消费者对风险的态度大体上可分为（　　）。
A. 风险回避者　　B. 风险爱好者
C. 风险中立者　　D. 厌恶风险者
E. 喜欢风险者
11. 在现实生活中，人们回避风险的途径有（　　）。
A. 风险分散　　B. 不经商
C. 购买保险　　D. 了解更多的信息
E. 尽量不出门
12. 基数效用论对货币的看法是（　　）。
A. 货币如同商品，也有效用
B. 货币不同商品，没有效用
C. 消费者用货币购买商品时，货币效用将会损失
D. 商品的边际效用递减规律对货币同样适用
E. 以上都不对

13. 序数效用论者提出的关于消费者偏好的三个基本假定是（　　）。

A. 偏好的完全性　　B. 偏好的不完全性

C. 偏好的可传递性　　D. 偏好的饱和性

E. 偏好的非饱和性

14. 消费者的最优购买行为必须满足两个条件（　　）。

A. 最优的商品组合必须是消费者最偏好的商品组合

B. 最优的商品组合可以不是消费者最偏好的商品组合

C. 最优的商品组合必须位于预算线外侧

D. 最优的商品组合必须位于预算线内侧

E. 最优的商品组合必须位于预算线上

15. 关于消费需求曲线，说法不正确的是（　　）。

A. 可以由价格消费曲线推导出

B. 可以由收入消费曲线推导出

C. 可以由恩格尔曲线推导出

D. 低档品的消费需求曲线向右上方倾斜

E. 正常品的消费需求曲线向右上方倾斜

五、计算题

1. 若甲的效用函数为 $U=XY$，试问：

（1）$X=40$，$Y=5$ 时，他得到的效用是多少？过点（40，5）的无差异曲线是什么？

（2）若甲给乙 25 单位 X 的话，乙愿给甲 15 单位 Y。进行这个交换，甲所得到的满足会比（40，5）的组合高吗？

（3）乙用 15 单位 Y 同甲换取 X，为使甲的满足与（40，5）组合相同，乙最多只能得到多少单位 X？

2. 某人消费商品 X 和 Y 的无差异曲线为 $y=20-4\sqrt{x}$，问：

（1）组合（4，12）点的斜率是多少？

（2）组合（9，8）点的斜率是多少？

（3）MRS_{xy} 是递减的吗？

3. 已知一件衬衫的价格为 80 元，一份肯德基快餐的价格为 20 元，在某消费者关于这两种商品的效用最大化的均衡点上，一份肯德基快餐对衬衫的边际替代率 MRS 是多少？

4. 已知某消费者每年用于商品 1 和商品 2 的收入为 540 元，两商品的价格分别为 $P_1=20$ 元和 $P_2=30$ 元，该消费者的效用函数为 $U=3X_1(X_2)^2$，问该消费者每年购买这两种商品的数量应各是多少？每年从中获得的总效用是多少？

5. 假设某消费者的均衡如下图所示。其中，横轴 OX_1 和纵轴 OX_2 分别表示商品 1 和商品 2 的数量，线段 AB 为消费者的预算线，曲线 U 为消费者的无差异曲线，E 点为效用最大化的均衡点。已知商品1的价格 $P_1=2$ 元。

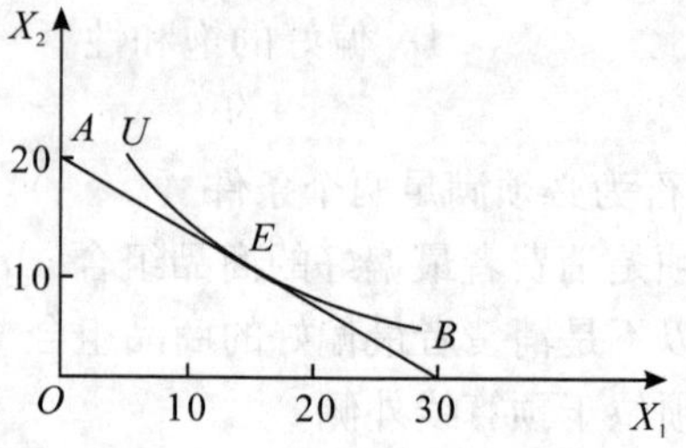

（1）求消费者的收入。

（2）求商品2的价格 P_2。

（3）写出预算线的方程。

（4）求预算线的斜率。

（5）求点 E 的值。

6. 请画出以下各位消费者对两种商品（咖啡和热茶）的无差异曲线，同时分别写出消费者 B 和消费者 C 的效用函数。

（1）消费者 A 喜欢喝咖啡，但对喝热茶无所谓。他总是喜欢有更多杯咖啡，而从不在意有多少杯热茶。

（2）消费者 B 喜欢一杯咖啡和一杯热茶一起喝，他从来不喜欢单独只喝咖啡，或者只喝热茶。

（3）消费者 C 认为，在任何情况下，1杯咖啡和2杯热茶是无差异的。

（4）消费者 D 喜欢喝热茶，但厌恶喝咖啡。

7. 假设某商品市场上只有 A、B 两个消费者，他们的需求函数各自为 $Q_A^d=20-4P$ 和 $Q_B^d=30-5P$。

（1）列出这两个消费者的需求表和市场需求表。

（2）根据（1），画出这两个消费者的需求曲线和市场需求曲线。

8. 假定某消费者的效用函数为 $U=(x_1)^{\frac{3}{8}}(x_2)^{\frac{5}{8}}$，两商品的价格分别为 P_1，P_2，消费者的收入为 M。分别求出该消费者关于商品1和商品2的需求函数。

9. 某消费者的收入为 M，两商品的价格为 P_1，P_2。假定该消费者的无差异曲线是线性的，设斜率为 $-a$。求：该消费者的最优商品组合。

10. 假定某消费者的效用函数为 $U=q^{0.5}+3M$，其中，q 为某商品的消费量，M 为收入。求：

（1）该消费者的需求函数。

（2）该消费者的反需求函数。

（3）当 $p=\frac{1}{12}$，$q=4$ 时的消费者剩余。

11. 设某消费者的效用函数为柯布—道格拉斯类型的，即 $U=x^{\alpha}y^{\beta}$，商品 x 和商品 y 的价格分别为 p_x 和 p_y，消费者的收入为 M，α 和 β 为常数，且 $\alpha+\beta=1$。

（1）求该消费者关于商品 x 和 y 的需求函数。

（2）证明当商品 x 和 y 的价格以及消费者的收入同时变动一个比例时，消费者对两种商品的需求关系维持不变。

（3）证明消费者效用函数中的参数 α 和 β 分别为商品 x 和 y 的消费支出占消费者收入的份额。

六、简答题

1. 无差异曲线具有哪些特征？

2. 消费品的边际替代率（MRS）的含义是什么？为什么它是递减的（其理论基础是什么）？

3. 试述基数效用论和序数效用论有何区别。

4. 请说明为什么一段时间内消费的商品减少，其边际效用会增加。

5. 货币的边际效用是指什么？

6. 价格消费曲线是指什么？

7. 收入消费曲线是指什么？

8. 序数效用论如何推导消费者对某种商品的需求曲线？

9. 基数效用论者是如何推导需求曲线的？

10. 用替代效应和收入效应分析说明，如果牛肉的价格下降，对它的需求量必然会增加。

七、论述题

1. 试述总效用与边际效用之间的关系。

2. 为什么只有当消费者实现了 $\frac{MU_1}{P_1}=\frac{MU_2}{P_2}$ 的均衡条件时，才能获得最大的效用呢？

3. 怎样理解消费者剩余？

4. 试解释水和金刚钻的价值悖论。

5. 试用消费者行为理论解释需求量与价格反方向变动的原因。

6. 用图说明序数效用论者对消费者均衡条件的分析，以及在此基础上对需求曲线的推导。

7. 用图分析正常物品、低档物品和吉芬物品的替代效应和收入效应，并进一步说明这三类物品的需求曲线的特征。

第四章　生产论

【教学目的】

本章主要研究生产者如何将有限的资源分配在各种商品的生产上，以实现最大产出，引导学生从实物形态方面分析生产的一般规律，研究投入的生产要素与产出的产量之间的物资技术关系。

【本章重点】

本章首先介绍了生产函数及两种特殊的生产函数。其次，提出了边际报酬递减规律，并利用边际报酬递减规律分析说明了一种可变生产要素生产函数的特征，描述了各产量曲线的关系，进行了生产阶段的划分。然后，介绍了两种可变要素生产函数，提出了等产量线、边际技术替代率、等成本线等基本概念。进而分析了两种要素的最优组合——生产者均衡状态的实现过程及实现条件。最后，介绍了规模报酬的概念及其经济含义。

【本章难点】

明确生产函数的含义，理解固定投入比例的生产函数的经济内涵，掌握一种可变要素生产函数的特征，掌握两种可变要素生产函数的特征及其最优生产组合，理解规模报酬的经济含义。

【理论线索】

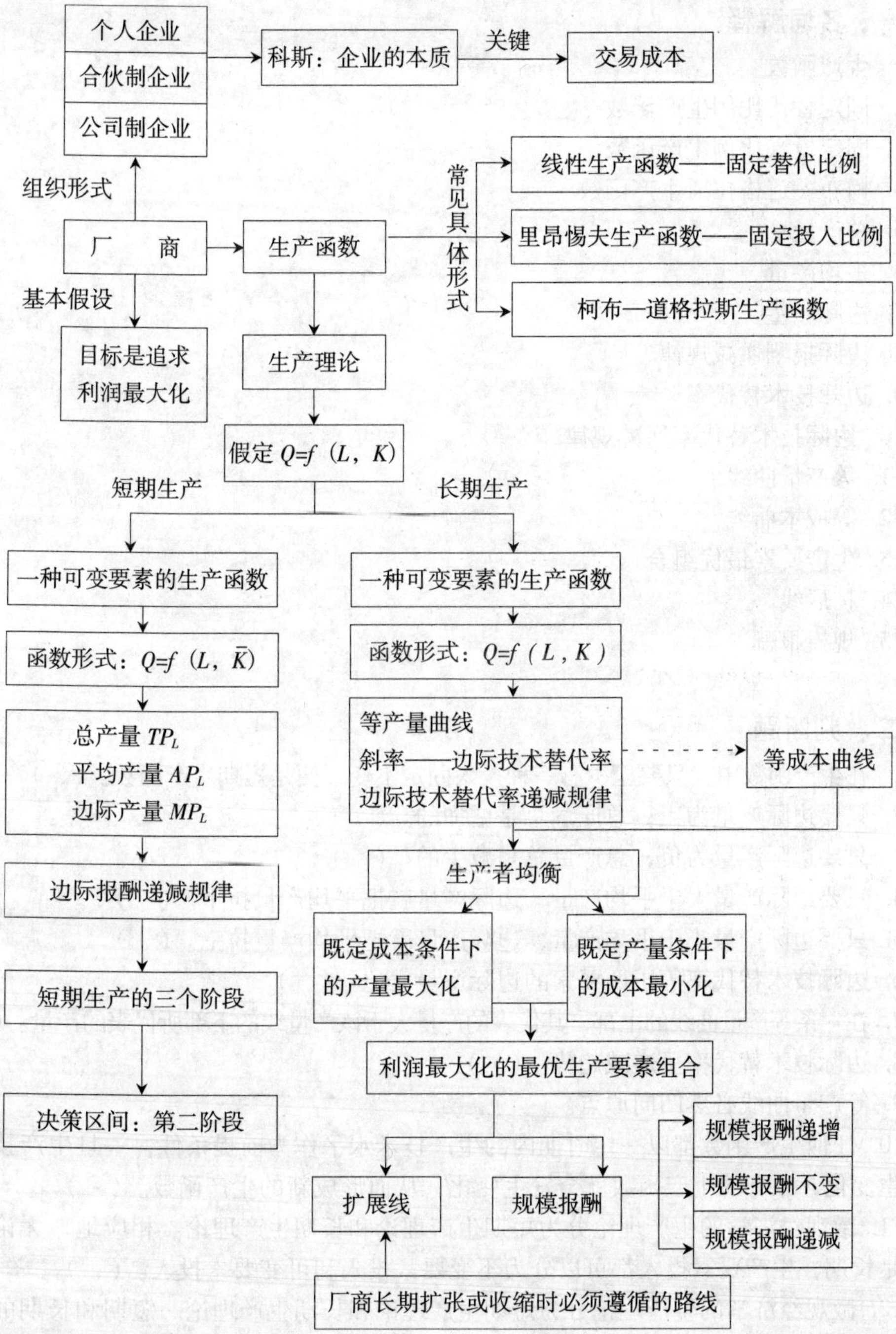
个人企业
合伙制企业
公司制企业
科斯：企业的本质
关键
交易成本
组织形式
厂　　商
基本假设
目标是追求利润最大化
生产函数
常见具体形式
线性生产函数——固定替代比例
里昂惕夫生产函数——固定投入比例
柯布—道格拉斯生产函数
生产理论
假定 Q=f（L，K）
短期生产
长期生产
一种可变要素的生产函数
函数形式：Q=f（L，K̄）
总产量 TP_L
平均产量 AP_L
边际产量 MP_L
边际报酬递减规律
短期生产的三个阶段
决策区间：第二阶段
一种可变要素的生产函数
函数形式：Q=f（L，K）
等产量曲线
斜率——边际技术替代率
边际技术替代率递减规律
等成本曲线
生产者均衡
既定成本条件下的产量最大化
既定产量条件下的成本最小化
利润最大化的最优生产要素组合
扩展线
规模报酬
规模报酬递增
规模报酬不变
规模报酬递减
厂商长期扩张或收缩时必须遵循的路线

【本章习题】

一、名词解释

1. 生产函数
2. 固定替代比例生产函数
3. 固定投入比例生产函数
4. 柯布—道格拉斯生产函数
5. 总产量
6. 平均产量
7. 边际产量
8. 边际报酬递减规律
9. 边际技术替代率
10. 边际技术替代率递减规律
11. 等产量曲线
12. 等成本曲线
13. 生产要素最优组合
14. 扩展线
15. 规模报酬

二、判断题

1. 在生产函数中，只要至少有一种投入固定不变，便是短期生产函数。(　)
2. 只要边际产量为正，总产量总是增加的。(　)
3. 只要边际产量为负，总产量总是减少的。(　)
4. 只要边际产量大于平均产量，边际产量就把平均产量拉下。(　)
5. 只要边际产量小于平均产量，边际产量就把平均产量拉上。(　)
6. 边际技术替代率等于两要素的边际产量之比。(　)
7. 在一条等产量曲线的上部，其代表的产量大于该产量线的下部所代表的产量。(　)
8. 边际技术替代率呈递减趋势。(　)
9. 等产量曲线必然凹向原点。(　)
10. 任何生产函数都以一定时期内的生产技术水平作为前提条件，一旦生产技术水平发生变化，原有的生产函数就会发生变化，从而形成新的生产函数。(　)
11. 微观经济学的生产理论分为短期生产理论和长期生产理论。相应地，无论是短期还是长期，生产要素投入都可以分为不变要素投入和可变要素投入。(　)
12. 微观经济学的生产理论分为短期生产理论和长期生产理论。短期和长期的划分是以时间为标准的。(　)
13. 连接总产量曲线上任何一点和坐标原点的线段的斜率都可以表示为该点上的劳动的平均产量的值。(　)

14. 过总产量曲线上任何一点的切线的斜率都可以表示为该点上的劳动的边际产量的值。(　)

15. 如果生产函数具有规模报酬不变的特征，那么，要素在生产上的边际技术替代率是不变的。(　)

16. 规模报酬递增的厂商不可能也会面临边际报酬递减的现象。(　)

17. 边际报酬递减是规模报酬递减规律造成的。(　)

18. 等斜线一定是扩展线，扩展线一定是等斜线。(　)

19. 企业的规模越大越好。(　)

20. 规模报酬属于长期生产理论问题。(　)

三、单项选择题

1. 生产要素投入和产出水平的关系称为（　）。

A. 生产函数　　B. 生产可能性函数

C. 总成本函数　　D. 总产量函数

2. 如果是连续地增加某种生产要素，在总产量达到最大时，边际产量曲线（　）。

A. 与纵轴相交　　B. 经过原点

C. 与平均产量曲线相交　　D. 与横轴相交

3. 劳动的总产量下降时（　）。

A. *AP* 是递增的　　B. *AP* 为零

C. *MP* 为零　　D. *MP* 为负

4. 当边际产量大于平均产量时（　）。

A. 平均产量递减　　B. 平均产量递增

C. 平均产量不变　　D. 总产量递减

5. 边际产量递减规律所研究的问题是（　）。

A. 各种生产要素同时变动对产量的影响

B. 其他生产要素不变，一种生产要素变动对产量的影响

C. 一种生产要素不变，其他几种生产要素变动对产量的影响

D. 各种生产要素同时不变对产量的影响

6. 一个厂商使用50单位的劳动可以生产出1 800单位的产量，使用60单位的劳动可以生产出2 100单位的产量，额外一单位劳动的边际产量是（　）。

A. 3　　B. 30　　C. 35　　D. 36

7. 根据可变要素的总产量曲线、平均产量曲线和边际产量曲线之间的关系，可将生产划分为三个阶段，任何理性的生产者都会将生产选择在（　）。

A. 第Ⅰ阶段　　B. 第Ⅱ阶段　　C. 第Ⅲ阶段　　D. 无法确定

8. 当边际产量小于0时，厂商处于（　）。

A. 短期生产中，劳动为可变投入的第二阶段

B. 短期生产中，劳动为可变投入的第三阶段

C. 长期生产中，劳动投入逐渐减少的阶段

D. 长期生产中，资本投入逐渐减少的阶段

9. 对于一种可变要素投入的生产函数所表示的厂商要素投入的合理区域为（ ）。

A. 开始于 AP 的最大值，终止于 TP 的最小值

B. 开始于 AP 与 MP 的相交之处，终止于 MP 等于零

C. 是 MP 递增的一个阶段

D. 以上都对

10. 如厂商增加使用一个单位的劳动，减少三个单位的资本，仍能生产相同的产出，则 $MRTS_{LK}$ 为（ ）。

A. 1/3　　B. 6　　C. 1　　D. 3

11. 能够表示固定的产量水平和变化的要素投入比例的曲线，可能是（ ）。

A. 射线　　B. 等产量曲线　C. 等成本曲线　D. 等斜线

12. 如果以横轴表示劳动，纵轴表示资本，则等成本曲线的斜率是（ ）。

A. P_L/P_K　　B. $-P_L/P_K$　　C. P_K/P_L　　D. $-P_K/P_L$

13. 如果等成本曲线在坐标平面上与等产量曲线相交，那么要生产等产量曲线表示的产量水平（ ）。

A. 应增加成本支出　　B. 成本支出不变

C. 应减少成本支出　　D. 不能确定

14. 等成本曲线平行向外移动表明（ ）。

A. 产量提高了

B. 成本增加了

C. 生产要素的价格按同比例提高了

D. 生产要素的价格按不同比例提高了

15. 等成本曲线围绕着它与纵轴的交点逆时针移动表明（ ）。

A. 生产要素 Y 的价格上升了　　B. 生产要素 X 的价格上升了

C. 生产要素 X 的价格下降了　　D. 生产要素 Y 的价格下降了

16. 根据等产量线与等成本线结合在一起的分析，两种生产要素最优组合是（ ）。

A. 等产量线与等成本线相交之点

B. 等产量线与等成本线相切之点

C. 等产量线与等成本线相离之点

D. 离原点最远的等产量线上任何一点

17. 生产理论的扩展线与消费者理论中的（ ）类似。

A. 价格—消费曲线　　B. 恩格尔曲线

C. 收入—消费曲线　　D. 预算线

18. 在生产者均衡点上（ ）。

A. 等产量曲线和等成本曲线相切

B. $MRTS_{LK}=MP_L/MP_K$

C. $MP_L/MP_K = P_L/P_K$

D. 以上都正确

19. 规模收益递减是在下述哪种情况下发生的？（　）

A. 按比例连续增加各种生产要素

B. 不按比例连续增加各种生产要素

C. 连续地投入某种生产要素而保持其他要素不变

D. 上述都正确

20. 如果规模报酬不变，单位时间里同时增加了 10% 的劳动使用量和资本量，则产出将（　）。

A. 增加 10%　　B. 减少 10%　　C. 增加大于 10%　D. 增加小于 10%

21. 下列说法中正确的是（　）。

A. 生产要素的边际技术替代率递减是规模报酬递减规律造成的

B. 生产要素的边际技术替代率递减是边际报酬递减规律造成的

C. 规模收益递减是边际报酬规律造成的

D. 边际报酬递减是规模收益递减造成的

22. 生产函数 $Q = 0.5KL$ 和 $Q = 2K + 3L$ 的规模效应如何？（　）

A. 规模报酬递增；规模报酬递减

B. 规模报酬递减；规模报酬递增

C. 规模报酬递增；规模报酬不变

D. 规模报酬不变；规模报酬不变

23. 规模报酬增加的原因可能是，在规模扩大后（　）。

A. 可以利用更先进的技术和机器设备

B. 企业的内部分工能够更加合理和专业化

C. 在生产经营管理上可以节约成本

D. 以上都对

24. 一般来说，企业的规模报酬将依次经过如下三个阶段（　）。

A. 递增、不变和递减　　B. 递减、不变和递增

C. 不变、递减和递增　　D. 不变、递增和递减

25. 如果确定了最优的生产要素组合，（　）。

A. 可以确定一条总成本曲线

B. 在生产函数已知时可确定一条总成本曲线

C. 在生产要素价格已知时可确定一条总成本曲线

D. 在生产函数和生产要素价格已知时可确定总成本曲线上的一个点

四、多项选择题

1. 生产要素指生产过程中能帮助生产的各种手段，它包括（　）。

A. 资本　B. 土地　C. 劳动　D. 企业家才能

2. 当生产函数 $Q=f(L, \bar{K})$ 的 AP_L 为正且递减时，MP_L 可以是（　　）。

A. 递减且为正　B. 递增且为正　C. 递减且为负　　D. 为零

3. 在边际收益递减规律的作用下，边际产量会发生递减，在这种情况下，如果增加相同产量的产出，应该（　　）。

A. 停止增加可变的生产要素　　B. 减少可变生产要素的投入

C. 增加可变要素投入的数量　　D. 固定生产要素投入不变

4. 边际报酬递减规律发生作用的前提是（　　）。

A. 存在技术进步

B. 生产技术水平不变

C. 具有两种以上可变要素的生产

D. 只有一种可变要素的生产

5. 关于生产函数 $Q=f(L, \bar{K})$ 的生产的第二阶段应该是（　　）。

A. 开始于 AP_L 开始递减处，终止于 MP_L 为零处

B. 开始于 MP_L 开始递减处，终止于 AP_L 为零处

C. 开始于 AP_L 曲线和 MP_L 曲线相交处，终止于 MP_L 曲线和水平轴的相交处

D. 开始于 AP_L 的最高点，终止于 TP_L 的最高点

6. 如果仅劳动是可变投入，以边际产量等于平均产量作为划分生产三阶段的标志，则（　　）是第三阶段的特点。

A. 边际产量递减

B. 平均产量不断下降

C. 总产量不断提高

D. 投入比例从比较合理到比较不合理

7. 若劳动与资本的投入组合处于生产函数等产量线的垂直部分，则下列说法错误的是（　　）。

A. 劳动与资本的边际产量都是负

B. 劳动的边际产量为0，资本的边际产量为正

C. 劳动与资本的边际产量都是0

D. 劳动的边际产量为正，资本的边际产量为0

8. 在生产的有效区域内，等产量曲线（　　）。

A. 凸向原点　　B. 不能相交　　C. 负向倾斜　　　D. 有且仅有一条

9. 下列对等产量曲线的描述中，错误的是（　　）。

A. 说明为了生产一个给定的产量而可能的各种要素投入组合

B. 除非得到所有要素的价格，否则不能画出这条曲线

C. 表明了投入与产出的关系

D. 表明了无论投入的数量如何变化，产出量都是一定的

10. 边际技术替代率（　　）。

A. 是在产出量保持不变的前提下，增加最后一个单位投入要素替代另一种投入要

素的技术上的比率

B. 是在产出量变动的前提下，增加最后一个单位投入要素替代另一种投入要素的技术上的比率

C. 呈递减趋势

D. 呈递增趋势

11. 对于生产函数 $Q=f(L, K)$ 和成本方程 $C=\omega \cdot L+r \cdot K$，在最优的生产要素组合点上应该有（　　）。

A. 等产量曲线与等成本曲线相切

B. $MRTS_{LK}=\omega/r$

C. $MRTS_{LK}=r/\omega$

D. $MP_L/\omega=MP_K/r$

12. 等产量曲线具有如下特征（　　）。

A. 斜率为负

B. 凸向原点

C. 等产量曲线上任一点切线的斜率等于该点的 *MRTS*

D. 任何两条等产量曲线不能相交

13. 无数条等产量曲线和等成本曲线的切点连接起来的曲线是（　　）。

A. 消费可能线　　B. 收入—消费曲线

C. 等斜线　　D. 扩展线

14. 规模报酬的类型有（　　）。

A. 规模报酬递增　　B. 规模报酬先上升后下降

C. 规模报酬递减　　D. 规模报酬先下降后上升

15. 下列说法中错误的是（　　）。

A. 生产要素的边际技术替代率递减是规模报酬递减规律造成的

B. 边际收益递减是规模报酬递减规律造成的

C. 规模报酬递减是边际收益递减规律造成的

D. 生产要素的边际技术替代率递减是边际收益递减规律造成的

五、计算题

1. 下面是一张一种可变生产要素的短期生产函数的产量表：

可变要素的数量	可变要素的总产量	可变要素的平均产量	可变要素的边际产量
1		2	
2			10
3	24		
4		12	

（续上表）

可变要素的数量	可变要素的总产量	可变要素的平均产量	可变要素的边际产量
5	60		
6			6
7	70		
8			0
9	63		

（1）在表中填空。

（2）该生产函数是否表现出边际报酬递减？如果是，是从第几单位的可变要素投入量开始的？

2. 假定某厂商只有一种可变要素劳动 L，产出一种产品 Q，固定成本为既定，短期生产函数 $Q=-0.1L^3+6L^2+12L$，求：

（1）劳动的平均产量 AP 为最大值时的劳动人数。

（2）劳动的边际产量 MP 为最大值时的劳动人数。

3. 已知生产函数 $Q=f(L, K)=2KL-0.5L^2-0.5K^2$，假设厂商目前处于短期生产，且 $K=10$。

（1）写出短期生产中该厂商关于劳动的总产量函数 TP_L、劳动的平均产量函数 AP_L 和劳动的边际产量函数 MP_L。

（2）分别计算当劳动的总产量 TP_L、劳动的平均产量 AP_L 和劳动的边际产量 MP_L 各自达最大值时的厂商的劳动投入量。

（3）什么时候 $AP_L=MP_L$？它的值又是多少？

4. 某企业在短期生产中的生产函数为 $Q=-L^3+24L^2+240L$，计算企业在下列情况下的 L 的取值范围：（1）在第Ⅰ阶段。（2）在第Ⅱ阶段。（3）在第Ⅲ阶段。

5. 已知生产函数 $Q=LK$，当 $Q=10$ 时，$P_L=4$，$P_K=1$。求：

（1）厂商最佳生产要素组合时资本和劳动的数量。

（2）最小成本。

6. 已知某企业的生产函数为 $Q=5L+12K-2L^2-K^2$，其中，$P_L=3$，$P_K=6$，总成本 $TC=160$，试求：该企业的最优要素组合。

7. 已知生产函数为 $Q=\min(2L, 3K)$。

（1）当产量为 $Q=36$ 时，L 和 K 的值分别是多少？

（2）如果当生产要素的价格分别为 $P_L=2$，$P_K=5$，则生产 480 单位产量时的最小成本是多少？

8. 已知生产函数为：

（a）$Q=5L^{\frac{1}{3}}K^{\frac{2}{3}}$；

（b）$Q=\frac{KL}{K^{\frac{1}{2}}L}$;

（c）$Q=KL$;

（d）$Q=\min\ (3L,\ K)$。

求：（1）厂商长期生产的扩展线方程。

（2）当 $P_L=1$，$P_K=1$，$Q=1\ 000$ 时，厂商实现最小成本的要素投入组合。

9. 已知生产函数 $Q=AL^{\frac{1}{3}}K^{\frac{2}{3}}$。判断：

（1）在长期生产中，该生产函数的规模报酬属于哪一种类型？

（2）在短期生产中，该生产函数是否受边际报酬递减规律的支配？

10. 令生产函数 $f(L,K)=a_0+a_1(L,K)^{\frac{1}{2}}+a_2K+a_3L=5L^{\frac{1}{3}}K^{\frac{2}{3}}$，其中 $0\leqslant a_i\leqslant 1$，$i=0$，1，2，3。

（1）当满足什么条件时，该生产函数表现出规模报酬不变的特征？

（2）证明：在规模报酬不变的情况下，相应的边际产量是递减的。

11. 已知某企业的生产函数为 $Q=L^{\frac{2}{3}}K^{\frac{1}{3}}$，劳动的价格 $P_L=2$，资本的价格 $P_k=1$，求：

（1）当成本 $C=3\ 000$ 时，企业实现最大产量时的 L、K 和 Q 的均衡值。

（2）当产量 $Q=800$ 时，企业实现最小成本时的 L、K 和 C 的均衡值。

六、简答题

1. 用图说明短期生产函数的总产量曲线、平均产量曲线和边际产量曲线的特征及其相互之间的关系。

2. 什么是边际报酬递减规律？它发生的原因和条件是什么？

3. 试说明生产函数的边际报酬递减与边际技术替代率递减之间的关系。

4. 等产量曲线有哪些特征？

5. 如何利用等产量曲线和等成本曲线推导出最优要素组合？

6. 为了实现既定成本条件下的最大产量或既定产量条件下的最小成本，如果企业处于 $MRTS_{LK}>w/r$ 或者 $MRTS_{LK}<w/r$ 时，企业应该分别如何调整劳动和资本的投入量，以达到最优的要素组合？

7. 利用图说明厂商在既定成本条件下是如何实现最大产量的最优要素组合的。

8. 利用图说明厂商在既定产量条件下是如何实现最小成本的最优要素组合的。

9. 试论下列各种均衡条件之间的联系与区别：$MU_X/P_X=MU_Y/P_Y$，$MP_L/w=MP_K/r$，$MR_A/P_A=MR_B/P_B$。

10. 企业规模是不是越大越好？为什么？

七、论述题

1. 试说明理性的生产者应如何组织生产。

2. 试解释规模报酬的含义、变动规律及变动的原因，并说明规模报酬和边际报酬的区别。

3. 试述消费者理论中的边际替代率和生产者理论中的边际技术替代率的异同。

4. 试比较消费者均衡与生产者均衡的异同。

5. 谈谈你对建立在生产函数基础上的生产理论的看法。

第五章　成本论

【教学目的】

本章主要考察生产成本与产量之间的关系，即从货币形态上研究成本的结构、成本与收益的关系，其中的某些实际内容，如关于成本结构分析、投入最佳组合分析，以及生产论中关于生产函数的分析等，对促进我国的社会主义生产发展，促进企业管理水平和经济效益的提高，都有一定的借鉴和参考意义。

【本章重点】

掌握机会成本、正常利润等基本概念，掌握短期成本分类及其相互关系，掌握短期成本曲线与短期产出曲线之间的关系。熟悉三种长期成本曲线的特点及其之间的相互关系，熟悉长期成本曲线与短期成本曲线的关系。在学习方法上，可借助于有关图例理解成本与产量之间的关系，领会成本的变化规律。

【本章难点】

用边际报酬递减规律证明边际成本曲线呈现先下降后上升的变化规律；运用数学工具，分析边际成本与边际产出之间、平均可变成本与平均产出之间存在着反相关关系，说明各产出曲线与成本曲线之间的相互关系；根据规模经济现象分析论证长期平均成本曲线应呈现出先下降后上升的“U”字形形状。

【理论线索】

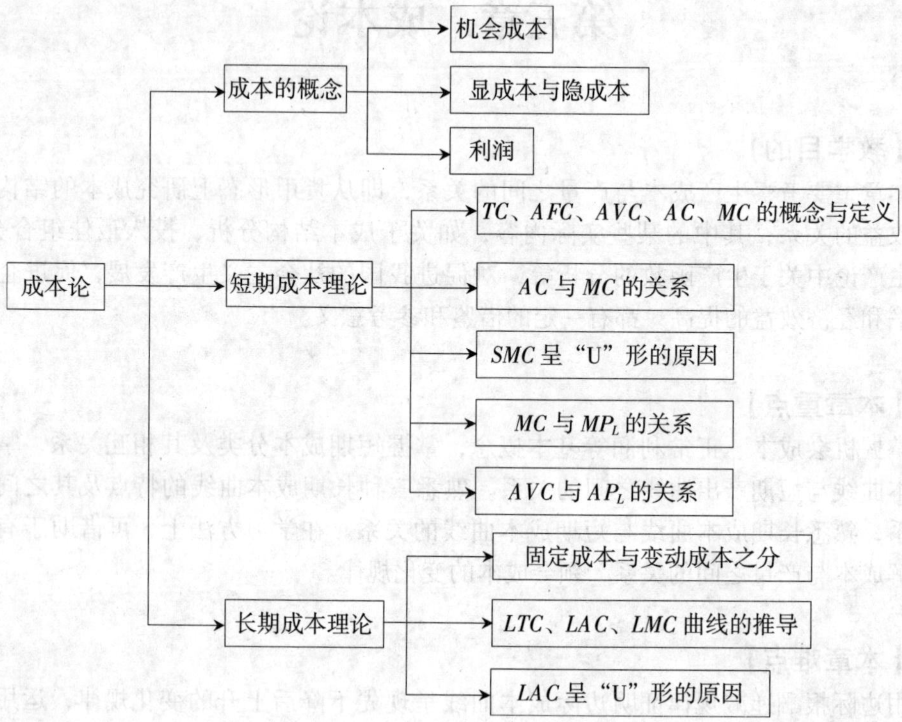

【本章习题】

一、名词解释

1. 机会成本
2. 显成本
3. 隐成本
4. 经济利润
5. 正常利润
6. 边际成本
7. 短期成本
8. 长期成本
9. 规模经济
10. 外在经济

二、判断题

1. 机会成本是企业的一种成本，它可以衡量并反映到会计账表中。(　　)

2. 根据西方经济学的解释，当经济利润为零时，企业的可分配利润为零。(　)

3. 在短期内若企业的总成本函数为：$STC = aQ + b$，据此可判断固定成本为 b。(　)

4. 边际报酬递减规律决定了当一种投入要素连续增加时，它所带来的边际产量最终必是递减的。(　)

5. 长期平均成本曲线是短期平均成本曲线的包络线，并且长期平均成本曲线与短期平均成本曲线的最低点相切。(　)

6. 长、短期平均成本曲线都呈"U"形，都是由边际报酬递减规律造成的。(　)

7. 长期总成本曲线上的每一点都与短期总成本曲线上的某一点相对应，但短期总成本曲线上并非每一点都与长期总成本曲线上的某一点相对应。(　)

8. 企业外在经济是由于厂商的生产活动所依赖的外界环境得到改善而产生的。相反，如果厂商的生产活动所依赖的外界环境恶化了，则是企业的外在不经济。外在经济会使 *LAC* 曲线向下方平移，外在不经济会使 *LAC* 曲线向上方平移。(　)

9. *LAC* 曲线在规模经济阶段，随着生产规模的扩大，平均成本会逐渐降低，在规模不经济阶段，随着生产规模的扩大，平均成本会逐渐提高，所以 *LAC* 曲线呈现出先下降后上升的"U"字形形状。(　)

10. 长期总成本曲线是无数条短期总成本曲线的包络线，在这条包络线上，在连续变化的每一个产量水平上，都存在着 *LTC* 曲线与一条 *STC* 曲线的相交点，该 *STC* 曲线所代表的生产规模就是生产该产量的最优生产规模，该交点所对应的总成本就是生产该产量的最低总成本。(　)

11. 生产一单位的某种商品的机会成本是指生产者所放弃的使用相同的生产要素在其他生产用途中所能得到的所有收入。(　)

12. 隐成本是指厂商本身所拥有的且被用于该企业生产过程的那些生产要素的总价格。(　)

13. 正常利润是指厂商对自己所提供的企业家才能的报酬的支付。(　)

14. 边际产量和边际成本两者的变动方向相反，且二者极值点相对应；总产量和总成本曲线之间凹凸性相反，且拐点对应。(　)

15. 边际成本曲线交平均可变成本曲线于平均可变成本曲线的最高点。(　)

16. 厂商的长期成本可以分为长期固定成本、长期可变成本和长期边际成本。(　)

17. 在短期，厂商的成本有不变成本部分和可变成本部分之分。(　)

18. 固定成本是指不随产量变化而变化的成本。(　)

19. 可变成本是指随产量的变化而变化的成本。(　)

20. 根据边际报酬递减规律，边际成本曲线呈先上升后下降的形状。边际成本是总成本曲线的斜率，所以总成本曲线的斜率也是先上升后下降的。(　)

三、单项选择题

1. 关于长期平均成本和短期平均成本的关系，以下正确的是（　）。

A. 短期平均成本线上的每一点都在长期平均成本线上

B. 长期平均成本线上的每一点都与短期平均成本线上的某一点相对应

C. 长期平均成本线上的每一点都对应着某一条短期平均成本线的最低点

D. 每一条短期平均成本线的最低点都在长期平均成本曲线上

2. 对应于边际报酬的递增阶段，*SMC* 曲线（　）。

A. 以递增的速率上升　　B. 以递增的速率下降

C. 以递减的速率上升　　D. 以递减的速率下降

3. 短期内在每一产量上的 *MC* 值应该（　）。

A. 是该产量上的 *TVC* 曲线的斜率，但不是该产量上的 *TC* 曲线的斜率

B. 是该产量上的 *TC* 曲线的斜率，但不是该产量上的 *TVC* 曲线的斜率

C. 既是该产量上的 *TVC* 曲线的斜率，又是该产量上的 *TC* 曲线的斜率

D. 是该产量上的 *TFC* 曲线的斜率，但不是该产量上的 *TVC* 曲线的斜率

4. 在短期内，随着产量的增加，*AFC* 会越变越小，于是，*AC* 曲线和 *AVC* 曲线之间的垂直距离会越来越小，直至两曲线（　）。

A. 相交　B. 绝不会相交　C. 平行　D. 不确定

5. 在从原点出发的射线与 *TC* 曲线相切的产量上，必有（　）。

A. *AC* 值最小　B. $AC = MC$　C. *MC* 曲线处于上升段　D. 上述各项都对

6. 在规模经济作用下的 *LAC* 曲线呈（　）。

A. 下降趋势　B. 上升趋势　C. 水平趋势　D. 先上升后下降趋势

7. 在任何产量上的 *LTC* 绝不会大于该产量上由最优生产规模所决定的 *STC*。这句话（　）。

A. 总是对的　　B. 肯定错了

C. 有可能对　　D. 视规模经济的具体情况而定

8. 在 *LAC* 曲线与一条代表最优生产规模的 *SAC* 曲线相切的产量上必定有（　）。

A. 相应的 *LMC* 曲线和代表最优生产规模的 *SMC* 曲线的一个交点，以及相应的 *LTC* 曲线和代表最优生产规模的 *STC* 曲线的一个切点

B. 代表最优生产规模的 *SAC* 曲线达最低点

C. *LAC* 曲线达最低点

D. 以上都对

9. 等成本曲线在坐标平面上与等产量曲线相交，那么要生产等产量曲线所表示的产量水平（　）。

A. 应该增加成本的支出　　B. 不能增加成本的支出

C. 应该减少成本的支出　　D. 不能减少成本的支出

10. 已知等成本曲线和等产量曲线既不能相交也不能相切，此时要达到等产量曲线所表示的产出水平，应该（　）。

A. 增加投入　B. 保持原有的投入不变　C. 减少投入　D. A 或 B

11. 某厂商以既定的成本产出最大的产量时，他（　）。

A. 一定是获得了最大的利润

B. 一定是没有获得最大的利润

C. 是否获得了最大的利润，还是没有办法确定

D. 经济利润为零

12. 任何企业在短期内的固定成本包括（　）。

A. 购买投入品的所有成本

B. 最优生产条件下生产一定产量的最小成本支出

C. 相当长的一段时间内都固定的成本，比如工会组织的长期的工资合约

D. 即便不生产产品也要花费的总费用

13. 某工厂 1 000 个单位的日产出水平，总的成本为 4 900 美元，如果产量减少一单位，则总的成本为 4 890 美元，在这个产出的范围内（　）。

A. 平均成本高于边际成本

B. 平均成本和边际成本大致相等

C. 边际成本高于平均成本

D. 由于给定条件中无法得到边际成本，因此不能比较平均成本和边际成本的大小

14. 如果边际成本在一定的产出范围内大于平均成本，那么在这一范围内，产出的增加将会使平均成本（　）。

A. 升高

B. 降低

C. 升高或者降低将会取决于可变成本的变化

D. 保持不变

15. 如果一个企业的边际产量与价格的比率和所有的投入品都相同，那么（　）。

A. 每一投入的边际产量都等于其价格

B. 企业的成本最小，利润最大

C. 企业利润最大化生产，但是并不一定以成本的最小化生产

D. 企业不一定是以利润的最大化生产，但一定是以成本的最小化生产

16. 根据投入在产出中的应用，以等产量曲线和直线来表示固定投入和可变投入的差别，则等产量曲线（　）。

A. 固定的投入等产量曲线是直线，可变的投入等产量曲线是直角线

B. 固定的投入等产量曲线是直角线，可变的投入表现为曲线

C. 固定的投入表现为曲线，可变的投入表现为直角线

D. 固定的投入表现为直角线，变动的投入表现为直线

17. 农场主投入土地和劳动进行生产，他种植了 40 亩地的谷物，收益递减的规律告诉我们（　）。

A. 土地不变，增加劳动力，最终土地的边际产量将会下降

B. 土地不变，增加劳动，最终劳动力的边际产量将会下降

C. 短期内劳动的平均产量保持不变

D. 短期内没有可变的投入

18. 经济成本和经济利润具有以下特征（ ）。
A. 前者比会计成本大，后者比会计利润小
B. 前者比会计成本小，后者比会计利润大
C. 两者都比相应的会计成本和会计利润小
D. 两者都比相应的会计成本和会计利润大
19. 企业使其利润最大化意味着（ ）。
A. 使它的亏损最小化
B. 使总的收益和总的成本之间的差额最大
C. 根据边际收益和边际成本相等来决定产出的水平
D. 以上都是
20. 一个企业在（ ）的情况下应该关门。
A. *AVC* 的最低点大于价格　　B. *AC* 的最低点大于价格
C. 发生亏损　　D. $MC > MR$
21. 等产量曲线和等成本曲线的切点表示的是（ ）。
A. 对任何的产出，可得到最低可能的等成本线，切点表明一定产出水平的最低成本
B. 对任何的支出，可得到最高可能的等产量曲线，切点表明的是这一支出水平下的最大产出
C. 最大利润的产出水平
D. A 与 B 都是
22. 劳动的边际产量与厂商的边际成本之间的关系是（ ）。
A. 边际成本与边际产量成反比
B. 边际成本等于工资除以边际产量
C. 当边际产量的曲线向下倾斜的时候，边际成本曲线也会向下倾斜
D. 边际成本不变，而边际产量服从收益递减
23. 根据替代效应（ ）。
A. 边际成本在平均成本最低点处与其相等
B. 一种投入的价格提高会导致厂商用其他的投入来代替
C. 一种投入的价格下降会导致厂商用其他的投入来代替
D. 若厂商不知道其边际成本曲线，可以用平均成本曲线来代替
24. 长期与短期的区别在于（ ）。
A. 短期中存在着不变的收益而长期中不存在
B. 从长期来看，所有的投入都可变
C. 三个月
D. 平均成本在短期内是递减的，而长期成本在长期内是递增的
25. 规模收益递增的概念是指（ ）。
A. 同时生产几种产品要比分别生产它们昂贵
B. 大数量生产要比小数量生产昂贵

C. 产量越大生产的平均成本也就越低

D. 边际成本线向下倾斜

26. 厂商的经济成本是指（　）。

A. 经理的时间机会成本　　B. 厂商资本投资的替代效应

C. 业主资本投资的收益　　D. 上述各项

27. 如果具有“U”形的短期平均成本线的厂商通过工厂的数目翻番而使产量翻番，且平均成本不变，那么长期的供给曲线是（　）。

A. 完全有弹性的　　B. 完全没有弹性的

C. 向上倾斜的　　D. 向下倾斜的

四、多项选择题

1. 下列说法中正确的是（　　）。

A. 只要总产量减少，边际产量一定是负数

B. 只要边际产量减少，总产量一定也减少

C. 随着某种生产要素投入量的增加，边际产量和平均产量增加到一定程度将趋于下降，其中边际产量的下降一定先于平均产量

D. 边际产量曲线一定在平均产量曲线的最高点与之相交

2. 下列说法中错误的是（　　）。

A. 生产要素的边际技术替代率递减是规模报酬递减造成的

B. 边际收益递减是规模报酬递减造成的

C. 规模报酬递减是边际收益递减规律造成的

D. 生产要素的边际技术替代率递减是边际收益递减规律造成的

3. 在长期中，下列成本中哪些是存在的？（　　）

A. 固定成本　　B. 平均成本　　C. 机会成本　　D. 隐含成本

4. 下列说法哪个是错误的？（　　）

A. 如果连续地增加某种商品的产量，它的机会成本将递增

B. 生产可能性边界之所以凹向原点，是因为机会成本递增

C. 经济分析中厂商的生产成本与机会成本这两个词是同义词

D. 如果一个人选择了上学而不是工作，那他的机会成本等于他在学习期间的学费

5. 下面不是短期平均成本曲线成为“U”形的原因有（　　）。

A. 规模报酬　　B. 外部经济与外部不经济

C. 要素的边际生产率　　D. 固定成本与可变成本所占比重

6. 下列说法中错误的是（　　）。

A. 在产量的某一变化范围内，只要边际成本曲线位于平均成本曲线的上方，平均成本曲线一定向下方倾斜

B 边际成本曲线在达到一定产量水平后趋于上升，是由边际收益递减规律所造成的

C. 长期平均成本曲线在达到一定的产量水平以后趋于上升，是由边际收益递减规律所造成的

D. 在边际成本曲线上，与平均成本曲线交点以上的部分构成商品的供给曲线。

7. 长、短期平均成本曲线呈“U”形的原因是（　　）。

A. 短期是由边际报酬递减规律造成的

B. 长期是由规模经济造成的

C. 都是由边际报酬递减规律造成的

D. 都是由规模经济造成的

8. 企业购买生产要素所引起的费用是（　　）。

A. 隐性成本　B. 显性成本　C. 变动成本　D. 经济成本

E. 固定成本

9. 厂商的长期平均成本曲线呈“U”形，是因为（　　）。

A. 内在经济　B. 内在不经济　C. 外在经济　D. 外在不经济

E. 以上都有可能

10. 以下说法正确的是（　　）。

A. *MC* 大于 *AC* 时，*AC* 下降　B. *MC* 小于 *AC* 时，*AC* 下降

C. *MC* 等于 *AC* 时，*AC* 下降　D. *MC* 等于 *AC* 时，*AC* 达到最低点

E. *MC* 等于 *AC* 时，*AC* 达到最高点

11. 厂商获取最大利润的条件是（　　）。

A. 边际收益大于边际成本的差额为最大

B. 边际收益等于边际成本

C. 价格高于平均成本的差额为最大

D. 价格高于平均变动成本的差额为最大

E. 收益大于成本的差额为最大

12. 下列说法不正确的是（　　）。

A. 长期总成本曲线是各种产量的最低成本点的轨迹

B. 长期总成本曲线是各种产量的最低平均成本点的轨迹

C. 长期总成本曲线是各种产量的最低边际成本点的轨迹

D. 长期总成本曲线是各种产量的平均成本变动的轨迹

13. 下面不是厂商的短期平均成本呈“U”形的原因有（　　）。

A. 外部经济问题　B. 外部不经济问题

C. 边际报酬递减规律　D. 规模收益问题

14. 在 *LAC* 曲线下降的区域（　　）。

A. $LAC \leqslant SAC$

B. *SAC* 的最低点在 *LAC* 上

C. *LAC* 与各条 *SAC* 相切于 *SAC* 最低点的左侧

D. *LAC* 是 *SAC* 最低点的连线

E. 无法确定

15. 用自有资金也应计算利息收入，这种利息从成本角度看是（　　）。

A. 固定成本　　B. 隐性成本　　C. 会计成本　　D. 经济成本

E. 生产成本

五、计算题

1. 假定某企业的短期成本函数是 $TC(Q)=Q^3-10Q^2+17Q+66$。

（1）指出该短期成本函数中的可变成本部分和不变成本部分。

（2）写出下列相应的函数：$TVC(Q)$、$AC(Q)$、$AVC(Q)$、$AFC(Q)$、$MC(Q)$。

2. 已知某企业的短期总成本函数是 $STC(Q)=0.04Q^3-0.8Q^2+10Q+5$，求最小的平均可变成本值。

3. 某企业短期总成本函数为 $STC=1\ 000+240q-4q^2+\frac{1}{3}q^3$

（1）当 SMC 达到最小值时产量多少?

（2）当 AVC 达到最小值时产量多少?

4. 假定厂商只有一种可变要素的劳动 L，产出也只有一种产品 Q，固定成本为既定的，短期函数为 $Q=-0.2L^3+12L^2+24L$，试求：

（1）劳动的平均产量 AP_L 为极大值时雇用的劳动人数。

（2）劳动的边际产量 MP_L 为极大值时雇用的劳动人数。

（3）平均可变成本为极小值时的产量。

（4）假如每个人的工资 $W=240$，产品的价格 $P=10$，求利润极大值时雇用的劳动人数。

5. 一个厂商用资本和劳动生产产品，在短期中资本是固定的，劳动是可变的，短期的生产函数为 $x=-L^3+12L^2+240L$，其中 x 是每周的产量，L 是雇用的劳动人数，每个人每周工作 40 小时，工资是每小时 6 元。

（1）计算该厂商在生产的第一、二、三个阶段上的 L 数值。

（2）厂商在短期中生产的话，其产品的最低价格是多少?

（3）如果该厂商每周的纯利润要达到 1 096 元，需雇用 8 个工人，该厂商的固定成本是多少?

6. 假定一个企业的平均成本函数为 $AC=160/Q+5-3Q+2Q^2$，求它的边际成本函数。

7. 已知 $MC=9Q^2+4Q+5$，$Q=10$，$TC=3\ 000$，分别求 TC、AC、VC 和 AVC 的函数形式。

8. 令某个生产者的生产函数为 $Q=\sqrt{KL}$，已知 $K=4$，其总值为 100，L 的价格为 10，求：

（1）L 的投入函数和生产 Q 的总成本函数、平均成本函数和边际成本函数。

（2）如果 Q 的价格为 40，生产者为了获得最大利润应生产多少 Q 及此时的利润为多少？

（3）如果 K 的总值从 100 上升到 120，Q 的价格为 40，生产者为了获得最大利润应生产多少 Q 及此时的利润为多少？

9. 下面是某厂商的 LAC 曲线和 LMC 曲线。请分别在 Q_1 和 Q_2 的产量上画出代表最优生产规模的 SAC 曲线和 SMC 曲线。

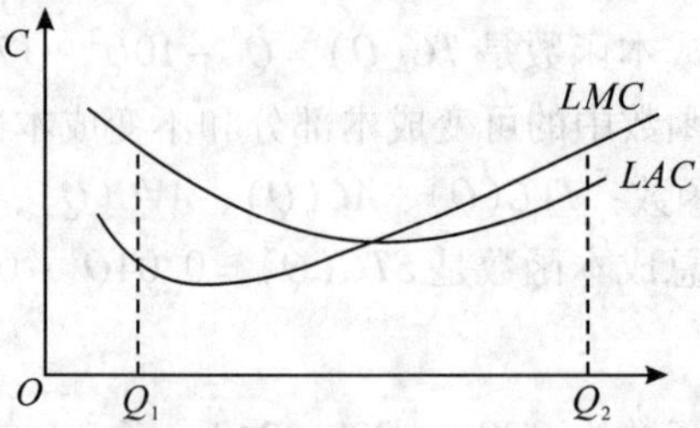

10. 下面是一张关于短期生产函数 $Q=f(L,\bar{K})$ 的产量表。

L	1	2	3	4	5	6	7
TP_L	10	30	70	100	120	130	135
AP_L							
MP_L							

（1）在表中填空。

（2）根据（1），在一张坐标图上作出 TP_L 曲线，在另一张坐标图上作出 AP_L 曲线和 MP_L 曲线。（提示：为了便于作图与比较，TP_L 曲线图的纵坐标的刻度单位大于 AP_L 曲线图和 MP_L 曲线图）

（3）根据（1），并假定劳动的价格 $w=200$，完成短期成本表。

L	Q	$TVC=w\cdot L$	$AVC=\dfrac{w}{AP_L}$	$MC=\dfrac{w}{MP_L}$
1	10			
2	30			
3	70			

（续上表）

L	Q	$TVC=w\cdot L$	$AVC=\dfrac{w}{AP_L}$	$MC=\dfrac{w}{MP_L}$
4	100			
5	120			
6	130			
7	135			

11. 假定某厂商的边际成本函数 $MC=3Q^2-30Q+100$，且生产 10 单位产量时的总成本为 1 000。求：

（1）固定成本的值。

（2）总成本函数、可变成本函数以及平均成本函数、平均可变成本函数。

12. 某公司用两个工厂生产一种产品，其总成本函数为 $C=2Q_1^2+Q_2^2-Q_1Q_2$，其中 Q_1 表示第一个工厂的产量，Q_2 表示第二个工厂的产量。求：当公司生产的产量为 40 时能够使得公司生产成本最小化的两个工厂的产量的组合。

13. 已知生产函数 $Q=A^{\frac{1}{4}}L^{\frac{1}{4}}K^{\frac{1}{2}}$，各要素价格分别为 $P_A=1$，$P_L=1$，$P_K=2$，假定厂商处于短期生产，且 $\bar{K}=16$。推导：

（1）该厂商短期生产的总成本函数和平均成本函数。

（2）总可变成本函数和平均可变成本函数。

（3）边际成本函数。

14. 已知某厂商的生产函数为 $Q=0.5L^{\frac{1}{3}}K^{\frac{2}{3}}$，当资本投入量 $K=50$ 时资本的总价格为 500，劳动的价格 $P_L=5$。求：

（1）劳动的投入函数 $L=L(Q)$。

（2）总成本函数、平均成本函数和边际成本函数。

（3）当产品的价格 $P=100$ 时，厂商获得最大利润的产量和利润各是多少？

15. 假定某厂商短期生产的边际成本函数 $SMC(Q)=3Q^2-8Q+100$，且已知当产量 $Q=10$ 时的总成本 $STC=2\ 400$，求相应的 STC 函数、SAC 函数和 AVC 函数。

六、简答题

1. 试用图说明短期成本曲线相互之间的关系。

2. 试用图从短期总成本曲线推导长期总成本曲线，并说明长期总成本曲线的经济含义。

3. 试用图从短期平均成本曲线推导长期平均成本曲线，并说明长期平均成本曲线的经济含义。

4. 试用图从短期边际成本曲线推导长期边际成本曲线，并说明长期边际成本曲线的经济含义。

5. 谈谈你对成本论的评价。

6. 谈谈你对边际收益递减规律的看法。

7. 一个工厂建厂做了五种可供选择的规模方案，每种短期平均成本（*SAC*）如下表所示，如果这五种方案之间的规模可以连续变化，请问企业应选用什么样的工厂规模？

SAC_1		SAC_2		SAC_3		SAC_4		SAC_5	
Q	*SAC*	*Q*	*SAC*	*Q*	*SAC*	*Q*	*SAC*	*Q*	*SAC*
1	15.50	2	15.00	5	10.00	8	10.00	9	12.00
2	13.00	3	12.00	6	8.50	9	9.50	10	11.00
3	12.00	4	10.00	7	8.00	10	10.00	11	11.50
4	11.75	5	9.50	8	8.50	11	12.00	12	13.00
5	13.00	6	11.00	9	10.00	12	15.00	13	16.00

8. 平均成本曲线和边际成本曲线的关系是什么？

9. 什么是规模经济？如何确定企业的适度规模？

七、论述题

1. 机会成本对决策分析有什么意义？为什么？

2. 请解释经济学家关于成本利润的概念为什么与会计上的有关概念不同。

3. 利润的最大化假说对企业行为分析还有现实意义吗？谈谈你的看法。

4. 试比较消费者行为理论和生产者行为理论。

5. 说明短期和长期平均成本曲线形成“U”形的原因。

第六章　完全竞争市场

【教学目的】

厂商的利润最大化行为涉及生产理论、成本理论以及产品在市场上的实现问题（即市场结构理论），第六章、第七章的市场结构理论分析不同的市场结构对生产者利润最大化的价格与产量的制约和影响，并分析比较不同的市场结构下的经济效率问题。通过本章的学习，要求学生理解完全竞争市场的特征，掌握完全竞争市场的短期均衡和长期均衡、短期供给曲线的推导，了解完全竞争市场行业的长期供给曲线。

【本章重点】

完全竞争市场的特点，完全竞争厂商实现利润最大化的条件、短期均衡及短期供给曲线，完全竞争厂商长期均衡的条件，完全竞争行业供给曲线。

【本章难点】

MC 曲线与厂商的短期供给曲线，完全竞争厂商长期均衡的特点、长期均衡的条件、长期供给曲线，完全竞争行业的长期供给曲线。

【理论线索】

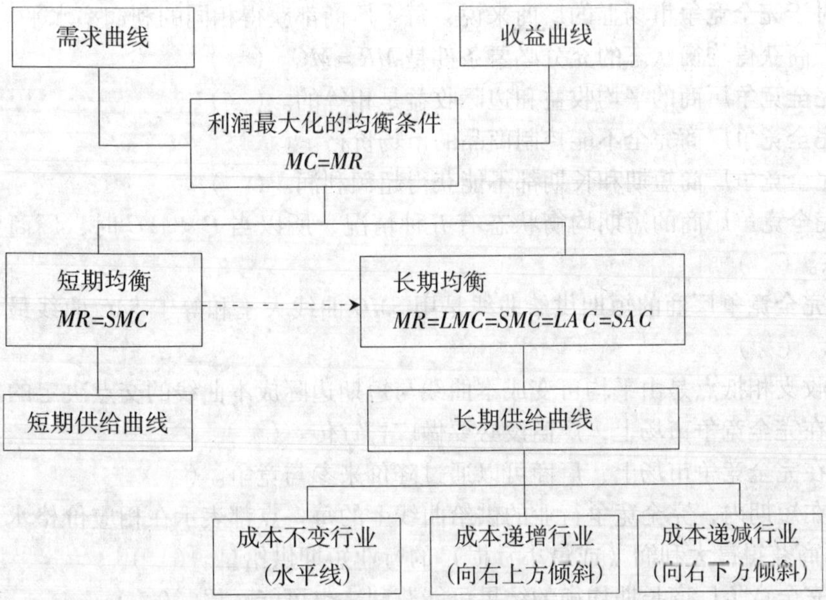

【本章习题】

一、名词解释

1. 行业
2. 完全竞争市场
3. 总收益
4. 平均收益
5. 边际收益
6. 收支相抵点
7. 停止营业点
8. 完全竞争厂商的短期供给曲线
9. 生产者剩余
10. 成本不变行业
11. 成本递增行业
12. 成本递减行业
13. 消费者统治

二、判断题

1. 在不同类型的市场上，行业的需求曲线都是向右下方倾斜的。(　)

2. 如果某一行业的产品是同质的，或者是相互之间有很好的替代性，则这一行业一定是竞争市场。(　)

3. 完全竞争厂商和行业的需求曲线都是水平线。(　)

4. 对于完全竞争市场上的厂商来说，每个厂商都获得相同的利润率水平。(　)

5. 厂商获得均衡状态的充分必要条件是 $MR=MC$。(　)

6. 完全竞争厂商的平均收益和边际收益是相等的。(　)

7. 完全竞争厂商完全不能控制商品的市场价格。(　)

8. 完全竞争厂商短期和长期都不能获得超额利润。(　)

9. 完全竞争厂商的短期均衡状态有五种情况，所以当 $P<AVC$ 时，厂商仍能达到均衡状态。(　)

10. 完全竞争厂商的短期供给曲线是用 SMC 曲线大于和等于 SAC 曲线最低点的部分来表示。(　)

11. 收支相抵点是由平均可变成本曲线与短期边际成本曲线的交点决定的。(　)

12. 在完全竞争市场上，厂商没必要做广告宣传。(　)

13. 在完全竞争市场上，厂商可以通过降价来参与竞争。(　)

14. 在短期内，完全竞争行业的供给曲线上的每一点都表示在相应价格水平下能够使全体厂商获得最大利润（或最小亏损）的行业短期供给量。(　)

15. 完全竞争厂商长期均衡的结果可能获利，也可能亏损。(　)

16. 完全竞争厂商的长期均衡出现在 *LAC* 曲线的最低点。( )

17. 在完全竞争市场上，之所以会出现向右下方倾斜的长期供给曲线，是由成本递减造成的。成本递减是由于行业（产业）的规模经济。( )

18. 在长期情况下，完全竞争行业的长期总供给曲线从左下方向右上方倾斜时，其原因是为了吸引厂商扩大产量或者是吸引新厂商的进入。( )

19. 从理论上说，完全竞争的市场机制能够以最有效率的方式配置经济资源。( )

20. 在市场经济条件下，消费者统治的说法不论在什么条件下都是能够成立的。( )

三、单项选择题

1. 下列属于产品差别的是（ ）。
A. 海尔牌冰箱与美的牌冰箱的差别
B. 彩电与空调的差别
C. 广东大米与江西大米的差别
D. 小轿车与卡车的差别

2. 不存在进入壁垒的市场是（ ）。
A. 完全竞争市场 B. 垄断竞争市场 C. 寡头垄断市场 D. 完全垄断市场

3. 一个企业的市场占有率越高，表明（ ）。
A. 该行业的垄断程度越高 B. 该行业的垄断程度越低
C. 该行业的竞争性越强 D. 该行业的企业数量众多

4. 在完全竞争市场上，经济利润存在的条件是市场价格高于企业的（ ）。
A. 平均可变成本 B. 平均固定成本
C. 平均成本 D. 固定成本

5. 假如某企业的平均收益大于平均可变成本，则该企业（ ）。
A. 如果继续生产亏损一定更大
B. 如果停止生产则无亏损
C. 应退出生产
D. 应继续生产

6. 在完全竞争市场上，一个企业的短期供给曲线是指停止营业点之上的（ ）。
A. 可变成本曲线 B. 边际成本曲线
C. 平均成本曲线 D. 总成本曲线

7. 完全竞争厂商所面临的需求曲线是一条水平线，它表示（ ）。
A. 厂商可以通过改变销售量来影响价格
B. 厂商只能接受市场价格
C. 厂商通过联合来改变市场价格
D. 厂商通过改进生产技术，获得经济利润

8. 在完全竞争市场上，价格（ ）边际收益。
A. 大于 B. 等于 C. 小于 D. 不能确定

9. 在 $MR=MC$ 的均衡产量上，企业（ ）。

A. 必然得到最大的利润

B. 不可能亏损

C. 必然亏损最小

D. 若获利，利润最大；若亏损，损失最小

10. 完全竞争厂商的长期均衡产量上必然有（ ）。

A. $MR=LMC\neq SMC$，其中 $MR=AR=P$

B. $MR=LMC=SMC\neq LAC$，其中 $MR=AR=P$

C. $MR=LMC=SMC=LAC\neq SAC$，其中 $MR=AR=P$

D. $MR=LMC=SMC=LAC=SAC$，其中 $MR=AR=P$

11. 完全竞争市场中以利润最大化为目标的企业以（ ）为原则来确定产量。

A. 价格大于边际成本　　B. 价格小于边际成本

C. 价格等于边际成本　　D. 价格等于平均收益

12. 根据完全竞争市场的条件，下列（ ）最接近完全竞争行业。

A. 自行车行业　B. 玉米行业　C. 糖果行业　D. 服装行业

13. 在完全竞争市场上，短期内企业继续生产的条件是（ ）。

A. $AC=AR$　　B. $AVC>AR$ 或 $AVC=AR$

C. $AVC<AR$ 或 $AVC=AR$　　D. $MC=MR$

14. 某完全竞争行业的价格和供给量在长期内同方向变动，则该行业的长期供给曲线呈（ ）。

A. 水平的　　B. 向右下方倾斜的

C. 向右上方倾斜的　　D. 无法判断

15. 完全竞争市场上长期均衡的条件是（ ）。

A. $MR=MC$　　B. $AR=AC$

C. $MR=MC=AR=AC$　　D. $MR=MC$，$AR=AC$

16. 成本递减行业的长期供给曲线是（ ）。

A. 水平直线　　B. 自左向右上方倾斜

C. 垂直于横轴　　D. 自左向右下方倾斜

17. 在任何市场中，厂商的平均收益曲线可以由（ ）。

A. 他的产品供给曲线表示　　B. 他的产品需求曲线表示

B. 行业的产品供给曲线表示　　D. 行业的产品需求曲线表示

18. 在完全竞争市场中，行业的长期供给曲线取决于（ ）。

A. SAC 曲线最低点的轨迹　　B. SMC 曲线最低点的轨迹

C. LAC 曲线最低点的轨迹　　D. LMC 曲线最低点的轨迹

19. 当一个完全竞争行业实现长期均衡时，每个企业（ ）。

A. 显成本和隐成本都得到补偿　　B. 经济利润都为零

C. 行业中没有任何厂商再进出　　D. 以上说法都对

20. 完全竞争厂商面临的需求曲线是一条（　）。
A. 向右下方倾斜的曲线　B. 与横轴平行的线
C. 与横轴垂直的线　D. 向右上方倾斜的曲线
21. 在短期，完全竞争厂商（　）。
A. 收支相抵　B. 取得最大利润
C. 发生亏损　D. 上述情况都可能发生
22. 完全竞争厂商的短期供给曲线应该是（　）。
A. *SMC* 曲线上超过停止营业点的部分
B. *SMC* 曲线上超过收支相抵点的部分
C. *SMC* 曲线上的停止营业点和超过停止营业点以上的部分
D. *SMC* 曲线的上升部分
23. 如果在厂商的短期均衡产量上，*AR* 小于 *SAC*，但大于 *AVC*，则厂商（　）。
A. 亏损，立即停产　B. 亏损，但继续生产
C. 亏损，生产与否都可　D. 获利，继续生产
24. 在成本不变的一个完全竞争行业中，长期中需求的增加会导致市场价格（　）。
A. 上升　B. 下降　C. 不变　D. 先升后降
25. 在完全竞争市场上，单个企业不能控制（　）。
A. 产量　B. 成本　C. 价格　D. 生产技术

四、多项选择题

1. 决定市场类型划分的主要因素有（　）。
A. 厂商数目
B. 产品差别程度
C. 单个厂商控制市场价格的能力
D. 进出市场的难易程度
2. 根据不同市场结构的特征，可以将市场划分为以下几种？（　）
A. 完全竞争市场　B. 垄断竞争市场
C. 寡头垄断市场　D. 完全垄断市场
3. 完全竞争市场必须具备的条件包括（　）。
A. 大量的买者和卖者　B. 产品同质
C. 资源完全自由流动　D. 信息完全
4. 在完全竞争市场上，厂商的市场需求曲线和（　）是重合的。
A. 平均收益曲线　B. 边际收益曲线
C. 平均成本曲线　D. 边际成本曲线
5. 完全竞争厂商在短期内的经营结果是（　）。
A. 可能获利　B. 可能亏损
C. 可能收支相抵　D. 一定获利

6. 完全竞争厂商在长期内的经营结果是（ ）。
A. 获得了正常利润
B. 隐性成本和显性成本都得到弥补
C. 可以获得超额利润
D. 只有显性成本得到弥补
7. 关于完全竞争厂商的短期供给曲线，以下说法正确的有（ ）。
A. 用 *SMC* 曲线上的停止营业点和超过停止营业点以上的部分来表示
B. 向右上方倾斜
C. 向右下方倾斜
D. 表示商品的价格和供给量之间同方向变化的关系
8. 完全竞争厂商在长期生产中对生产要素的调整可以表现为（ ）。
A. 对最优生产规模的选择
B. 进行广告宣传以扩大销售量
C. 降低价格以吸引消费者
D. 进入或退出一个行业
9. 关于完全竞争行业的长期供给曲线，以下说法正确的有（ ）。
A. 可以分为成本递增、成本递减和成本不变三种类型
B. 成本递增行业的长期供给曲线是向右下方倾斜的
C. 成本不变行业的长期供给曲线是一条水平线
D. 成本递减行业的长期供给曲线表明产品价格和供给量成同方向变化
10. 关于生产者剩余，以下说法正确的是（ ）。
A. 是指厂商在提供产品时实际接受的总支付和愿意接受的最小总支付之间的差额
B. 在图形上表示为价格线以下和供给曲线以上的阴影部分的面积
C. 在图形上表示为价格线以上和需求曲线以下的阴影部分的面积
D. 只要总收益大于总可变成本，厂商就能得到生产者剩余
11. 在完全竞争厂商的长期均衡点，以下成立的等式有（ ）。
A. $MR = LMC = SMC$　　B. $MR = LAC = SAC$
C. $AR = LAC = SAC$　　D. $MR = AR = P$
12. 在 $MR = MC$ 的均衡产量上，企业（ ）。
A. 必然得到最大的利润　　B. 不可能亏损
C. 若获利，利润最大　　D. 若亏损，损失最小
13. 假如某厂商处于完全竞争市场中，下面哪种说法是不对的？（ ）
A. 他生产的商品需求弹性无限大
B. 他生产的商品需求弹性为零
C. 他的价格线和平均收益曲线重合且位于边际收益曲线的上方
D. 他的平均收益曲线和边际收益曲线重合且位于需求曲线的下方
14. 可以采用广告作为经营策略的市场有（ ）。

A. 完全竞争市场　　B. 垄断竞争市场

C. 寡头垄断市场　　D. 完全垄断市场

15. 在完全竞争市场上，关于商品价格的决定错误的是（　　）。

A. 可由企业任意决定　　B. 一旦确定就不能变动

C. 由市场供求状况决定　　D. 由消费者决定

五、计算题

1. 已知某完全竞争行业中的单个厂商的短期成本函数为 $STC=0.1Q^3-2Q^2+15Q+10$。试求：

（1）当市场上产品的价格为 $P=55$ 时，厂商的短期均衡产量和利润。

（2）当市场价格下降为多少时，厂商必须停产？

（3）厂商的短期供给函数。

2. 已知某完全竞争的成本不变行业中的单个厂商的长期总成本函数 $LTC=Q^3-12Q^2+40Q$。试求：

（1）当市场商品价格为 $P=100$ 时，厂商实现 $MR=LMC$ 时的产量、平均成本和利润。

（2）该行业长期均衡时的价格和单个厂商的产量。

（3）若市场的需求函数为 $Q=660-15P$，行业长期均衡时的厂商数量。

3. 已知某完全竞争的成本递增行业的长期供给函数 $LS=5\,500+300P$。试求：

（1）当市场需求函数 $D=8\,000-200P$ 时，市场的长期均衡价格和均衡产量。

（2）当市场需求增加，市场需求函数为 $D=10\,000-200P$ 时，市场长期均衡价格和均衡产量。

（3）比较（1）、（2），说明市场需求变动对成本递增行业的长期均衡价格和均衡产量的影响。

4. 已知某完全竞争市场的需求函数为 $D=6\,300-400P$，短期市场供给函数为 $SS=3\,000+150P$；单个企业在 LAC 曲线最低点的价格为 6，产量为 50；单个企业的成本规模不变。

（1）求市场的短期均衡价格和均衡产量。

（2）判断（1）中的市场是否同时处于长期均衡，求企业内的厂商数量。

（3）如果市场的需求函数变为 $D'=8\,000-400P$，短期供给函数为 $SS'=4\,700+150P$，求市场的短期均衡价格和均衡产量。

（4）判断（3）中的市场是否同时处于长期均衡，并求行业内的厂商数量。

（5）判断该行业属于什么类型。

（6）需要新加入多少企业，才能提供（1）到（3）所增加的行业总产量？

5. 在一个完全竞争的成本不变行业中单个厂商的长期成本函数为 $LTC=Q^3-40Q^2+600Q$，该市场的需求函数为 $Q_d=13\,000-5P$。求：

（1）该行业的长期供给函数。

（2）该行业实现长期均衡时的厂商数量。

6. 已知完全竞争市场上单个厂商的长期成本函数为 $LTC=Q^3-20Q^2+200Q$，市场的产品价格为 $P=600$。

（1）该厂商实现利润最大化时的产量、平均成本和利润各是多少？

（2）该行业是否处于长期均衡？为什么？

（3）该行业处于长期均衡时每个厂商的产量、平均成本和利润各为多少？

（4）判断（1）中的厂商是处于规模经济阶段，还是处于规模不经济阶段？

7. 某完全竞争厂商的短期边际成本函数 $SMC=0.6Q-10$，总收益函数 $TR=38Q$，且已知当产量 $Q=20$ 时的总成本 $STC=260$。求该厂商利润最大化时的产量和利润。

六、简答题

1. 市场结构划分的标准有哪些？

2. 简述完全竞争市场的条件。

3. 为什么完全竞争厂商的需求曲线、平均收益曲线和边际收益曲线是重叠的？

4. 为什么完全竞争厂商的短期供给曲线是 SMC 曲线上等于和高于 AVC 曲线最低点的部分？

5. 为什么完全竞争厂商利润最大化既可以表示为 $MR=MC$，也可以表示为 $MC=P$？

6. 完全竞争行业的短期供给曲线是该行业中厂商的短期供给曲线的水平相加，能否说该行业长期供给曲线也是该行业中厂商的供给曲线的水平相加？

7. 为什么完全竞争中的厂商不愿为产品做广告而花费任何金钱？

8. 如果企业和行业都处于长期均衡状态，它们是否必然处于短期均衡状态？反之亦然否？

9. 如果行业中每个企业都处于长期均衡状态，整个行业是否必定处于长期均衡状态？反之亦然否？

七、论述题

1. 用图说明完全竞争厂商的短期均衡的形成及其条件。

2. 用图说明完全竞争厂商的长期均衡的形成及其条件。

3. 结合图形说明为什么完全竞争市场的经济效率是最高的。

4. 试述完全竞争市场的条件及其经济学意义。

第七章　不完全竞争市场

【教学目的】

本章主要考察在垄断竞争、寡头和垄断这三种不完全竞争市场中，厂商如何决定最优的产量和价格，并分析不同市场的经济效率，从而证明完全竞争市场中的经济效率最高。

【本章重点】

1. 三种不完全竞争市场中厂商的需求曲线和收益曲线。
2. 垄断竞争市场和垄断市场的短期均衡和长期均衡的实现过程及其条件。
3. 垄断厂商短期均衡和长期均衡的实现过程及其条件。
4. 垄断厂商实行价格歧视的条件及价格歧视的类别。
5. 古诺模型。
6. 完全竞争市场与非完全竞争市场的经济效率比较。

【本章难点】

1. 垄断竞争厂商的需求曲线和长期均衡。
2. 垄断竞争厂商的短期均衡和长期均衡的实现过程及其条件。
3. 垄断厂商的价格歧视。
4. 斯威齐模型。
5. 纳什均衡。

【理论线索】

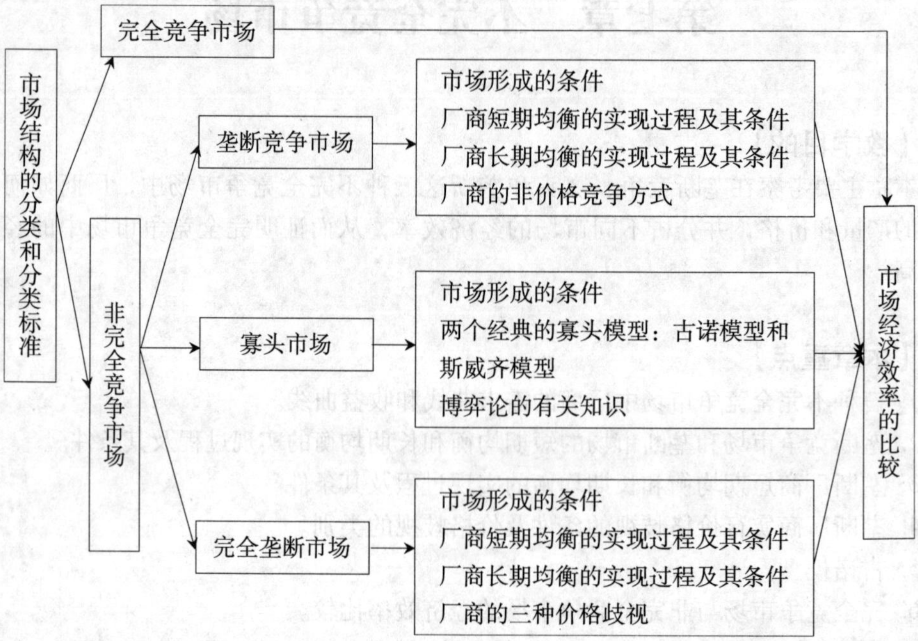

【本章习题】

一、名词解释

1. 不完全竞争市场
2. 垄断市场
3. 垄断竞争市场
4. 自然垄断
5. 一级价格歧视
6. 二级价格歧视
7. 三级价格歧视
8. 非价格竞争
9. 垄断竞争厂商的需求曲线
10. 古诺模型
11. 占优策略均衡
12. 纳什均衡

二、判断题

1. 产品差别越大，市场垄断程度越高。（ ）

2. 在垄断竞争市场上，厂商所面临的需求曲线是水平的。( )

3. 在垄断竞争条件下，厂商所面临的 d 需求曲线在所有价格水平下都比 D 需求曲线更缺乏弹性。( )

4. 在垄断市场上，整个行业的需求曲线是一条与横轴平行的线。( )

5. 在垄断市场上，由于只有一家企业，因此它可以随意定价。( )

6. 垄断厂商只要选择合适的价格和产量，总能获得超额利润。( )

7. 垄断竞争与完全竞争的主要区别在于垄断竞争的市场需求曲线是向下方倾斜的。( )

8. 在非完全竞争市场中，边际收益一定小于平均收益。( )

9. 在垄断竞争条件下，短期均衡要求每个厂商都有 $MR=MC$，不论是否存在 $AR=AC$；反之，长期均衡要求有 $AR=AC$，而不论是否存在 $MR=MC$。( )

10. 在垄断市场上，无论在短期还是在长期，企业均可获得超额利润。( )

11. 在完全竞争条件市场下，当平均可变成本曲线向下倾斜时，厂商不可能处于均衡状态；但在长期及垄断竞争条件市场下，除非平均成本曲线向下倾斜，否则厂商不可能处于均衡状态。( )

12. 完全价格歧视其实就是垄断企业对不同市场的不同消费者实行不同的价格。( )

13. 垄断竞争市场的短期均衡条件与垄断市场是一样的。( )

14. 垄断竞争市场上长期均衡的条件是：$MR=MC=AR=AC$。( )

15. 在市场实现了长期均衡时，垄断竞争市场和完全竞争市场上的长期平均成本状况是不同的。( )

16. 占优策略均衡就是纳什均衡，纳什均衡也是占优策略均衡。( )

17. 古诺均衡就是纳什均衡。( )

18. 古诺双头垄断下的产量高于勾结时的产量。( )

19. 根据斯威齐模型所提出的折曲的需求曲线假设，当一家寡头提高价格时，其竞争对手也提高价格。( )

20. 在长期，垄断竞争厂商得不到超额利润，所以，垄断竞争市场与完全竞争市场都是有效的市场。( )

21. 在完全竞争市场中，资源配置是有效率的。( )

22. 非完全竞争市场的垄断程度越高，则其经济效率越低。( )

三、单项选择题

1. 一个企业的市场占有额越高，表明（ ）。

A. 该行业的垄断程度越高　　B. 该行业的垄断程度越低

C. 该行业的竞争性越强　　D. 该行业的企业数量众多

2. 下列哪一项不是划分市场结构的标准？( )

A. 利润的高低　B. 行业的市场集中程度　C. 行业的进入限制　D. 产品差别

3. 在垄断厂商的短期均衡时，垄断厂商可能（ ）。

A. 亏损　　B. 利润为零　　C. 获得利润　　D. 以上任何一种情况都可能出现

4. 在垄断厂商的长期均衡产量上可以有（　）。

A. $P > LAC$　　B. $P < LAC$

C. P 等于最小的 LAC　　D. 以上任何一种情况都可能存在

5. 对完全垄断厂商来说,(　)。

A. 提高价格一定能够增加收益

B. 降低价格一定会减少收益

C. 提高价格未必能增加收益，降低价格未必会减少收益

D. 以上都不对

6. 垄断厂商如果面临的是线性需求曲线，总收益最大时（　）。

A. 边际收益为正值且递增　　B. 边际收益为正值且递减

C. 边际收益为负值　　D. 边际收益为零

7. 完全垄断厂商的产品需求弹性为 1 时，(　)。

A. 总收益最小　B. 总收益最大　C. 总收益递增　D. 总收益递减

8. 当垄断市场的需求富于弹性时，边际收益 MR 为（　）。

A. 正　　B. 负　　C. 0　　D. 1

9. 如果市场价格超过平均成本，边际收益大于边际成本，垄断厂商多卖一单位产品时,(　)。

A. 对总利润没有影响，但会缩小边际收益和边际成本之间的差额

B. 总利润会减少

C. 厂商总收益会减少，其数额等于 $P - AC$

D. 总利润会增加，其数额为 $MR - MC$，并缩小边际收益和边际成本之间的差额

10. 垄断利润或者说超额利润（　）。

A. 不是一种成本，因为它不代表生产中使用的资源所体现的替换成本

B. 不能为垄断者在长期中所获取，因为价格在最优产出水平上必须等于长期平均成本

C. 为保证资本继续进入该行业所必需

D. 能为完全竞争者和垄断者在长期中获取

11. 市场需求增加时，垄断厂商会（　）。

A. 增加产量以增加边际收益　　B. 增加产量以提高价格

C. 降低产量以增加边际成本　　D. 减少产量以降低价格

12. 若一个管理机构对一个垄断厂商的限价正好使经济利润消失，则价格要等于（　）。

A. 边际收益　　B. 边际成本　　C. 平均成本　　D. 平均可变成本

13. 在完全垄断厂商的最优产量处（　）。

A. $P = MC$　　B. $P = SAC$ 的最低点的值

C. P 最高　　D. $MR = MC$

14. 如果垄断者的长期平均成本超过市场价格，则厂商将（　）。

A. 停留在这一营业水平上，因为它使资本得到了一个正常报酬

B. 停留在这一营业水平上，尽管其固定成本没有得到补偿

C. 歇业并清理资产

D. 暂时停业

15. 在完全垄断市场上，对于任何产量，厂商的价格总等于（　）。

A. 边际收益　　B. 边际成本　　C. 平均成本　　D. 平均收益

16. 厂商要能有效地实行市场差别定价，下列哪一条除外都是必须具备的条件（　）。

A. 分割市场的能力

B. 一个巨大的无弹性的总需求

C. 每个分市场上不同的需求价格弹性

D. 保持市场分割以防止商品在较有弹性的市场上被顾客再次售卖

17. 如果完全垄断厂商在两个分割的市场中具有相同的需求曲线，那么垄断厂商（　）。

A. 可以实行差别价格　　B. 不能实行差别价格

C. 是否能实行差别价格不能确定　D. 上述都不对

18. 在完全垄断市场中，如果 A 市场的价格高于 B 市场的价格，则（　）。

A. A 市场的需求弹性大于 B 市场的需求弹性

B. A 市场的需求弹性小于 B 市场的需求弹性

C. 两个市场的需求弹性相等

D. 以上都正确

19. 在垄断竞争市场上，厂商的短期均衡发生于（　）。

A. 边际成本等于实际需求曲线对应的边际收益时

B. 平均成本下降时

C. 主观需求曲线与实际需求曲线相交，边际成本等于主观需求曲线对应的边际收益时

D. 主观需求曲线与平均成本曲线相切时

20. 垄断竞争厂商短期均衡时（　）。

A. 厂商一定能获得超额利润

B. 厂商一定不能获得超额利润

C. 只能得到正常利润

D. 取得超额利润、发生亏损及获得正常利润三种情况都可能发生

21. 垄断竞争厂商长期均衡时，必然有（　）。

A. 价格大于长期平均成本

B. 在均衡点上，主观需求曲线上的弹性大于实际需求曲线上的弹性

C. 获得超额利润

D. 边际成本等于实际需求曲线中产生的边际收益

22. 垄断竞争厂商长期均衡时，长期平均成本曲线处于（　）。

A. 上升阶段　　B. 下降阶段

C. 水平阶段　　D. 以上三种情况都可能出现

23. 寡头垄断厂商的产品是（　）。

A. 同质的

B. 有差异的

C. 既可以是同质的，也可以是有差异的

D. 以上都不对

24. 按照古诺模型，下列哪一种说法不正确？（　）

A. 两个厂商都了解市场的需求曲线

B. 每个双头垄断商都假定对方保持产量不变

C. 每个双头垄断商都根据对方的价格确定自己的价格

D. 均衡的结果是稳定的

25. 在折曲需求曲线模型中，拐点左右两边的需求弹性是（　）。

A. 左边弹性大，右边弹性小　　B. 左边弹性小，右边弹性大

C. 左右两边弹性一样大　　D. 以上都不对

26. 在垄断市场上，边际收益与平均收益的关系是（　）。

A. 边际收益大于平均收益

B. 边际收益小于平均收益

C. 边际收益等于平均收益

D. 边际收益曲线交于平均收益曲线的最低点

27. 在垄断市场上，长期均衡的条件是（　）。

A. $MR = LMC$　　B. $MR = SMC$

C. $MR = LMC = SMC$　　D. $MR = MC$，$AR = AC$

28. 下列哪一项不是垄断竞争的特征？（　）

A. 企业数量很少　　B. 进出该行业很容易

C. 存在产品差别　　D. 企业忽略其竞争对手的反应

29. 在垄断竞争市场上，长期均衡的条件是（　）。

A. $MR = LMC$　　B. $MR = SMC$

C. $MR = LMC = SMC$　　D. $MR = MC$，$AR = AC$

30. 折曲的需求曲线说明了（　）。

A. 寡头市场上价格具有刚性的原因

B. 寡头市场上价格的决定因素

C. 各寡头不管对手如何变动价格，自己均保持现价不变

D. 当一家寡头厂商提价，其他厂商也会跟着提价

四、多项选择题

1. 完全竞争市场结构与垄断竞争市场结构的不同之处在于（　）。

A. 前者市场可以自由进入，后者市场不可以自由进入

B. 前者产品是同质的，后者产品是异质的

C. 前者厂商被动接受价格，后者厂商有控制价格的权利

D. 前者厂商所面临的需求曲线是水平的，后者厂商所面临的需求曲线是向右下方倾斜的

E. 前者厂商在长期中不可以获得超额利润，后者厂商在长期中可以获得超额利润

2. 下列有关垄断竞争市场的说法正确的有（　　）。

A. 厂商可以自由进入市场，市场的竞争程度激烈

B. 产品都是同质的，厂商没有控制价格的权利

C. 厂商所面临的需求曲线和边际收益曲线不再重合

D. 厂商所面临的需求曲线是水平的

E. 厂商按照边际收益与边际成本相等进行生产，并且在长期可以获得超额利润

3. 有关垄断市场以下说法正确的有（　）。

A. 厂商可以自由进入市场，市场的竞争程度激烈

B. 厂商有控制价格的权利，并且可以对消费者实施价格歧视

C. 厂商所面临的需求曲线和边际收益曲线不再重合

D. 厂商所面临的需求曲线是水平的

E. 厂商按照边际收益与边际成本相等进行生产，并且在长期可以获得超额利润

4. 垄断竞争厂商处于长期竞争均衡时，其产量满足（　）。

A. $MR=LMC$　　B. $MR=LAC$　　C. $AR=LMC$　　D. $AR=LAC$

E. $AR=MR$

5. 处于短期均衡的垄断竞争厂商将会按下列哪些方式生产？（　　）

A. 边际成本等于边际收益

B. 平均成本等于价格

C. d 需求曲线与 D 需求曲线的交点

D. d 需求曲线与平均成本曲线的交点

E. d 需求曲线与边际成本曲线的切点

6. 在垄断竞争厂商处于长期均衡时，（　　）。

A. 价格高于 LAC

B. 价格高于边际成本

C. d 需求曲线的弹性小于 D 需求曲线

D. 边际成本等于 d 需求曲线对应的边际收益

E. 超额利润等于 0

7. 在短期中，完全垄断厂商（　　）。

A. 有可能获得正常利润　　B. 有可能发生亏损

C. 永远获得超额利润　　D. 永远处于亏损状态

E. 可能获得超额利润

8. 价格歧视分为（　　）。

A. 一级价格歧视　　B. 二级价格歧视

C. 三级价格歧视　　D. 四级价格歧视

E. 五级价格歧视

9. 在一级价格歧视下，下列有关表述正确的有（　　）。

A. 垄断厂商确切地知道消费者的支付意愿

B. 垄断厂商不知道消费者的支付意愿

C. 厂商对每个消费者所索取的价格高到使他们几乎要拒绝购买，但又不会拒绝购买的程度

D. 消费者剩余为0

E. 消费者剩余大于0

10. 实行三级价格歧视必须具备的条件有（　　）。

A. 卖者有许多个

B. 卖者只有一个且可以操纵价格

C. 卖者了解不同的消费者对其所销售商品的需求价格弹性

D. 卖者不了解不同的消费者对其所销售商品的需求价格弹性

E. 卖者能将具有不同需求价格弹性的市场分离开，使低价格市场上的商品不能流向高价格市场

11. 一个垄断竞争的市场结构必须具备的条件有（　　）。

A. 市场上有很多生产者和消费者

B. 行业中的厂商生产的产品是有差别的

C. 行业中的厂商生产的产品是无差别的

D. 厂商进入该市场的障碍较少

E. 消费者和生产者对市场信息完全了解

12. 寡头垄断市场必须具备的条件有（　　）。

A. 市场上有很多生产者和消费者

B. 行业中的厂商生产的产品可以是有差别的，也可以是无差别的

C. 厂商进入该市场存在较大的障碍

D. 厂商进入该市场的障碍较少

E. 市场中厂商数量较少

13. 古诺模型的假定条件有（　　）。

A. 市场上只有两个厂商生产完全相同的产品

B. 市场上只有两个厂商生产不同的产品

C. 两个厂商面临相同的线性需求曲线，采用相同的市场价格

D. 两个厂商都准确地知道市场的需求状况

E. 每个厂商都根据自己对对方的预期产量来确定自己的产量

14. 在寡头市场中，折曲的需求曲线（　　）。

A. 是指一个寡头垄断企业提价时，它的对手也提价；当其降低价格时，它的对手也降价

B. 是指一个寡头垄断企业提价时，它的对手并不提价；当其降低价格时，它的对手也降价

C. 使边际收益曲线发生折曲

D. 使价格具有刚性特征

E. 表明成本略有下降，价格不变，而利润增加

15. 厂商要获得经济利润，一定是（　　）。

A. $TR > TC$　　B. $P > AC$　　C. $TR > TVC$　　D. $P > AVC$

E. $AR > AC$

五、计算题

1. 某垄断厂商的短期总成本函数为 $STC = 0.1Q^3 - 6Q^2 + 140Q + 3\,000$，反需求函数为 $P = 150 - 3.25Q$。求：该厂商的短期均衡产量和均衡价格。

2. 已知某垄断厂商的成本函数为 $TC = 0.6Q^2 + 3Q + 2$，反需求函数为 $P = 8 - 0.4Q$。求：

（1）该厂商实现利润最大化时的产量、价格、收益和利润。

（2）该厂商实现收益最大化时的产量、价格、收益和利润。

（3）比较（1）和（2）的结果。

3. 已知某垄断厂商利用一个工厂生产一种产品，其产品在两个分割的市场上出售，它的成本函数为 $TC = Q^2 + 40Q$，两个市场的需求函数分别为 $Q_1 = 12 - 0.1P_1$，$Q_2 = 20 - 0.4P_2$。求：

（1）当该厂商实行三级价格歧视时，其追求利润最大化时的两市场各自的销售量、价格及厂商的总利润。

（2）当该厂商在两个市场实行统一的价格时，其追求利润最大化时的销售量、价格及厂商的总利润。

（3）比较（1）和（2）的结果。

4. 在垄断竞争市场结构中的长期（集团）均衡价格 P_e，是代表厂商的需求曲线与其长期平均成本（LAC）曲线相切之点，因而 $P_e = LAC$。已知代表厂商的长期成本函数和 d 需求曲线分别为：$LTC = 0.002\,5Q^3 - 0.5Q^2 + 384Q$ 和 $P = A - 0.1Q$，上式中的 A 是集团内厂商数目。求解长期均衡条件下：

（1）代表厂商的均衡价格和产量。

（2）A 的数值。

5. 根据下图中线性需求曲线 d 和相应的边际收益曲线 MR，试求：

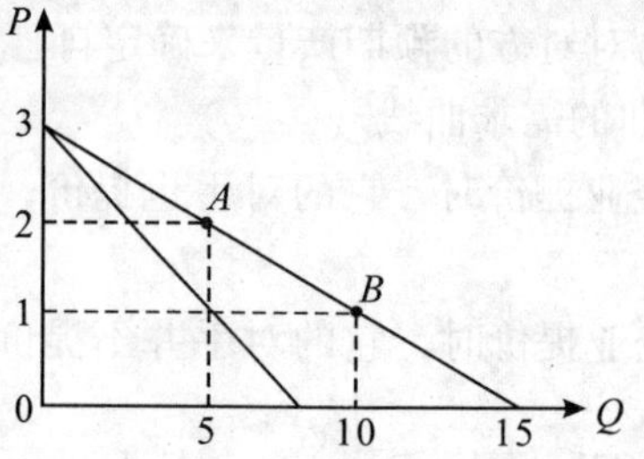

（1）A 点所对应的 MR 值。

（2）B 点所对应的 MR 值。

6. 下图中的曲线是某垄断厂商的长期成本曲线、需求曲线和收益曲线。试在图中标出：

（1）长期均衡点及相应的均衡价格和均衡产量。

（2）长期均衡时代表最优生产规模的 SAC 曲线和 SMC 曲线。

（3）长期均衡时的利润量。

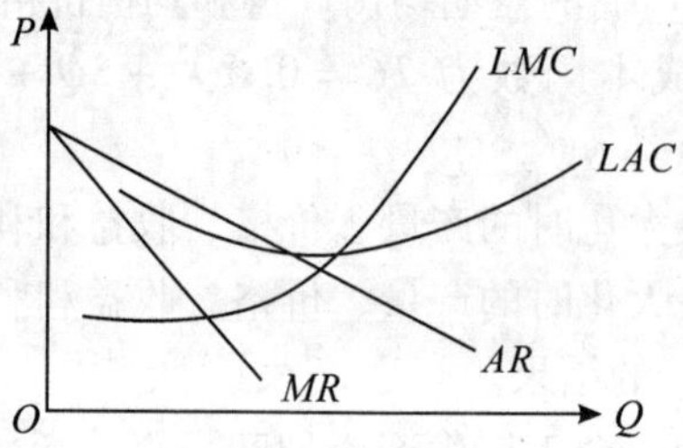

7. 已知某垄断厂商的反需求函数为 $P=100-2Q+2\sqrt{A}$，成本函数为 $TC=3Q^2+20Q+A$，其中，A 表示厂商的广告支出。求该厂商实现利润最大化时 Q、P 和 A 的值。

8. 已知某垄断竞争厂商的长期成本函数为 $LTC=0.001Q^3-0.51Q^2+200Q$，如果该产品的生产集团内的所有厂商按相同的比例调整价格，那么，每个厂商的份额需求曲线即 D 曲线为 $P=238-0.5Q$。求：

（1）该厂商长期均衡时的产量与价格。

（2）该厂商长期均衡时的主观需求曲线（d 曲线）上的需求的价格点弹性值（保留整数）。

（3）如果该厂商的主观需求曲线（d 曲线）是线性的，推导该厂商长期均衡时的主观需求曲线。

9. 某厂商的广告对其需求的影响为 $P=88-2Q+2\sqrt{A}$，对其成本的影响为 $TC=$

$3Q^2+8Q+A$，其中，A 表示厂商的广告费用。求：

（1）在无广告的情况下，厂商利润最大化时的产量、价格与利润。

（2）在有广告的情况下，厂商利润最大化时的产量、价格、广告费用与利润。

（3）比较（1）和（2）的结果。

10. 某公司面对以下两条需求曲线：$P=25-0.25Q$（当产量为 0 ~ 20 时）；$P=35-0.75Q$（当产量超过 20 时）。公司总成本函数为：$TC_1=200+5Q+0.25Q^2$。

（1）说明该公司所属行业的市场结构是什么类型。

（2）公司的最优价格和产量是多少？这时利润（亏损）多大？

（3）如果成本函数改为 $TC_2=250+3Q+0.25Q^2$，最优价格和产量分别是多少？

六、简答题

1. 简述市场结构的划分标准。
2. 为什么垄断市场平均收益大于边际收益？
3. 试述垄断竞争厂商的两条需求曲线的含义及其相互关系。
4. 为什么 $MR=MC$ 是垄断厂商实现最大利润的均衡条件？
5. 简要说明垄断市场短期均衡时的获利情况。
6. 比较垄断竞争市场结构与完全竞争市场结构的异同。
7. 简述三级价格差别。
8. 试述古诺模型的结论。
9. 试述垄断市场、垄断竞争市场和寡头市场都不存在具有规律性的厂商的供给曲线的原因。
10. 说明并比较垄断市场和寡头市场形成的原因。
11. 为什么需求的价格弹性较高时，会导致垄断竞争厂商进行非价格竞争？
12. 在寡头垄断的条件下，为什么当厂商单独改变价格时，厂商产品的需求曲线变成折曲线？

七、论述题

1. 比较完全竞争市场与垄断竞争市场的长期均衡。
2. 比较不同市场组织的经济效率。
3. 用图说明垄断厂商短期均衡和长期均衡的形成过程及其条件。
4. 试述古诺模型的主要内容和结论。
5. 折曲的需求曲线是如何解释寡头市场上的价格刚性现象的？
6. 经济学家是如何评论垄断市场的？

第八章　生产要素价格的决定（需求方面）

【教学目的】

考察要素市场上的厂商行为。作为整个市场体系分析的重要组成部分，对要素市场的考察将丰富我们对厂商行为的理解，同时也为全面评价市场体系的运转效率及为理解一定时期的收入分配格局提供理论依据。

【本章重点】

熟练掌握不同类型厂商的要素需求原则，深刻把握边际生产率分配论的实质；掌握由厂商要素需求曲线导出市场要素需求曲线的方法。在学习过程中，注意将本章内容与第六、七两章的内容联系起来，认真体会厂商的要素需求行为与产品供给行为的一致性。

【本章难点】

理解边际生产率分配论的要旨，区别要素需求与产品需求的不同；掌握完全竞争厂商、卖方垄断厂商及买方垄断厂商的要素需求原则和要素需求曲线的分析方法。

【理论线索】

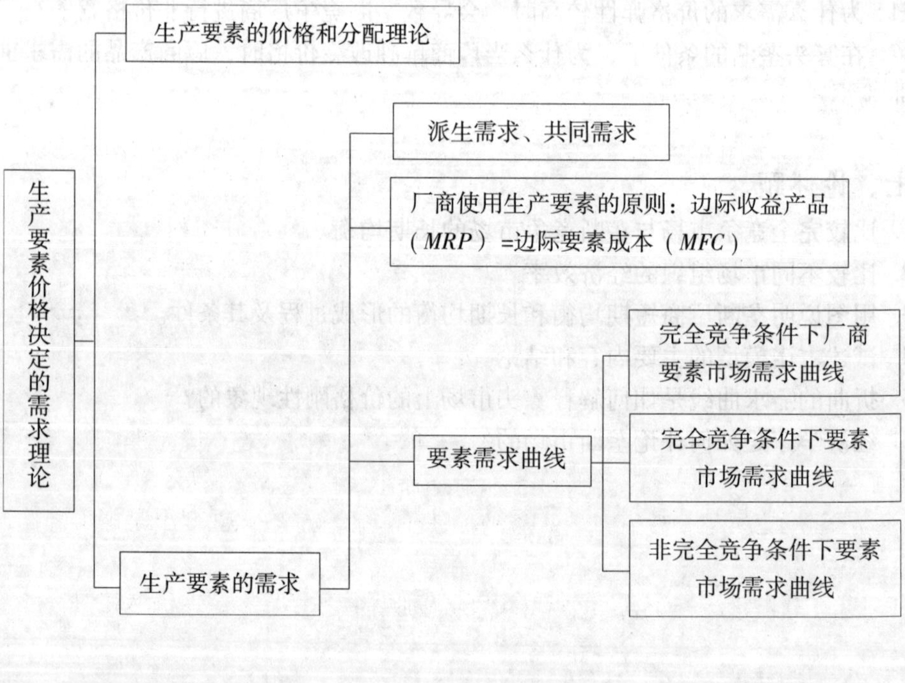

【本章习题】

一、名词解释

1. 边际产品
2. 边际产品价值
3. 边际收益产品
4. 边际要素成本
5. 完全竞争厂商
6. 卖方垄断厂商
7. 买方垄断厂商
8. 边际生产率分配论
9. 厂商确定要素需求量的原则
10. 要素需求曲线

二、判断题

1. 对完全竞争厂商来说，如果其雇用的最后一个工人所带来的产量增量（即 MP_L）比所有工人的平均产量（即 AP_L）大，则即便该厂商的劳动使用量满足 $VMP_L = W$ 的条件，也不可能实现利润的最大化。（ ）

2. 一个完全竞争的厂商和一个卖方垄断的厂商都是劳动市场上完全竞争的买者，由于二者支付的工资价格是相同的，因此为这两个厂商工作的工人得到的工资都将与其边际产出的价值相等。（ ）

3. 即使劳动的边际产量固定不变，一个卖方垄断厂商的劳动需求曲线也仍然是向右下方倾斜的。（ ）

4. 一个劳动市场上的完全竞争的买主同时雇用熟练劳动力和非熟练劳动力，该厂商为这两类劳动力支付的工资价格亦应有所不同。（ ）

5. 生产要素价格的决定在西方经济学的传统上是分配论的一个重要部分。（ ）

6. 19 世纪初的西方经济学家把企业家才能看作一种生产要素。（ ）

7. 利润被看成企业家才能的收益，资本所有者的收益被看作利息。（ ）

8. 生产要素价格决定的主要理论基础是所谓的边际生产率分配论。（ ）

9. 收入差异的原因不是分配论的研究内容。（ ）

10. 产品市场上的需求是直接需求，要素市场上的需求是间接需求。（ ）

11. 汽车生产需要用到钢铁，因此钢铁是汽车生产的派生需求。（ ）

12. 吃的水果是通过肥料加人工培植出来的，因而肥料是直接需求。（ ）

13. 生产要素需求是相互依赖的，而产品需求则可以彼此无关。（ ）

14. 我们不能说某一种生产要素单独创造了产出，而应该说产出是由不同生产要素相互作用创造的。（ ）

15. 尽管要素市场与产品市场有显著的差别，但两者基本原理仍然相似。（ ）

16. 要素市场中所说的“边际收益”和“边际成本”与产品市场中的“边际收益”和“边际成本”完全不同。( )

17. 生产要素的边际收益取决于该要素的边际生产力。( )

18. 使用要素的“边际收益”被称为边际收益产品或者边际产品价值。( )

19. 厂商使用要素的原则为“边际成本”等于“边际收益”。( )

20. 正是通过生产函数，企业关于使用要素的决策和关于生产产量的决策就像一枚硬币的两面。( )

三、单项选择题

1. 一个完全竞争的厂商，其在生产中只使用一种要素，则下面关于该厂商要素需求的说法错误的是( )。

A. 要素需求规律受边际报酬递减规律的支配

B. 厂商要素需求曲线的位置决定于要素的价格水平

C. 要素需求受制于产品的需求

D. 单个厂商的要素需求曲线就是要素的边际产品价值(*VMP*)线

2. 与卖方垄断厂商的要素需求曲线相比，完全竞争厂商的要素需求曲线( )。

A. 更平缓　B. 更陡峭　C. 重合　D. 无法确定

3. 用于生产产品 X 的 A 投入要素的边际产品价值可解释为( )。

A. A 的边际产量乘以 A 的价格　B. A 的平均产量乘以 A 的价格

C. A 的边际产量乘以 X 的价格　D. A 的平均产量乘以 X 的价格

4. 一种可变要素的价格为 10 美元，该要素的边际产出为 5 单位的某产品，则能使该完全竞争厂商获得最大利润的产品价格是( )。

A. 10 美元　B. 2 美元　C. 1 美元　D. 0.5 美元

5. 在完全竞争的要素市场上，要素价格、产品的边际收益均为 4 美元，且此时厂商获得了最大利润，则该种要素的边际产量为( )。

A. 2　B. 1　C. 4　D. 不确定

6. 一个卖方垄断厂商在生产中使用一种要素，该要素的价格为 10 美元，边际产量为 5，所生产的产品的价格为 2 美元，则( )。

A. 实现了利润最大化，因为 $VMP_L = W$

B. 实现了利润最大化，因为 $MRP = W$

C. 未实现利润最大化，厂商的产量过多

D. 未实现利润最大化，厂商的产量过少

7. 一买方垄断厂商实现了最大利润的均衡，此时其要素使用量为 100，要素的边际产量为 2，产品价格为 10 美元，则其支付的要素价格很可能( )。

A. 等于 20 美元　B. 等于 10 美元　C. 小于 20 美元　D. 大于 20 美元

8. 在下列哪种情况下，提高工资不会使失业增加很多?( )

A. 劳动的需求富有弹性　B. 劳动的供给富有弹性

C. 劳动产品的需求富有弹性　　D. 劳动产品的需求缺乏弹性

9. 生产要素的需求属于（ ）。

A. 派生需求　B. 直接需求　C. 未来需求　D. 现实需求

10. 在完全竞争市场中，厂商使用生产要素的边际成本（ ）。

A. 递增　B. 不变　C. 递减　D. 先增后减

11. 以下哪种物品属于生产要素？（ ）

A. 生吃的苹果　B. 代步的小汽车

C. 用的笔　D. 企业家才能

12. 在竞争性市场中，追求最大化利润的厂商将雇用工人直到（ ）。

A. 工资率等于劳动的边际成本

B. 工资率等于边际收益

C. 劳动的边际产品价值等于工资

D. 劳动的边际产量等于工资率

E. 劳动的边际产品价值等于产品的边际成本

13. 多使用一单位劳动引起产量的增加叫（ ）。

A. 劳动的边际产品价值　B. 劳动的边际产量

C. 劳动的边际成本　D. 产出的边际成本

E. 工资率

14. 产品价格和劳动的边际产量的乘积是（ ）。

A. 劳动的价格　B. 工资率

C. 劳动的边际产量　D. 劳动的边际收益

E. 劳动的边际产品价值

15. 有时厂商对一种生产要素的需求叫做（ ）。

A. 投入需求　B. 反需求

C. 引致需求　D. 被生产的需求

16. 市场中的垄断厂商将为雇用的劳动力支付（ ）。

A. 较多的工资　B. 不确定

C. 较少的工资　D. 同样多的工资

17. 正常利润是（ ）。

A. 经济利润的一部分　B. 经济成本的一部分

C. 隐含成本的一部分　D. B 和 C 都对

18. 下面哪一种情况有可能带来经济利润？（ ）

A. 商品的供给量很大

B. 商品的需求量很小

C. 厂商有效地控制了商品的供给

D. 以上均对

19. 罗宾逊夫人认为，"边际生产率分配论赖以成立的 MPK = 利息" 的说法无从建立的原因是（ ）。

A. 资本难以度量　　B. 理论上非客观存在
C. 理论上有谬误　　D. 逻辑有问题

20. 生产要素价格决定的主要理论基础是（ ）。

A. 边际生产率分配论　　B. 战略竞争理论
C. 市场论　　D. 成本论

21. 购买一台机器并不能直接提高某个人的效用，而只能是增加生产的能力。这说明要素需求的（ ）性质。

A. 间接性　　B. 直接性　　C. 共同性　　D. 非共同性

22. 如果没有人去购买汽车，就不会有厂商对汽车工人的需求，这说明要素需求的（ ）性质。

A. 引致性　　B. 直接性　　C. 非引致性　　D. 非派生性

23. 对医生和护士的需求，受到对保健服务的需求的影响，这说明要素需求的（ ）性质。

A. 派生性　　B. 直接性　　C. 非引致性　　D. 非派生性

24. 一个人赤手空拳不能生产出任何东西，这说明要素需求的（ ）性质。

A. 共同性　　B. 独立性　　C. 间接性　　D. 派生性

25. 光有机器本身无法制造产品，这说明要素需求的（ ）性质。

A. 共同性　　B. 独立性　　C. 间接性　　D. 派生性

26. 西方经济学边际生产率分配论至今仍没有解决的悬案是（ ）。

A. 资本衡量问题　　B. 逻辑推演问题
C. 实证问题　　D. 没有问题

四、多项选择题

1. 分配论包括以下哪些方面的内容？（ ）

A. 生产要素价格决定　　B. 收入分配不平等程度
C. 收入之间差异的原因　　D. 区域经济

2. 以下哪些是生产要素需求的特点？（ ）

A. 间接性　　B. 派生性　　C. 共同性　　D. 协作性

3. 完全竞争市场的基本性质可以描述为（ ）。

A. 要素的供求双方人数都很多
B. 要素没有任何区别
C. 要素供求双方都具有完全的信息
D. 要素可以充分自由地流动

4. 厂商使用要素的边际成本等于要素价格这一规则（ ）。

A. 适应于完全竞争条件下　　B. 适应于卖方垄断条件下
C. 不适应于完全竞争条件下　　D. 不适应于卖方垄断条件下

5. 以下哪些生产函数中的变量能够找到大致适用的实物单位衡量？（　　）

A. 产品　　B. 劳动　　C. 土地　　D. 资本

6. 以下哪些选项被看作要素收益？（　　）

A. 地租　　B. 工资　　C. 利润　　D. 利息

7. 西方经济学将利润看作（　　）。

A. 一种收益　　B. 企业家才能贡献的回报

C. 资本所有者的收益　　D. 其他

8. 生产要素的价格取决于（　　）。

A. 边际生产力　　B. 要素的边际成本

C. 要素的供给　　D. 要素的供求共同决定

9. 因为要素的价格和使用量是决定消费者收入水平的重要因素，所以要素价格理论在西方经济学中不被看成是纯粹的（　　）理论。

A. 分配　　B. 收入　　C. 价格　　D. 消费者

10. 从产品市场转到要素市场意味着从某种理论转到另一种理论。对此，以下不恰当的概括是（　　）。

A. 价格，分配　　B. 分配，价格

C. 竞争，非竞争　　D. 完全，非完全

11. 生产要素的需求与产品需求不同，前者是（　　）需求，后者是（　　）需求。

A. 派生，直接　B. 直接，派生　C. 间接，直接　D. 共同，不一定共同

12. 厂商对要素需求有其原则，社会公众对要素的供给也有其原则，对此，以下说法不正确的是（　　）。

A. 利润最大化，效用最大化　　B. 效用最大化，利润最大化

C. 利润最大化，利润最大化　　D. 效用最大化，效用最大化

13. 劳动力要素的需求曲线是一条向（　　）倾斜的曲线，体现（　　）与工资成（　　）变动。

A. 右下方，劳动力要素需求，反方向

B. 左下方，劳动力要素需求，反方向

C. 右上方，劳动力要素需求，正方向

D. 右下方，劳动力要素供给，反方向

14. 完全竞争厂商要素需求曲线等于边际产品价值曲线的结论实际上要依赖于两个潜在假定，即（　　）。

A. 要素的边际产品曲线不受要素价格变化的影响

B. 产品价格不受要素价格变化的影响

C. 要素的边际产品曲线受到要素价格变化的影响

D. 产品价格受到要素价格变化的影响

15. 完全竞争厂商边际产品价值曲线的位置高低取决于两个因素，即（　　）。

A. 要素边际产品函数 MP_L　　B. 产品价格 P　　C. 成本　　D. 时间

五、计算题

1. 设一厂商使用的可变要素为劳动 L，其生产函数为 $Q=-0.01L^3+L^2+36L$。其中，Q 为每日产量，L 是每日投入的劳动小时数，所有市场（劳动市场及产品市场）都是完全竞争的，单位产品价格是10美分，小时工资为4.80美元，厂商要求利润最大化。问厂商每天要雇用多少小时劳动？

2. 已知生产函数 $Q=A+aL-bL^2$，试导出厂商的劳动需求函数。

3. 设一厂商使用的可变要素为劳动 L，其生产函数为 $Q=-0.01L^3+L^2+38L$。其中，Q 为每日产量，L 为每日投入的劳动小时数，所有市场（劳动市场及产品市场）都是完全竞争的，单位产品价格为0.1美元，工资为5美元/小时，厂商要求利润最大化。问厂商每天要雇用多少小时劳动？

4. 某完全竞争厂商雇用一个劳动日的价格为10元，其生产情况如下表所示。当产品价格为15元时，厂商应雇用多少个劳动日？

劳动日数	3	4	5	6	7	8
产出数量	6	11	15	18	20	21

5. 某产品和要素市场上的完全垄断者的生产函数为 $Q=4L$。如果产品的需求函数为 $Q=100-P$，工人劳动供给函数为 $L=0.5W-20$，则为了谋求最大利润，该厂商应当生产多少产量？在该产量下，L、W、P 各等于多少？

6. 假定一垄断厂商仅使用劳动 L 去生产产品。产品按竞争市场中的固定价格2出售。生产函数为 $Q=6L+3L^2-0.02L^3$，劳动供给函数为 $W=60+3L$。求利润最大化时的 L、Q、W 值。

六、简答题

1. 生产要素的需求为什么又叫派生需求？
2. 为什么生产要素理论又叫做多种生产要素共同使用理论？
3. 为什么要素市场分析理论又叫做分配理论？
4. 请说明几种主要要素价格的称谓。
5. 试以“劳动是产品之父，而土地则是产品之母”为例，说明要素的互补性。
6. 试以某种要素为例，说明为什么收入分配研究较为复杂。
7. 请结合要素市场，谈谈为什么仅在产品市场上讨论价格决定是不完全的。
8. 为什么说企业生产过程中的两个不同决策问题，即要素需求问题和产品供给问题，实际上是一回事？
9. 成本和边际成本概念在要素市场和产品市场中有什么不同？

七、论述题

1. 说明生产要素理论在微观经济学中的地位。

2. 试述厂商的要素使用原则。

3. 要素使用原则和利润最大化产量原则有何关系？

4. 在什么情况下，要素的需求曲线不存在？

5. 试述厂商及市场在完全竞争和垄断、行业调整存在和不存在等各种情况下的要素需求曲线。

第九章　生产要素价格的决定（供给方面）

【教学目的】

本章与第八章合起来为生产要素价格的决定理论，可以看作产品定价理论的延伸。本章主要介绍生产要素的供给，通过对本章的学习，使读者了解收入分配理论和要素所有者供给生产要素的原则，掌握利用生产要素供给原则对劳动、土地和资本三种关键的生产要素供给进行分析，并展示生产要素供给曲线的形状，掌握洛伦兹曲线和基尼系数的意义。

要求学生掌握下列基本概念：要素供给和保留自用、劳动和闲暇、工资、土地价格、租金、准租金、经济租金、利息、洛伦兹曲线、基尼系数等。要求学生掌握下列基本理论：要素供给的基本原则、劳动的供给曲线及工资的决定、土地的供给曲线及地租的决定、资本的供给曲线与利息的决定等。

【本章重点】

生产要素的供给原则和利用生产要素供给原则对劳动、土地和资本三种关键的生产要素供给进行分析。

【本章难点】

一、要素供给的基本分析

要素的供给即要素的供给量如何随要素价格变化而变化的问题，也可以从要素所有者的最大化行为出发来分析。

（一）*要素所有者*

要素所有者既可以是生产者，也可以是消费者。生产者生产“中间产品”或“中间生产要素”，是中间要素所有者；消费者向市场提供的则是“原始要素”。由于要素所有者身份有所不同，因而需要分开考虑。

生产者行为的目的是利润最大化，他们对“中间产品”的供给与对一般产品的供给没有差别，因此对“中间要素”供给的分析等同于对产品供给的分析。

消费者行为的目的是效用最大化，由于他们拥有的“原始要素”的数量（简称资源）在一定时期内总是既定不变的，所以“原始要素”供给问题可以看成是：消费者在一定要素价格水平下，将其全部既定资源在“要素供给”和“保留自用”两种用途上进行分配以获得最大效用。这是本章分析的重点。

（二）*消费者要素供给原则*

消费者效用最大化的原则——等边际原则，在这里表现为“要素供给”的资源的边际效用与“保留自用”的资源的边际效用相等。

（1）“要素供给”的边际效用，即要素供给量增加一单位所带来的消费者效用增量。

因为要素供给通过收入而与效用相联系，所以要素供给的效用称为“间接效应”，它等于要素供给的边际收入与收入的边际效用的乘积。例如，劳动供给的边际效用为：

$$\frac{\mathrm{d}U}{\mathrm{d}L}=\frac{\mathrm{d}U}{\mathrm{d}Y}\cdot\frac{\mathrm{d}Y}{\mathrm{d}L}$$

提示：在完全竞争条件下，消费者是要素价格的接受者，面临水平的要素需求曲线，此时要素的边际收入等于要素的价格，则要素供给的边际效用可以简化为：

$$\frac{\mathrm{d}U}{\mathrm{d}L}=W\cdot\frac{\mathrm{d}Y}{\mathrm{d}L}$$

（2）“自用资源”的变价效用，增加一单位自用资源给消费者带来的效用增量。

假定消费者“自用资源”的效用是直接生产的。例如，消费者不把时间用于劳动，而用于闲暇 l，则“自用资源”的边际效用为 $\frac{\mathrm{d}U}{\mathrm{d}l}$。

（3）要素供给原则——效用最大化原则。

$$\frac{\mathrm{d}U}{\mathrm{d}l}=W\cdot\frac{\mathrm{d}U}{\mathrm{d}Y}\text{ 或 }\frac{\frac{\mathrm{d}U}{\mathrm{d}l}}{\frac{\mathrm{d}U}{\mathrm{d}Y}}=W$$

提示：如果考虑“收入的价格”，$W_y=1$，则得到要素供给原则为$\frac{\frac{\mathrm{d}U}{\mathrm{d}l}}{\frac{\mathrm{d}U}{\mathrm{d}Y}}=\frac{W}{W_y}$，类似消费者效用最大化条件。

（4）无差异曲线分析。

考虑到消费者拥有的单一既定资源总量为 $\bar{L}$，资源价格为 W，消费者的自用资源量为 l，从而要素供给量为 $\bar{L}-l$，因此，从要素供给中得到的收入为 $Y=W(\bar{L}-l)$。

消费者的要素供给问题可以表示为在约束条件 $Y+W\cdot l=W\cdot L$ 下，使效用函数 $U=U(Y,l)$ 达到最大。这时，消费者选择的最优收入 Y^* 和自用资源 l^* 组合就是预算线与无差异曲线的切点，如下图所示。

$\bar{Y}$ 为消费者的初始收入，非要素收入预算线的斜率为 $-\frac{K-\bar{Y}}{L}=-W=-\bar{L}\cdot\frac{W}{\bar{L}}=-W$。

无差异曲线的斜率计算可以表示为$\frac{\mathrm{d}Y}{\mathrm{d}l}$。

其中，均衡点条件为$\frac{\mathrm{d}Y}{\mathrm{d}l}=-W$。

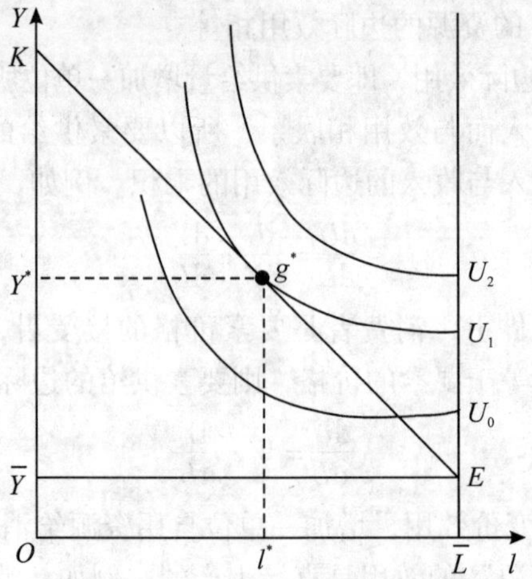

要素市场供给的原则：无差异曲线分析

（三）要素供给问题

在上面的无差异曲线分析中可以看到，消费者的要素供给量等于资源总量与最优自用资源量之差 $\overline{L}-\bar{l}$。$\bar{l}$ 取决于消费者效用最大化行为，在初始收入、资源总量及偏好均给定的条件下，$\bar{l}$ 取决于要素价格，因此，给定一个要素价格，就有一个要素供给量。

随着要素价格的上升，预算线绕初始状态点 E 顺时针旋转，与既定的无差异曲线簇相切，切点的轨迹称为价格扩展线 PEP，如图（a）所示。这反映了自用资源数量 $\bar{l}$ 随要素价格的变化，从 W 反映了要素供给 $\overline{L}-\bar{l}$ 如何随要素价格的变化而变化，即要素供给曲线关系，因此可以得到图（b）所示的要素供给曲线。

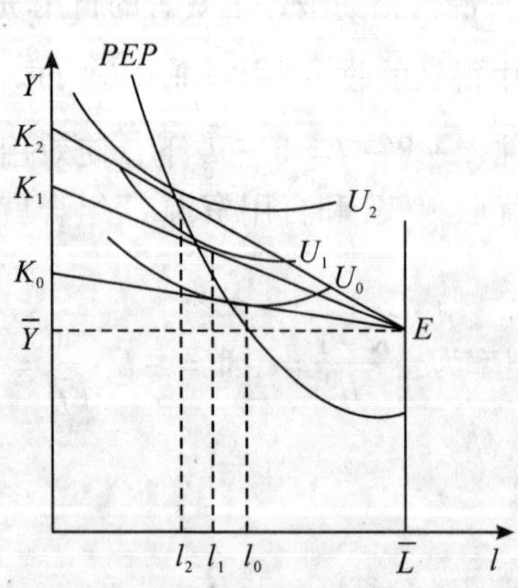

（a）价格扩展线

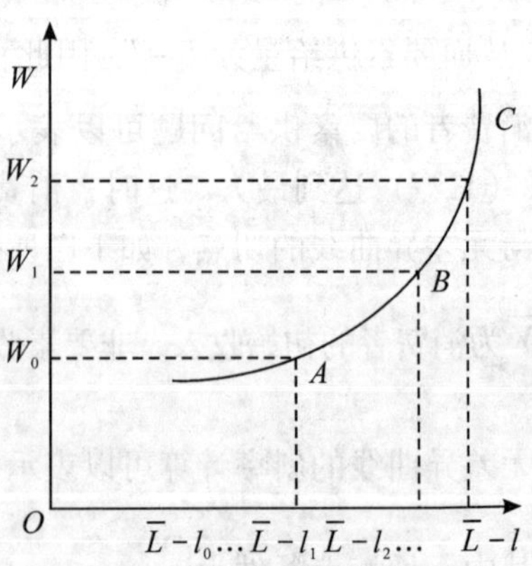

（b）要素供给曲线

提示：要素供给曲线的形状取决于无差异曲线的形状，即要取决于消费者效用函

数 $U=U(Y, l)$ 的特点，实际上与要素的特点有关。

二、工资、地租和利息

（一）劳动的供给

（1）消费者时间资源有限，每天只有 24 小时，而且其中一部分用于睡眠而不能挪为他用，剩余时间消费者可以用于劳动（产生劳动供给），也可以用于闲暇，消费者在这两者之间进行抉择以实现效用最大化。根据无差异曲线的分析［如图（c）所示］，可以得到消费者的劳动供给曲线［如图（d）所示］。

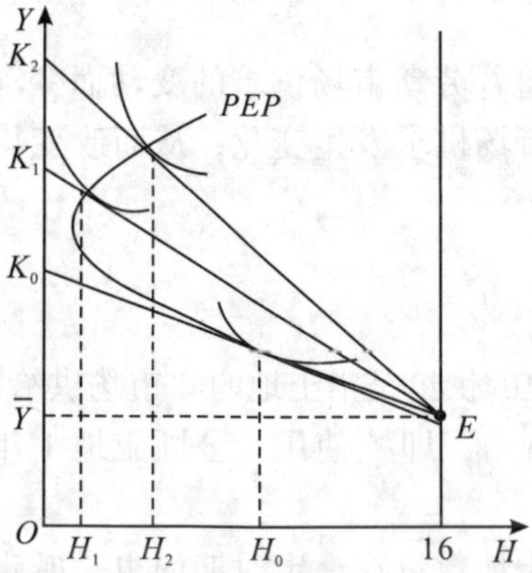

（c）时间资源在闲暇和劳动供给

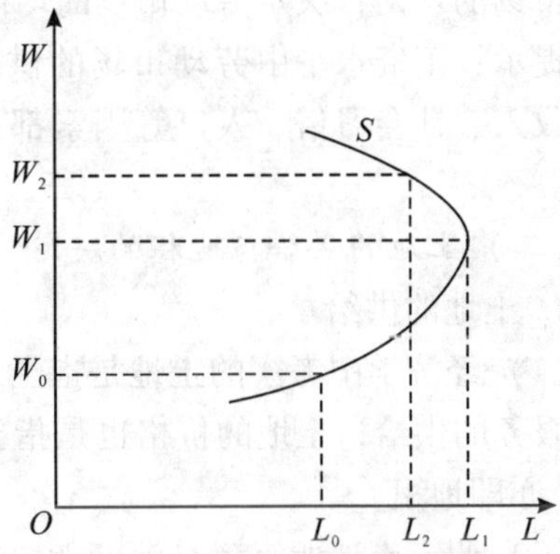

（d）消费者的劳动供给曲线

（2）劳动供给曲线的特点：先为正斜率，后为负斜率，是一条向后弯曲的曲线。

劳动供给曲线不仅是工资率的函数，也是闲暇愿望的函数，工资率的提高对劳动供给产生两种效应。

①替代效应。当工资率提高时，消费者放弃劳动享受闲暇的代价较大，消费者就增加劳动时间替代闲暇时间。

②收入效应。当工资率提高到一定程度后，由于收入上升，它可能减少劳动的时间而增加闲暇的时间。

在这两种效应的共同作用下，当工资率较低时，替代效应大于收入效应，消费者为了得到更多的工资收入，会增加劳动时间，从而劳动供给随工资率上升而增加，劳动供给曲线向右上方倾斜；当工资率提高到一定程度后，替代效应小于收入效应，消费者减少劳动时间而增加闲暇时间，从而劳动供给随工资率上升而减少，劳动供给曲线向后方弯曲，即向左上方弯曲［如图（d）所示］。

提示：劳动的价格即工资实际上是闲暇的机会成本，也可以看成是闲暇的价格，因此，理解劳动供给曲线可以从闲暇需求曲线角度理解，这是使用效用论中的替代效应和收入效应来分析。

注意：对于替代效应，闲暇价格变化会引起闲暇的需求量反方向变化，这里与一般正常品相同。但是对于收入效应，与一般商品价格上升意味着实际收入减少不同，闲暇价格上升意味着收入增加，因此闲暇价格变化引起闲暇的需求量同方向变化。所以，工资率变化对闲暇需求的影响要看反方向的替代效应和同方向的收入效应的相对大小。

（3）劳动的市场供给与工资率的决定。

①劳动市场供给，即将单个消费者劳动供给水平相加得到市场的劳动供给曲线。

注意：在较高的工资水平上，现有的工人可能提供较少劳动，但高工资也会吸引新的工人进来，因此劳动的市场供给曲线不一定会呈现向后弯曲的现象。

②向右下方倾斜的劳动市场需求曲线和向右上方倾斜的劳动市场供给曲线相交即劳动市场的均衡，决定劳动市场的均衡工资率。

提示：工资水平由劳动市场的供求决定，并随着劳动市场供求的变动而变动。非劳动收入、社会习俗、人口等因素都可能使劳动市场供求发生变化，从而改变均衡工资率。

（二）土地的供给与地租的决定

1. 土地的供给

（1）经济学中考察的土地是指土地服务。土地的供给是指土地的“市场供给”，即土地服务的供给；土地的价格也是指土地服务的价格，即“使用1公顷土地1年的价格”，亦即地租。

（2）假定土地所有者是消费者，其所使用的土地数量在一定时期内也是既定的和有限的，消费者要解决的是：如何将既定数量的土地资源在保留自用和供给市场这两种用途上进行分配以获得最大效用。

土地所有者供给土地的目的是获得收入Y，土地所有者实际上是在土地供给带来的收入及自用土地q之间进行抉择，所以土地所有者的效用函数为：

$$U=U(Y, q)$$

一般来说，土地的消费性使用只占土地的很小部分，因此假定不考虑土地消费，即不考虑所有者自用土地的效用，即自用土地的边际效用为0，那么消费者效用值取决于土地收入，$U=U(Y)$，而与自用土地数量无关。这时，土地供给越多，则收入越多，效用也就越大，土地所有者会将其拥有的所有土地供给市场，因此，土地供给量总是既定土地资源的数量，土地供给曲线垂直。

2. 地租的决定

地租实际上是在一定时期内利用土地的生产力的代价，或土地这一生产要素提供的劳务报酬。

所有土地所有者的土地供给水平相加就是整个市场的土地供给，向右下方倾斜的土地需求曲线与垂直的土地供给曲线决定了均衡的土地使用价格——地租。

地租产生的根本原因在于土地稀少，供给有限。如果给定不变的土地资源，则地租产生的直接原因是土地需求曲线的右移；如果假定技术不变，地租就随着土地产品价格上升而产生，且不断上涨。

提示：（1）供给数量固定不变的资源的服务价格统称为“租金”，地租是当考虑资源为土地时的租金。而准租金是指对供给暂时固定的生产要素的支付，即固定生产要素的收益。

（2）供给数量固定意味着要素价格下降不会坚守要素供给量，即租金的减少不会引起要素的供给减少。因此，可以将租金看成这样一种收入：其数量的减少不会引起要素供给的减少。那么对于一些要素而言，如果从该要素的全部收入中减去这一部分并不会影响要素的供给，则这一部分要素叫做“经济租金”。经济租金是为生产要素所支付的金额与为得到使用该要素所必须支付的最小金额之间的差额。

提示：准租金可以通过短期成本曲线加以理解，它是固定总成本与经济利润之和。经济租金可以要素供求曲线来理解，产生“生产者剩余”（如下图所示）。

如下图所示，MC、AC、AVC 分别表示厂商的边际成本、短期平均成本和平均可变成本。假定产品价格为 P_0，厂商生产产量为 Q_0，厂商总收益为面积 OP_0CQ_0，其中，总可变成本为面积 $OGBQ_0$，它表示厂商对为生产所需的可变生产要素量而支付的成本，固定要素得到的收入则是剩余部分面积 GP_0CB，这就是准租金。如果从准租金中减去固定总成本 $GDEB$，则得到经济利润 DP_0CE，所以准租金为固定总成本与经济利润之和。

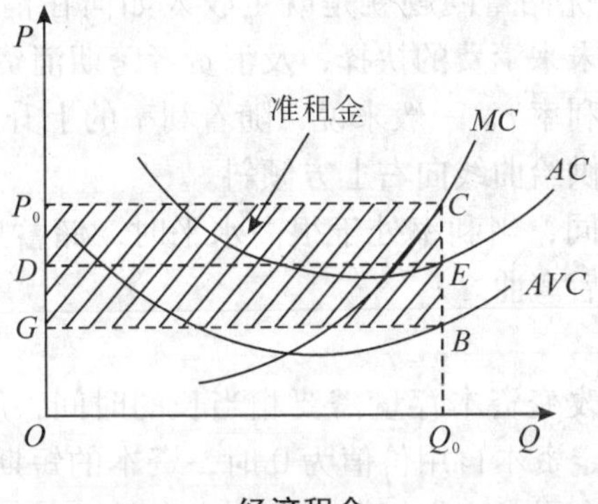

经济租金

提示：经济租金的大小取决于要素供给曲线的形状。供给曲线越陡峭，经济租金越大，特别是供给曲线垂直时，全部要素收入都是经济租金，这恰好等于租金，所以，租金实际上是经济租金的一种特例，即当要素供给曲线垂直时的经济租金。如果供给曲线呈水平线，则经济租金就完全消失。

（三）资本供给与利息的决定

1. 资本的供给

（1）资本是由经济制度本身生产出来的被用作投入要素以便进一步生产更多产品和劳务的物品。

（2）资本作为与劳动和土地并列的生产要素，具有其特点：一是资本数量可变，即它可以从人们的经济活动生产出来；二是资本被生产出来的目的是以此获得更多的商品和劳务；三是资本是作为要素投入的，即通过用于生产过程来得到更多商品和劳务。

提示：第一个特点是资本与劳动和土地的不同，因为劳动和土地资源均是有限供给的。第二个特点是将资本与一切非生产要素的产品区别开，资本甚至也不同于一般的储蓄。

注意：下面讨论的资本、资本供给及资本价格均是指资本服务、资本服务的供给及资本服务的价格。

（3）利息是使用资本的价格，或者是资本所有权得到的价格，其更多时候以利率来表示资本服务的价格，它等于资本服务的年收入与资本本身的价值之比。

（4）由于资本数量是可以变化的，单个个人完全可以在不影响他人的资本拥有量的前提下通过“储蓄”来增加自己的资本资源。因此，资本所有者在供给资本时需要考虑两个问题，首先是确定最优的资本拥有量，其次是确定这个既定最优量的供给问题。

第一个问题与土地和劳动供给问题相同，如果假定资本的自用价值等于0，则既定资本资源的供给也是固定的。第二个问题，即最优资本拥有量的问题，实际上就是确定最优储蓄量的问题。

由于资源所有者进行储蓄的目的是将来能够得到更多的收入，从而有可能在将来进行更多的消费，所以最优储蓄问题就是既定收入如何在消费与储蓄间分配的问题，也可以看成是现在消费与未来消费的抉择，及消费者跨期消费决策问题。

所以，给定一个市场利率 r，一般来说，随着利率的上升，人们的储蓄量增加，从而资本供给会增加，资本供给曲线向右上方倾斜。

提示：与劳动供给相同，当利率处于很高水平时，储蓄反而会减少，资本供给也会减少，供给曲线可能向后弯曲。

2. 利息的决定

由于储蓄的增加不断改变资本存量需要相当长的时间，所以从短期来看，可以认为资本存量固定不变。假定资本自用价值为0时，资本的短期供给曲线为一条垂直线。短期垂直的资本供给与资本需求决定短期均衡利率水平。

从长期来看，利率决定了最优储蓄数量，资本存量决定了折旧的数量，如果储蓄和折旧不相等，就会出现净投资，则资本供给水平会变化，短期资本供给曲线会发生平移，从而短期均衡利率会变化。

三、欧拉定理

（1）在完全竞争的市场条件下，如果规模报酬不变，则全部产品正好足够分配给各个生产要素，被称为分配净尽定理，由于这一定理可以用数学上的欧拉定理加以说明，因此也被称为欧拉定理。

对于生产函数 $Q=f(L, K)$，若生产规模报酬不变，则可以推导出：

$$L\cdot\frac{\partial Q}{\partial L}+K\cdot\frac{\partial Q}{\partial K}=L\cdot[\varphi(k)-k\varphi'(k)]+K\cdot\varphi'(k)$$

$$=L\cdot\varphi(k)=Q$$

这一结果就是欧拉定理，它表明在所给条件下，全部产品 Q 恰好足够分配给劳动要素 L 和资本要素 K。

（2）洛伦兹曲线——用来反映社会收入分配平均程度的曲线，如下图所示曲线 ODL。

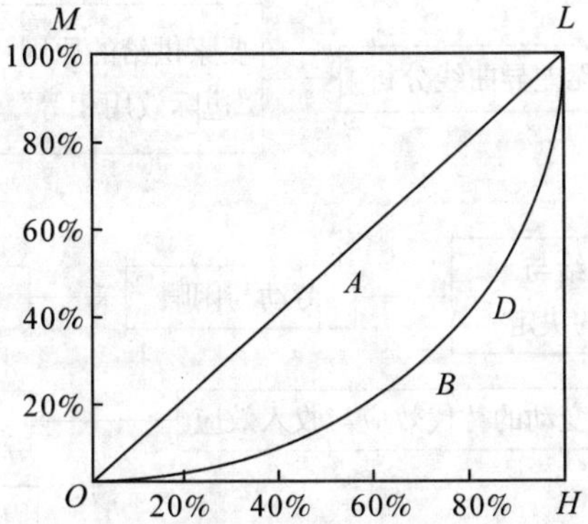

洛伦兹曲线

该曲线的弯曲程度越大，即 ODL 越凸向横轴，说明收入分配越不平均；反之亦然。

（3）基尼系数。它是根据洛伦兹曲线得出的反映收入分配平等程度的指标。如以 A 表示洛伦兹曲线与收入绝对平均线（45°线）之间的面积，以 B 表示洛伦兹曲线与收入绝对不平均线（OHL）之间的面积，则基尼系数为 $G=\frac{A}{A+B}$。基尼系数越小，收入分配越平均；反之越不平均。

【理论线索】

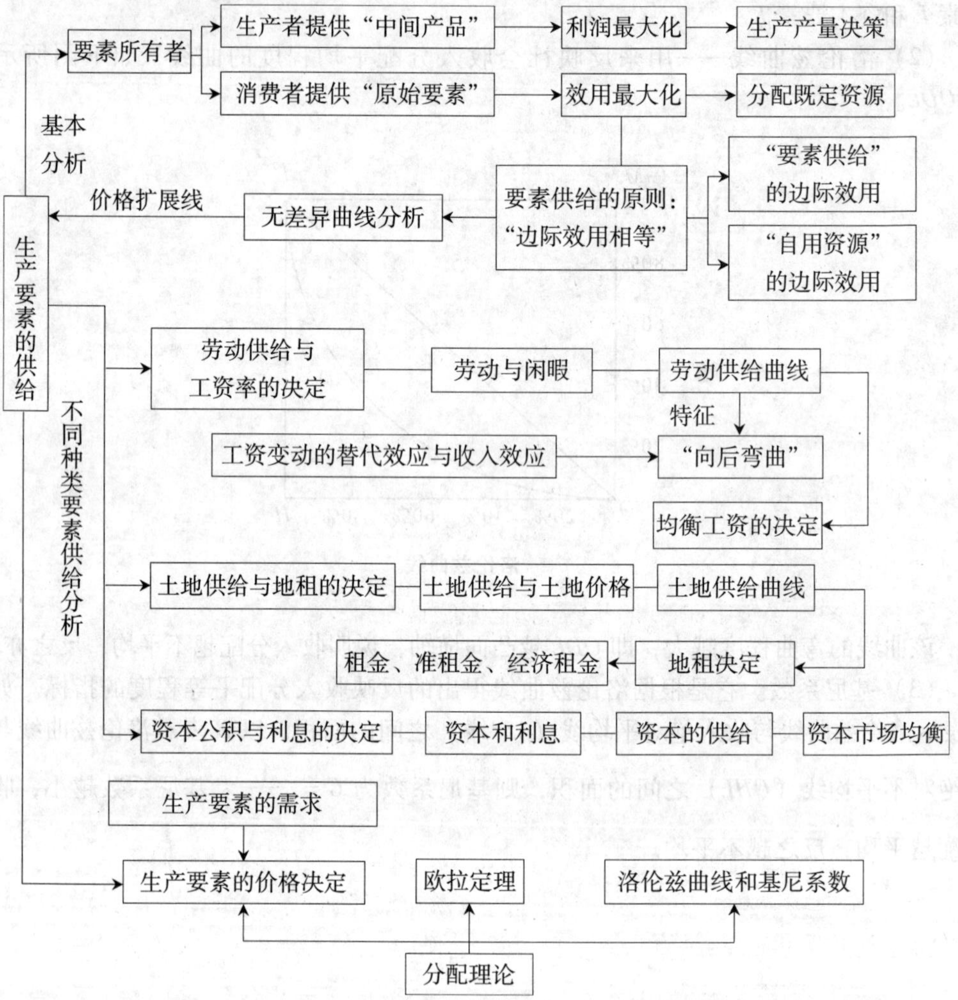

【本章习题】

一、名词解释

1. 要素供给及要素供给者
2. 要素供给的原则
3. 要素供给曲线
4. 劳动供给曲线
5. 工资率变动的替代效应
6. 工资率变动的收入效应

7. 土地供给曲线
8. 租金、准租金和经济租金
9. 资本供给曲线
10. 最优资本拥有量
11. 要素市场均衡
12. 欧拉定理
13. 洛伦兹曲线和基尼系数

二、判断题

1. 生产要素的供给者只有消费者。（　）

2. 在不完全竞争市场中，要素供给的边际效用等于收入的边际效用与要素价格的乘积。（　）

3. 要素供给曲线反映的是要素的保留自用量与要素价格之间的关系。（　）

4. 要素供给曲线的形状是唯一的。（　）

5. 对任何一种资源来说，如果假定它只有一种用途而没有其他用途的话，则其供给曲线就是垂直的。（　）

6. 劳动的市场供给曲线是一条向右上方倾斜的曲线。（　）

7. 闲暇价格变化的收入效应大于替代效应，于是，劳动供给曲线在较高的工资水平上开始向后弯曲。（　）

8. 所有生产要素的源泉及其服务都可以在市场中交易。（　）

9. 洛伦兹曲线弯曲程度越大，收入分配程度越平等，反之亦然。（　）

10. 要素供给曲线总是向右上方倾斜的。（　）

11. 闲暇时间包括必须的睡眠时间和除劳动供给之外的全部活动时间。（　）

12. 与单个消费者的劳动供给曲线不同，市场劳动供给曲线仍然是向右上方倾斜的。（　）

13. 在一般正常商品场合下在同一方向起作用的替代效应和收入效应，在闲暇商品场合却起着相反的作用。（　）

14. 经济学上的土地的自然供给是固定不变的，它不会随着土地价格的变化而变化。（　）

15. 由于土地的自然供给是固定不变的，所以土地的供给曲线是垂直的。（　）

16. 地租完全由土地的需求曲线决定而与土地的供给曲线无关。（　）

17. 准租金永远大于固定总成本。（　）

18. 经济租金的大小取决于要素供给曲线的形状，供给曲线越平坦，经济租金部分就越大。（　）

19. 资本可以从人们的经济活动创造出来。（　）

20. 储蓄被贷出并获得增值，则储蓄就变成了资本。（　）

三、单项选择题

1. 消费者的劳动供给曲线的形状是（　）。

A. 水平的　B. 垂直的　C. 向后弯曲的　D. 向前弯曲的

2. 由于替代效应，闲暇商品的需求量与闲暇价格（　）。

A. 反方向变化　B. 同方向变化　C. 二者没有关系　D. 二者关系不确定

3. 由于收入效应，闲暇商品的需求量与闲暇价格（　）。

A. 反方向变化　B. 同方向变化　C. 二者没有关系　D. 二者关系不确定

4. （　）只有生产服务的价格，而没有生产源泉的价格。

A. 劳动　B. 资本　C. 土地　D. 自然资源

5. 工资率的上升所导致的替代效应是指（　）。

A. 工作同样长的时间可以得到更多的收入

B. 工作较短的时间也可以得到同样的收入

C. 工人宁愿工作更长的时间，用收入带来的享受替代闲暇带来的享受

D. 以上都对

6. 某工人在工资率为每小时 2 美元的时候每周挣 80 美元，每小时 3 美元的时候每周挣 105 美元，由此可以断定，对他来说，闲暇的（　）。

A. 替代效应起着主要作用

B. 收入效应起着主要作用

C. 收入效应和替代效应都没有发生作用

D. 无法确定

7. 如果政府大力提倡用先进的机器来替代劳动，这将导致（　）。

A. 劳动的供给曲线向右移动　B. 劳动的需求曲线向右移动

C. 劳动的供给曲线向左移动　D. 劳动的需求曲线向左移动

8. 既要提高工资又要避免失业增加的希望在下列哪一种情况下比较容易实现？（　）

A. 劳动的需求富有弹性　B. 劳动的供给富有弹性

C. 劳动产品的需求富有弹性　D. 劳动产品的需求缺乏弹性

9. 劳动供给对工资变动的反映，或者说劳动供给曲线的形状取决于（　）。

A. 工资率变动的边际效应　B. 工资率变动的替代效应

C. 工资率变动的收入效应　D. B 和 C

10. 生产服务源泉的供求是指（　）。

A. 买和卖生产服务本身

B. 买和卖生产服务的载体

C. 买和卖生产服务本身和生产服务的载体

D. 以上都不是

11. 生产服务的供求是指（　）。

A. 买和卖生产服务本身

B. 买和卖生产服务的载体

C. 买和卖生产服务本身和生产服务的载体

D. 以上都不是

12. 供给同样固定不变的一般资源的服务价格叫做（　）。

A. 地租　B. 租金　C. 准租金　D. 经济租金

13. 使地租不断上升的原因是（　）。

A. 土地的供给、需求共同增加

B. 土地供给不断减少，而需求不变

C. 土地的需求日益增加，而供给不变

D. 以上都不对

14. 对供给量暂时固定的生产要素的支付是所谓的（　）。

A. 地租　B. 租金　C. 准租金　D. 经济租金

15. 土地的供给的价格弹性（　）。

A. 等于0　B. 无穷大　C. 小于1　D. 等于1

16. 资本与土地、劳动等要素一样可以在市场上被租借，因此其作为生产服务也有价格，通常称其为（　）。

A. 利息　B. 利率

C. 投资边际效率　D. 利润率

17. 随着一国总人口的增长，越来越多的青少年成长为劳动力，在其他条件不变时，这将导致该国的劳动供给曲线（　）。

A. 向右移动　B. 向左移动　C. 不移动　D. 以上均不是

18. 准租金为（　）与经济利润之和。

A. 固定总成本　B. 变动总成本

C. 机会成本　D. 边际成本

19. 当厂商有经济利润时，准租金（　）固定总成本。

A. 大于　B. 小于　C. 等于　D. 小于或等于

20. 经济租金等于要素收入与其（　）之差。

A. 固定成本　B. 变动成本　C. 机会成本　D. 平均成本

21. 正常利润是（　）。

A. 经济利润的一部分　B. 经济成本的一部分

C. 隐含成本的一部分　D. B 和 C 都对

22. 假设某电影演员的年薪是10万元，但若他从事其他职业，最多只能得到3万元，那么该电影演员所获得的经济地租为（　）。

A. 10万元　B. 7万元　C. 3万元　D. 不确定

23. 下面哪一种情况有可能带来经济利润？（　）

A. 商品的供给量很大

B. 商品的需求量很小

C. 厂商有效地控制了商品的供给

D. 以上均对

24. （　），收入分配越不平等；反之，收入分配越平等。

A. 基尼系数越大，洛伦兹曲线的弯曲程度越小
B. 基尼系数越小，洛伦兹曲线的弯曲程度越大
C. 基尼系数越小，洛伦兹曲线的弯曲程度越小
D. 基尼系数越大，洛伦兹曲线的弯曲程度越大

25. 根据基尼系数的大小，下列三个国家中哪一个国家的收入分配最为平均？（ ）
A. 甲国的基尼系数为0.1　　B. 乙国的基尼系数为0.15
C. 丙国的基尼系数为0.2　　D. 丁国的基尼系数为0.25

26. 如果某经济体系实行收入平均分配的原则，那么，此时经济体系的洛伦兹曲线和基尼系数分别是（ ）。
A. 与纵轴重合，0　　B. 与横轴重合，1
C. 与45°线重合，0　　D. 无法确定其位置，1

四、多项选择题

1. 生产要素的价格形成与商品的价格形成不同点表现在（　　）。
A. 供求主体不同　　B. 需求性质不同
C. 政府关注点不同　　D. 企业投入不同
E. 需求特点不同

2. 劳动、土地、资本和企业家才能等生产要素的价格分别是（　　）。
A. 工资　　B. 利润　　C. 利息　　D. 税率
E. 地租

3. 影响劳动供给的因素有（　　）。
A. 工资率　　B. 闲暇
C. 劳动者拥有的财富状况　　D. 社会习俗
E. 人口总量及其构成

4. 利息是（　　）。
A. 资本的报酬
B. 资本这一生产要素的价格
C. 由资本市场的供求双方决定的
D. 由劳动市场的供求双方决定的
E. 劳动的报酬

5. 劳动的供给与其他产品的供给不同，它由（　　）等因素决定。
A. 劳动力的训练和质量　　B. 劳动力的年龄和性别
C. 劳动者对劳动的偏好　　D. 劳动者对休闲的偏好

6. 闲暇是以（　　）等来估价的。
A. 劳动　　B. 休息　　C. 娱乐　　D. 家庭活动

7. 下列说法中，正确的有（　　）。
A. 经济地租属于长期分析，而准地租属于短期分析

B. 经济地租是对某些特定要素而言的，而经济利润则是对单个厂商而言

C. 一种要素在短期内存在准地租，并不意味着长期中也存在经济利润

D. 厂商存在经济利润，则其要素存在经济地租

8. 下列生产要素中，（　　）的源泉及其服务都可以在市场中交易。

A. 土地　　B. 劳动　　C. 资本　　D. 企业家才能

9. 当某要素的供给弹性为零时，下列说法正确的有（　　）。

A. 这一要素的供给量是固定的且与其价格无关

B. 这一要素市场均衡价格由其要素的需求曲线单独决定

C. 对这一要素的全部支付都是租金

D. 以上都对

10. 关于工资率变动的收入效应，下列说法中正确的有（　　）。

A. 若劳动时间不变，随着工资率的上升，劳动者将有能力消费更多的闲暇

B. 若劳动时间不变，随着工资率的上升，劳动者的收入将提高

C. 它是指工资率变动引起劳动者收入的变动，从而引起劳动者在收入和闲暇之间进行重新抉择以实现效用最大化时，对劳动供给产生的影响

D. 工资率提高的收入效应将使得劳动供给增加

11. 不同国家之间的工资差别较大的原因在于（　　）。

A. 劳动者接受的训练和受教育的程度不同

B. 劳动的供给量不同，以及劳动在国际流动的障碍

C. 在不同国家，劳动者能得到的资本数量不同

D. 社会性质、意识形态、文化背景不同

12. 表示社会分配公平程度的分析工具是（　　）。

A. 菲利浦斯曲线　　B. 洛伦兹曲线

C. 基尼系数　　D. 国民消费曲线

E. 拉弗曲线

13. 洛伦兹曲线与基尼系数的关系是（　　）。

A. 洛伦兹曲线的弯度越大，基尼系数越大

B. 洛伦兹曲线的弯度越大，基尼系数越小

C. 洛伦兹曲线的弯度越小，基尼系数越小

D. 洛伦兹曲线的弯度越小，基尼系数越大

E. 洛伦兹曲线与基尼系数没有关系

五、计算题

1. 假定某劳动市场的供求曲线分别为 $S_L = 100W$，$D_L = 60\,000 - 100W$，则：

（1）均衡工资为多少？

（2）假如政府对工人提供的每单位劳动课以 10 美元的税，则新的均衡工资为多少？

（3）实际上对单位劳动征收的10美元由谁支付？

（4）政府征收到的总税收额为多少？

2. 假定对劳动的市场需求曲线为 $D_L = -10W + 150$，劳动的供给曲线为 $S_L = 20W$。问：

（1）在这一市场中，劳动和工资的均衡水平为多少？

（2）若政府宣布法定最低工资为6元/日，则在这个工资水平下将需要多少劳动？失业人数是多少？

3. 已知产品市场中的某一完全竞争厂商在产量 Q 为7 000时，SMC、SAC、AVC 函数分别为18、14、10。试问：

（1）产品的价格 P 为多少？

（2）该厂商的总利润 π 与准租金 R 各为多少？

4. 某厂商生产某产品，其单价为10元，月产量为100单位，每单位产品的平均可变成本为5元，平均不变成本为4元。试求其准租金和经济利润。两者是否相等？

5. 某消费者的效用函数为 $U = lY + l$，其中，l 为闲暇，Y 为收入（他以固定的工资率出售其劳动所获得的收入）。求该消费者的劳动供给函数。其劳动供给曲线是否向上倾斜？

6. 某农场决定租进土地250亩，固定设备的年成本为12 000元（包括利息、折旧等），燃料种子废料等的年成本为3 000元，生产函数为 $Q = -L^3 + 20L^2 + 72L$。其中，Q 为谷物年产量（吨），L 为雇用的劳动人数，劳动市场和产品市场均为完全竞争，谷物价格为每吨75元，按现行工资能实现最大利润的雇用量为12人，每年的最大纯利润为3 200元，经营农场的机会成本为5 000元。

（1）每个农业工人的年工资为多少？

（2）每亩土地支付的地租为多少？

7. 假定在一个四人社会中，总收入为100，甲、乙、丙、丁四人的收入分别为10、20、30、40。画出洛伦兹曲线，并计算这个四人社会的基尼系数。

六、简答题

1. 试述消费者的生产要素供给的原则。
2. 如何从要素供给原则推导要素供给曲线？
3. 劳动供给曲线为什么向后弯曲？
4. 土地的供给曲线为什么垂直？
5. 区别以下概念：地租、租金、准租金、经济租金。
6. 试述资本的供给曲线。
7. “劣等土地上永远不会有地租”这句话对吗？
8. 为什么说西方经济学的要素理论是庸俗的分配论？
9. 简述单个劳动的供给曲线的特征、含义、原因。
10. 洛伦兹曲线和基尼系数是如何体现收入分配的平等程度的？

七、论述题

1. 简要评述生产要素边际生产力分配理论。

2. 结合本章和上一章的内容，你认为生产要素的价格决定与一般商品的价格决定有什么不同？

3. 在微观经济学研究范围内，产品市场理论与要素市场理论有何异同之处？

4. 一种观点是“土地价格的上涨导致房屋价格的上涨”，另一种观点是“房屋的价格上涨导致了土地价格的上涨”。你的观点如何？

5. 按照微观经济学的观点，相同质量的劳动应该获得相同的工资率。但是在我国不同行业或不同地区之间，相同质量的劳动的工资率存在很大的差异，你认为造成这种差异的主要原因是什么？如何解决这个问题？

6. 在西方经济学家看来，人口增长为什么会使地租上涨？

第十章　一般均衡论和福利经济学

【教学目的】

掌握经济效率、判断经济效率的标准及实现经济效率应具备的条件。

【本章重点】

经济效率实现的条件。

【本章难点】

经济效率、帕累托最优。

【理论线索】

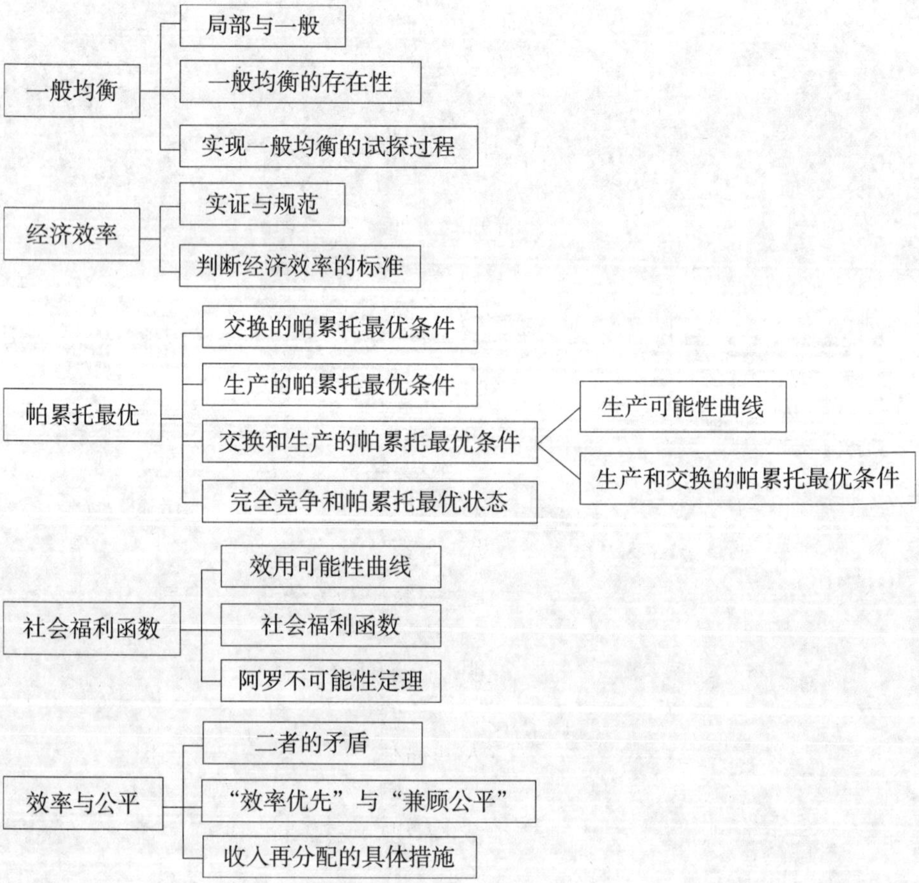

【本章习题】

一、名词解释

1. 一般均衡
2. 局部均衡
3. 帕累托最优状态
4. 产品的边际转换率
5. 社会福利函数
6. 效用可能性曲线
7. 阿罗不可能性定理
8. 生产可能性曲线
9. 实证经济学
10. 规范经济学

二、判断题

1. 契约曲线是所有可能的交换契约的轨迹。(　)

2. 为了达到帕累托最优状态，必须使任何使用两要素投入的厂商对该两种要素的边际技术替代率相等，即使这两个厂商生产的产品不相同。(　)

3. 对所有消费这两种商品的消费者来说，如果两种商品之间的边际转换率不是都等于消费者在它们之间的边际替代率，那么两种商品中至少有一种不是有效率地生产出来的。(　)

4. 从埃奇沃斯盒状图中某一初始位置开始，如果通过讨价还价最终达到的自由交易契约是符合帕累托最优状态所要求的，那么该交换契约可以位于契约曲线的任何地方。(　)

5. 对于福利最大化而言，完全竞争的长期一般均衡既是必要的，又是充分的。(　)

6. 在存在生产或消费的外部经济（或外部不经济）时，经济也能达到帕累托最优状态。(　)

7. 当存在公共产品时，即使整个经济都是完全竞争的也不能达到帕累托最优状态。(　)

8. 局部均衡分析是对经济中所有的相互作用和相互依存关系的分析。(　)

9. 生产可能性曲线位置高低取决于投入要素的数量和技术状况。(　)

10. 若社会上存在 n 种商品，如果 $n-1$ 种商品的市场已处于均衡，则第 $n-1$ 种商品的市场必然处于均衡。(　)

11. 瓦尔拉斯的一般均衡模型成功证明了一般均衡的存在性。(　)

12. 契约曲线显示了所有可以进行互利贸易的点。(　)

13. 资源配置如果无法做到改善某些人的福利，同时又不损害其他人的福利，从经济学角度来看就是有效率的。(　)

14. 阿罗不可能性定理认为，在非独裁的情况下，也有可能存在适用于所有个人偏好类型的社会福利函数。(　)

15. 社会福利函数可以代表全社会所有成员对福利的判断。（ ）

16. 生产可能性曲线是最优产出量集合的几何表示。（ ）

三、单项选择题

1. 假定对于苹果和橘子，小赵更喜欢苹果，小张更喜欢橘子，水果的价格对两人是相同的，则在效用最大化时（ ）。

A. 小赵将消费更多的苹果

B. 小张将消费更多的橘子

C. 苹果对橘子的边际替代率对两人来说相等

D. 苹果对橘子的边际替代率对于小赵来说更大

2. 帕累托最优配置被定义为（ ）的资源配置。

A. 没有一个人可以在不使他人境况变坏的条件下使自己的境况变得更好

B. 边际效用达到最大

C. 总产量达到最大

D. 消费者得到最大效用

3. A 和 B 两个人，在 X 和 Y 两种商品的经济中，达到生产和交换的一般均衡发生在（ ）。

A. $MRS_{XY}^{A}=MRS_{XY}^{B}$　　B. A 与 B 的 $MRS_{XY}=P_X/P_Y$

C. A 与 B 的 $MRT_{XY}=P_X/P_Y$　　D. $MRT_{XY}=MRS_{XY}^{A}=MRS_{XY}^{B}$

4. 一个社会要达到最高的经济效率，得到最大的经济福利，实现帕累托最优状态，必须（ ）。

A. 满足替代的边际条件：$MRT_{XY}=MRS_{XY}$

B. 满足生产的边际条件：$MRTS_{LK}^{X}=MRTS_{LK}^{Y}$

C. 满足交换的边际条件：$MRS_{XY}^{A}=MRS_{XY}^{B}$

D. 同时满足上述三项条件

5. 生产契约曲线上的点表示生产者（ ）。

A. 通过生产要素的重新配置提高了总产量

B. 支出了最小成本

C. 获得了最大经济利润

D. 获得了最大社会效益

6. 两种商品在两个人之间的分配，能被称为帕累托最优的条件为（ ）。

A. 两个人都处在其效用可能性曲线上

B. 两个人都处在其消费契约曲线上

C. 一个人受益就要使他人受损

D. 包括以上所有条件

7. 推导出（ ）必须作出道德的或价值的判断。

A. 转换曲线　B. 生产可能性曲线　C. 社会福利曲线　D. 消费契约曲线

8. 下列选项中，（ ）不能由帕累托效率引出。

A. 交换的效率　　B. 收入被平等地分配

C. 产品组合的效率　　D. 生产的效率

9. 在研究某一市场的均衡时，所使用的分析方法通常是（　）。

A. 静态均衡分析　　B. 一般均衡分析

C. 动态均衡分析　　D. 静态和比较静态均衡分析

10. 下列选项中，（　）是竞争性市场可能存在的缺陷。

A. 市场配置资源缺乏必要的灵活性

B. 市场机制绝对排斥计划的作用

C. 在竞争性市场中不需要政府的存在

D. 市场所决定的国民收入分配格局可能缺乏社会公平

11. 在两个人（A 和 B）、两种商品（X 和 Y）的经济中，达到交换的一般均衡的条件是（　）。

A. 对 A 和 B 而言，有 $MRT_{XY} = MRS_{XY}$

B. 对 A 和 B 而言，有 $MRS_{XY} = P_X/P_Y$

C. $MRS_{XY}^A = MRS_{XY}^B$

D. 上述条件都不对

12. 在两种商品（X 和 Y）、两种生产要素（L 和 K）的经济中，达到生产的一般均衡的条件为（　）。

A. $MRTS_{LK} = P_L/P_K$　　B. $MRTS_{LK}^X = MRTS_{LK}^Y$

C. $MRT_{XY} = MRS_{XY}$　　D. $MRTS_{LK} = MRS_{XY}$

13. 转换曲线是由（　）推导出的。

A. 消费契约曲线　　B. 生产契约曲线

C. 社会福利曲线　　D. 效用可能性曲线

14. 下列选项中，（　）符合帕累托改进准则。

A. 用增加的税收增发部分人员工资

B. 在增加国民收入的基础上增加部分人员工资

C. 通过增发货币增加部分人员工资

D. 将部分行政罚款收入用于增发部分人员工资

15. 一般均衡理论的证明依赖于（　）。

A. 拍卖者假设　　B. 回避规模收益递增的假设

C. 完全竞争市场的假设　　D. 以上都是

16. 如果竞争理论是经济的准确描述，那么（　）。

A. 经济运行在效用可能性曲线上

B. 经济运行在生产可能性曲线上

C. 资源的配置是帕累托最优的

D. 以上都对

17. 对放弃一单位某种商品，可以增加多少单位另一种商品的度量称为（　）。

A. 边际替代率　　B. 边际转换率

C. 边际技术替代率　　　　　　　　D. 边际产出率

18. 当一个市场是有效率的时候，(　)。

A. 资源的稀缺性被最小化

B. 所有人的需求已被满足

C. 不再有未被获得的能通过交易得到的好处

D. 从交易中获得的全部好处等于在交易中受到的总损失

19. 交换的效率是指(　)。

A. 经济处于生产可能性曲线上

B. 消费者为一种商品支付的价格是他们觉得公平合理的价格

C. 消费者能够消费他们所想消费的全部商品和劳务

D. 如果所有的消费者为某种商品支付相同的价格，那么消费者从该商品中所获得的边际效用相同

20. 生产的效率是指(　)。

A. 经济中生产的所有商品的产量达到最大

B. 生产的商品的组合符合人们的偏好

C. 商品的现行分配是公平的

D. 不可能在生产更多的某种产品的同时不用减少其他产品的产量

21. 当经济处于帕累托最优时，不能满足(　)。

A. 收入的公平分配　　　　　　　　B. 生产的效率

C. 交换的效率　　　　　　　　　　D. 产品组合的效率

22. 一般均衡分析认为，(　)。

A. 各个经济单位的供求价格的变动是相互影响、互相制约、相互联系的

B. 各个经济单位的供给和需求变动是相互独立的

C. 各个经济单位的供给量之和等于总体的供给，各个经济单位的需求量之和等于总体的需求

D. 当一般均衡实现时，不一定能保证社会福利最大化

23. 根据一般均衡理论，某居民用户对一商品的需求量取决于(　)。

A. 该商品的价格

B. 所有商品的价格和要素价格

C. 该商品的替代品的价格是否发生变化

D. 该商品的互补品的价格是否发生变化

24. 一般均衡理论认为，每一种产品的市场供给是(　)。

A. 该商品价格的函数　　　　　　　B. 由该商品成本所决定的

C. 整个价格体系的函数　　　　　　D. 由其他商品价格决定的

25. 要使整个经济体系处于一般均衡状态，就必须使(　)。

A. 所有的商品市场都同时达到均衡

B. 所有的要素市场都同时达到均衡

C. 所有的商品市场和要素市场都同时达到均衡

D. 要素市场和商品市场相互独立

四、多项选择题

1. 在市场的一般均衡分析中，会运用到（　　）来确定产品市场和生产要素市场上需求曲线或供给曲线的形状。

A. 机会成本递增规律　　B. 边际报酬递减规律

C. 边际效用递减规律　　D. 以上规律都会运用到

2. 下列属于帕累托最优的必要条件有（　　）。

A. 每个消费者的效用为最大

B. 每个生产者的产量为最大

C. 所有消费者对任意两种商品的边际替代率都相等

D. 厂商使用任意两种生产要素的边际技术替代率都相等

3. 当最初的变化的影响广泛分散到很多市场，每个市场只受到轻微的影响时，则（　　）。

A. 可以采用一般均衡分析

B. 一般均衡分析很可能推出错误的结论

C. 局部均衡分析很可能推出错误的结论

D. 结合局部均衡与一般均衡进行分析

4. 下列不属于帕累托最优状态的必要条件有（　　）。

A. 任何两种产品的边际替代率对所有的消费者都相等

B. 任何两种要素的边际技术替代率对所有生产者都相等

C. 任何两种产品的边际效用都相等

D. 社会收入分配绝对平等

5. 如果现在只有两种商品在两个人之间进行分配，那么要想达到帕累托最优状态的条件有（　　）。

A. 两个人的消费都处在交换契约曲线上

B. 每个人都处在各自的效用最大化曲线上

C. 一个人能受益，而不使另外一个人受到损失

D. 不使另外一个人受到损失的话，这个人就不能受益

6. 实证经济学（　　）。

A. 以一定的价值判断为前提

B. 回答“是什么”的问题

C. 所得出的结论具有客观性，可通过客观事实进行检验

D. 回答“应该是什么”的问题

7. 福利经济学（　　）。

A. 属于规范经济学的范畴　　B. 以一定的价值判断为前提

C. 回答“是什么”的问题　　D. 所得出的结论不具有客观性

8. 下列说法中错误的有（　　）。

A. 契约曲线的得名是由于它是所有可能的契约的轨迹

B. 为了达到帕累托最优状态，必须使任何使用某两种投入要素的两个厂商的该两

种要素间的边际技术替代率相等，即使这两个厂商生产的产品很不相同

C. 如果两种商品之间的边际转换率不是对所有消费这两种商品的消费者来说都等于消费者在它们之间的边际替代率，那么这两种商品中至少有一种不是有效地生产出来的

D. 以埃奇沃斯（Edgeworth）盒状图中某一初始位置开始，如果通过讨价还价达到的自由交易契约是符合帕累托最优状态所要求的，那么该交换契约可以位于契约曲线的任何地方

9. 下列属于瓦尔拉斯一般均衡模型的基本假定有（　　）。

A. 所有商品市场和要素市场均为完全竞争市场

B. 整个经济有 n 个消费者，每个消费者都是商品的需求者和要素的供给者

C. 整个经济有 n 个厂商，每个厂商都是要素的需求者和商品的供给者

D. 每一消费者的效用函数为既定不变，每一厂商的生产函数既定不变

10. 一般均衡状态即满足（　　）。

A. 每一消费者都依据预算线选购自己认为效用最佳的商品组合

B. 每一消费者自己决定向生产单位提供要素的数量

C. 每一生产者都谋求最大利润

D. 在现有价格下，商品和资源市场供求平衡

11. 交换的帕累托最优状态是（　　）。

A. 两条无差异曲线的切点　　B. 两条无差异曲线的斜率相等

C. 两种商品的边际替代率相等　　D. 两种商品的边际技术替代率相等

12. 下列选项中，（　　）主张属于旧福利经济学政策范畴。

A. 实行最低工资制度

B. 对造成环境污染的工厂征附加税

C. 提高市场信息透明度

D. 失业救济

13. 当经济处于帕累托最优时，满足（　　）。

A. 收入的公平分配　　B. 生产的效率

C. 交换的效率　　D. 产品组合的效率

14. 如果竞争理论是经济的准确描述，那么（　　）。

A. 经济运行在效用可能性曲线上　B. 经济运行在生产可能性曲线上

C. 资源的配置是帕累托最优的　　D. 资源的配置存在帕累托改进

15. 帕累托最优条件包括（　　）。

A. 交换的最优条件　　B. 生产的最优条件

C. 交换和生产的最优条件　　D. 以上都是

五、计算题

1. 试利用数学推导出一个经济社会达到帕累托最优状态所需的交换必要条件。

2. 假设一经济社会除了一个生产者外满足帕累托最优条件。该生产者为其产品市场上的完全垄断者和用于生产该产品的唯一投入要素市场的完全垄断购买者。其生产函数为 $Q=0.5L$（L 为劳动要素投入），产出的需求函数为 $P=100-4Q$，投入要素 L 的

供给函数为 $W=2+2L$。

（1）该生产者利润最大化时的产品的价格 P、产量 Q、要素的需求量 L、要素的价格 W 值各是多少？

（2）该生产者满足帕累托最优条件时的产品的价格 P、产量 Q、要素的需求量 L、要素的价格 W 值各是多少？

3. Z_i 表示某商品的超额需求函数，已知：

$Z_1=2P_1{}^2+22P_1-13P_1P_2-64P_2+20P_2{}^2+48=0$

$Z_2=P_1-2P_2+2=0$

试求这两种商品的均衡价格。

4. 如果决定两个人的效用可能性曲线的公式是 $U_A+2U_B=100$，试求：

（1）若要使社会福利最大，U_A 和 U_B 分别是多少？

（2）若把社会福利函数定义为 $W(U_A,U_B)=\min(U_A,U_B)$，当社会福利函数最大时，U_A 和 U_B 分别是多少？

（3）若社会福利函数是 $W(U_A,U_B)=U_A^{0.5}U_B^{0.5}$，社会福利最大时的 U_A 和 U_B 是多少？

六、简答题

1. 什么是一般均衡？
2. 局部均衡分析与一般均衡分析的关键区别在什么地方？
3. 试评论瓦尔拉斯的拍卖者假定。
4. 试说明福利经济学在西方微观经济学中的地位。
5. 什么是帕累托最优？满足帕累托最优需要具备什么条件？
6. 为什么说交换的最优条件加生产的最优条件不等于交换和生产的最优条件？
7. 生产可能性曲线为什么向右下方倾斜？为什么向右上方凸出？
8. 阿罗不可能性定理说明了什么问题？
9. 如果对于生产者甲来说，以要素 L 替代要素 K 的边际技术替代率等于3；对于生产者乙来说，以要素 L 替代要素 K 的边际技术替代率等于2，那么有可能发生什么情况？

七、论述题

1. 为什么完全竞争市场的市场机制可以导致帕累托最优状态？
2. 一般均衡论的缺陷是什么？为什么它很少具有实际意义？
3. 假定整个经济原来处于一般均衡状态，如果现在由于某种原因使商品 X 的市场供给增加，试考察：

（1）在 X 商品市场中，其替代品市场和互补品市场会有什么变化？

（2）在生产要素市场上会有什么变化？

（3）收入的分配会有什么变化？

4. 试述公平与效率的关系。
5. 试分析有哪些因素导致市场在实现帕累托最优上存在缺陷。

第十一章　博弈论初步

【教学目的】

本章主要研究在策略性环境中如何进行策略性决策和采用策略性行为。主要介绍博弈论的基本概念、基本原理和分析方法，让学生掌握博弈论的基本思想，使学生能够运用博弈论的有关分析方法解决现实问题。

【本章重点】

纳什均衡的定义、同时决策博弈以及序贯决策寻找纳什均衡的方法。

【本章难点】

混合策略纳什均衡的计算。

【理论线索】

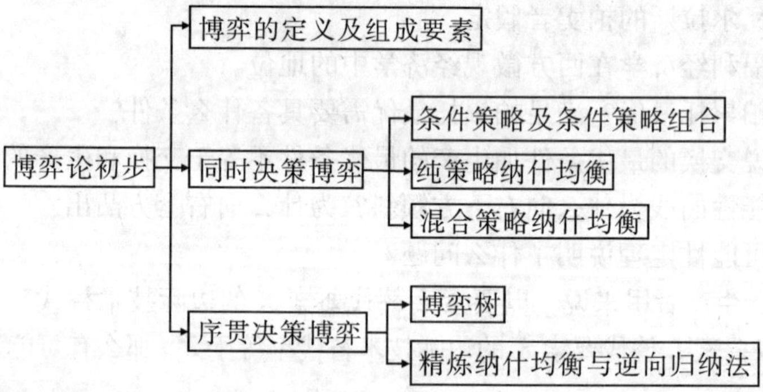

【本章习题】

一、名词解释

1. 纳什均衡
2. 博弈论
3. 优势策略
4. 策略型行动

二、判断题

1. 若某个纯策略博弈的纳什均衡是有限的，则它相应的混合策略博弈的纳什均衡一定是有限的。

2. 在只有两个参与人且每个参与人都只有两个策略可供选择的情况下，纯策略的纳什均衡最多只有两个。

3. 在动态博弈中，因为后行动一方可以先观察到先行动一方后再选择行为，因此总是有利可图的。

4. 如果局中人在决策时都不知道对手的决策与行动是什么，就算不是同时作出决策也属于同时博弈。

5. 序贯决策博弈是指局中人作出策略选择时有先有后，即一方作出策略选择时，对手方已经作出策略选择。

6. 局中人的利益并不是完全冲突，有时也会出现利益一致的情形，个人理性与集体理性方向一致。

三、计算题

1. 找到下列博弈的混合策略纳什均衡。

B的策略

		q_1 左策略	$1-q_1$ 右策略
A的策略	p_1 上策略	3, 6	9, 2
	$1-p_1$ 下策略	7, 3	2, 8

2. 如下图支付矩阵所表示的博弈，试求博弈的纯策略纳什均衡。

博弈方2

		L	*C*	*R*
博弈方1	*T*	2, 0	1, 1	4, 2
	M	3, 4	1, 2	2, 3
	B	1, 3	0, 2	3, 0

3. 如下图支付矩阵所表示的博弈，试求：

（1）博弈的纯策略纳什均衡。

（2）计算混合策略纳什均衡。

		博弈方2	
		L	R
博弈方1	U	6, 6	2, 7
	D	7, 2	0, 0

4. 在下面的博弈树中，确定纳什均衡和逆向归纳策略。

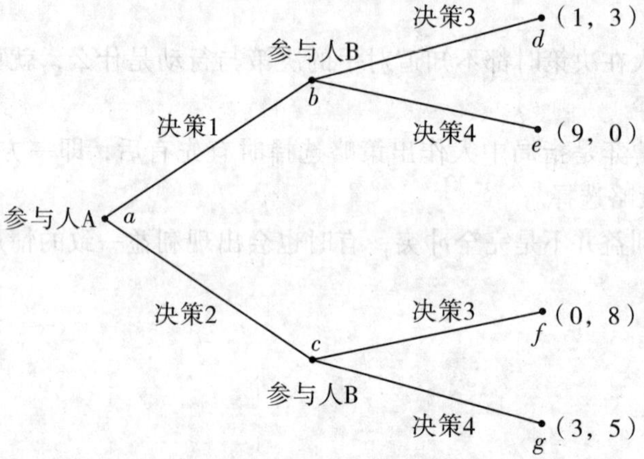

5. 用逆向归纳法确定下面的“蜈蚣博弈”的结果。在该博弈中，第 1 步是 A 决策：如果 A 决定结束博弈，则 A 得到支付 1，B 得到支付 0。如果 A 决定继续博弈，则博弈进入第 2 步，由 B 做决策。此时，如果 B 决定结束博弈，则 A 得到支付 0，B 得到支付 2；如果 B 决定继续博弈，则博弈进入第 3 步，又由 A 做决策，如此等等，直到最后，博弈进入第 9 999 步，由 A 做决策。此时，如果 A 决定结束博弈，则 A 得到支付 9 999，B 得到支付 0；如果 A 决定继续博弈，则 A 得到支付 0，B 得到支付 10 000。

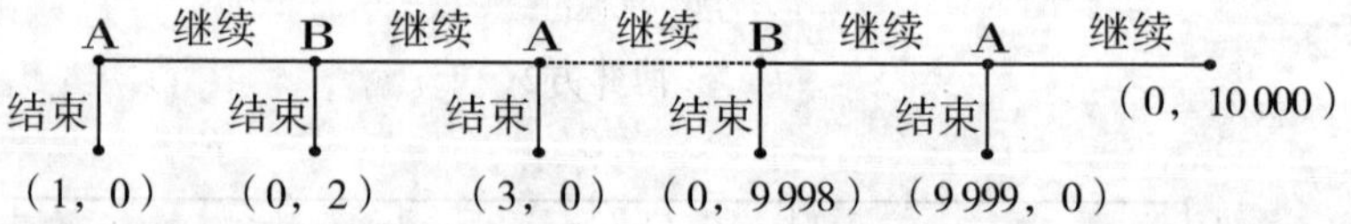

6. 在下面的情侣博弈中，如果将第二个支付向量（0，0）改为（0，1.5），纳什均衡和逆向归纳法策略会有什么变化？改为（0，1）呢？

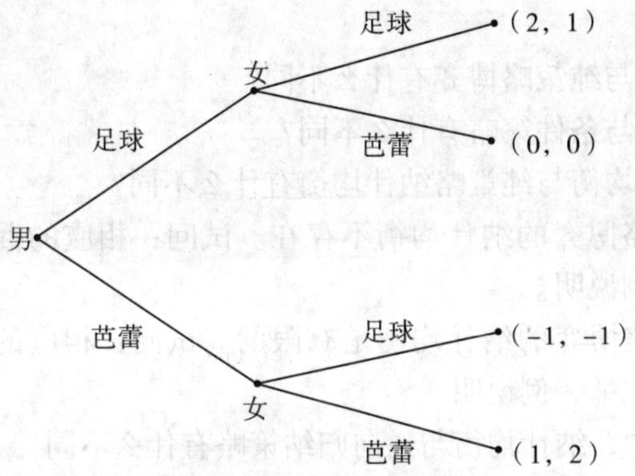

7. 已知厂商1、厂商2生产相同的产品，但是厂商1的实力较强，由厂商1先选择产量，厂商2观察到厂商1选择的产量后再作出产量决策。已知 $P(Q_1+Q_2)=a-b(Q_1+Q_2)$，$MC_2=MC_1=0$，没有固定成本。计算出厂商1和厂商2的均衡策略。

8. 企业甲和企业乙都是空调的制造商，它们都可以选择生产低档产品或者高档产品，但两企业在选择时都不知道对方的选择。假设两企业在不同选择下的利润如下支付矩阵所示，请：

（1）用博弈树表述这个博弈；（2）找出这个博弈的纯策略纳什均衡；（3）找出这个博弈的混合策略纳什均衡。

		乙公司 高档	乙公司 低档
甲公司	高档	500，500	1000，700
	低档	700，1 000	600，600

四、简答题

1. 什么是纳什均衡？纳什均衡一定是最优的吗？

2. 在只有两个参与人且每个参与人都只有两个策略可供选择的情况下，纯策略的纳什均衡最多可有几个？为什么？

3. 在只有两个参与人且每个参与人都只有两个策略可供选择的情况下，纯策略的纳什均衡可能有三个。试举一例说明。

4. 在只有两个参与人且每个参与人都只有两个策略可供选择的情况下，如何找到所有的纯策略纳什均衡？

5. 设有A、B两个参与人。对于参与人A的每一个策略，参与人B的条件策略有无可能不止一个。试举一例说明。

6. 如果无论其他人选择什么策略，某个参与人都只选择某个策略，则该策略就是该参与人的绝对优势策略（简称优势策略）。试举一例说明某个参与人具有某个优势策略的情况。

7. 混合策略博弈与纯策略博弈有什么不同？

8. 条件混合策略与条件策略有什么不同？

9. 混合策略纳什均衡与纯策略纳什均衡有什么不同？

10. 设某个纯策略博弈的纳什均衡不存在。试问：相应的混合策略博弈的纳什均衡会存在吗？试举一例说明。

11. 设某个纯策略博弈的纳什均衡是有限的。试问：相应的混合策略博弈的纳什均衡会是无限的吗？试举一例说明。

12. 在序贯博弈中，纳什均衡与逆向归纳策略有什么不同？

13. 博弈具有的三个基本要素是什么？

14. 试比较古诺模式与斯塔克尔博格模型博弈的结果有什么不同？

第十二章　市场失灵和微观经济政策

【教学目的】

通过本章的学习，使学生明确，自由竞争的市场机制可导致资源配置的帕累托最优是在一系列理想化的假定条件下实现的。但理想化的假定条件在现实中并不存在，因而在现实的经济中存在市场失灵，对此需要政府加以管制。

【本章重点】

重点掌握造成市场失灵的四个主要原因：垄断、信息不对称、外部性和公共产品。

【本章难点】

对自然垄断的管制、科斯定理的应用和公共产品的最优量的确定。

【理论线索】

- 市场失灵与微观经济政策
  - 垄断与市场失灵
    - 垄断与低效率
    - 对垄断的公共管制
    - 反托拉斯法
  - 外部性与市场失灵
    - 外部影响及其分类
    - 外部性与资源配置失效
    - 外部性政策
    - 科斯定理
  - 公共物品与市场失灵
    - 私人物品与公共物品
    - 私人物品与公共物品的最优数量
    - 成本收入分析
    - 公共选择理论
  - 不完全信息与市场失灵
    - 逆向选择
    - 道德风险
    - 信息调控
  - 政府管制失灵
    - 政府寻租
    - 政府低效率
    - 管制俘获

【本章习题】

一、名词解释

1. 自然垄断
2. 政府管制
3. 公共物品
4. 信息不对称
5. 外部性
6. 政府失灵

7. 内部性
8. 产权
9. 逆向选择
10. 寻租
11. 道德风险
12. 排他性
13. 竞争性

二、判断题

1. 市场失灵指的是市场完全不好。(　)
2. 市场失灵指的是市场没有达到可能达到的最佳结果。(　)
3. 完全竞争市场一定比垄断市场更能保证生产资源的有效利用。(　)
4. 企业能够得到大规模生产好处的最起码的规模称为最低限度的效率规模。(　)
5. 垄断对社会造成的损害只在于企业获得了超额利润。(　)
6. 在确定公共产品价格时常用"成本+公平利润"法。(　)
7. 公用事业委员会执行严格的价格管制方法会导致经营者经营效率的下降。(　)
8. 在某个市场的需求条件只允许一个企业达到最低限度的效率规模时，称为自然垄断。(　)
9. 自然垄断行业向非自然垄断行业的转变，是政府管制失灵的一个原因。(　)
10. 公共产品的一个显著特点是排他性。(　)
11. 公共产品在一定条件下具有非竞争性。(　)
12. 公共产品一般在消费时具有外在性。(　)
13. 在一定条件下，增加公共产品消费者人数并不需要减少其他消费品的生产。(　)
14. 公共选择理论就是用经济学分析、研究政府对公共产品的决策和选择。(　)
15. 当存在外部不经济时，厂商的私人成本高于社会成本。(　)
16. 社会边际成本高于价格时，说明在这种商品生产上资源使用得过多。(　)
17. 外部不经济的一种解决方法是对该活动征税。(　)
18. 垄断对社会造成的损害只在于企业获得了超额利润。(　)
19. 对自然垄断实行价格管制的作用主要在于降低价格。(　)
20. 科斯认为任何时候只要产权界定清晰，价格机制就能有效运行。(　)
21. 社会对公共产品的需求曲线是由个人对公共产品的需求曲线横向加总得到的。(　)
22. 在存在外部性的情况下，竞争性市场的结果仍会是帕累托最优的。(　)

三、单项选择题

1. 市场失灵是指（　）。

A. 市场没有达到可能达到的最佳结果

B. 市场没能使社会资源的分配达到有效率的状态

C. 市场未能达到社会收入的公平分配

D. 以上三种都是

2. 公共产品具有以下哪个特性？(　)

A. 外部性　　B. 排他性　　C. 竞争性　　D. 以上都是

3. 下面哪一个术语可以用来描述一个养蜂主与其邻近的经营果园的农场主之间的影响？(　)

A. 外部不经济　B. 外部经济　C. 外部有害　D. 以上都不是

4. 解决外部不经济可采取以下哪一种方法？(　)

A. 通过征税的方法　　B. 通过产权界定的方法

C. 通过将外部性内在化的方法　　D. 以上各项都可行

5. 公共产品的定价（　）。

A. 由市场供求决定

B. 由垄断组织通过竞争决定

C. 用成本—效益分析法进行评估

D. 由购买者决定

6. 公共产品的生产可通过特定的社会体制决定，称为公共选择理论，下面属于公共选择理论的内容为（　）。

A. 集权决策　　B. 投票决策

C. 阿罗不可能定理　　D. 以上各项都是

7. 关于科斯定理，以下论述正确的是（　）。

A. 科斯定理阐述的是产权和外部性的关系

B. 科斯定理假设没有政府的干预

C. 科斯定理一般在涉及的交易主体数目较少时才较为有效

D. 以上各项都正确

8. 通过产权界定或给资源使用权定价，较适宜于有效利用的资源为（　）。

A. 人力资源　　B. 一次性使用资源

C. 可再生自然资源　　D. 以上各项都不是

9. 通过税收或补贴来使外部性内在化，是指（　）。

A. 通过税收使原有外部不经济的产品增加供给

B. 通过税收使原有外部不经济的产品减少需求

C. 通过补贴使原有外部经济的产品增加供给

D. 通过补贴使原有外部经济的产品减少需求

10. “搭便车”现象是对下面哪个问题的一种形象的比喻？(　)

A. 社会福利问题　　B. 公共选择问题

C. 公共产品问题　　D. 市场失灵问题

11. 以下现象属于市场失灵的是（　）。

A. 收入不平等　B. 自然垄断　C. 市场控制　D. 以上都是

12. 导致市场失灵的因素是（　）。

A. 反垄断立法　　B. 公共部门生产

C. 自然垄断　　D. 以上都是

13. 为了达到社会平等、生产效率及价格效率等目的，对自然垄断实施价格管制，以下说法错误的是（　）。

A. 社会平等要求 $P=AC$

B. 价格效率要求 $P=MC$

C. 生产效率要求 $P=MC$ 和 $P=\max AC$

D. 采用价格管制达到上述三个目的是不可能的

14. 经济管制侧重于（　）。

A. 价格

B. 产出水平

C. 厂商进入或退出某行业的条件

D. 以上都是

15. 政府进行市场干预的理由是（　）。

A. 税收　　B. 反托拉斯法

C. 外部性　　D. 以上都是

16. 政府干预可能会导致的消极后果是（　）。

A. 动态非效率　　B. 产品质量下降

C. 短期　　D. 以上都是

17. 当产品生产导致外部成本增加时，该产品的产出水平倾向于（　）。

A. 过多

B. 过少

C. 不多不少

D. 如果外部成本大于私人成本时，则太多

18. 如果私人汽车的所有者根据汽车排污量纳税，那么该政策实施时，（　）。

A. 消费者将对烟雾控制装置产生很大需求，而不管其价格是多少

B. 公共运输（如公交车）的需求很可能上升

C. 汽车的性能（以每公里耗油量作为指标）将提高

D. 以上都不对

19. 当厂商的生产污染了环境，而又不负担其成本时，（　）。

A. 其边际成本变低　　B. 其平均可变成本变低

C. 其平均总成本变低　　D. 以上都对

20. 以下有关社会成本的论述正确的是（　）。

A. 它不包括私人成本　　B. 它包括私人成本

C. 与私人成本没有关系　　D. 以上都不对

21. 从社会的角度看,( )是导致市场失灵的原因。
A. 边际成本和可变成本的差异
B. 可变成本和总成本的差异
C. 总成本和边际成本的差异
D. 私人成本和社会成本的差异
22. 外部不经济的一种解决方法是对该活动( )。
A. 限制产量 B. 停产 C. 征税 D. 以上都不是
23. 任何个人都消费( )的公共产品。
A. 数量不等 B. 数量相等 C. 层次不同 D. 以上都不是
24. 以下哪一项不是市场有效性的条件?( )
A. 完全和对称信息 B. 完全竞争
C. 经济人完全理性 D. 交易费用不可忽略
25. 交易双方信息不对称,比方说买方不清楚卖方的一些情况,是出于( )。
A. 卖方故意要隐瞒自己一些情况
B. 买方认识能力有限
C. 完全掌握情况所费成本太高
D. 以上三种情况都有可能

四、多项选择题

1. 市场失灵是指( )。
A. 市场机制没能使社会资源的分配达到最有效率的状态
B. 价格机制不能起到有效配置资源的作用
C. 根据价格所作的决策使资源配置发生扭曲
D. 人们在市场中不能购买商品
2. 某人的吸烟行为属于( )。
A. 生产的外部经济 B. 消费的外部不经济
C. 生产的外部不经济 D. 消费的负外部性
3. 解决外部不经济可采取( )的方法。
A. 通过征税 B. 通过产权界定
C. 通过将外部性内在化 D. 退出市场
4. 某项生产活动存在外部经济时,其产量( )帕累托最优产量。
A. 可能大于 B. 等于
C. 可能小于 D. 以上三种情况都有可能
5. 以下选项中,( )不是公共产品的特征。
A. 非排他性 B. 非竞争性
C. 外部性 D. 由政府提供
6. 公共产品的定价( )。

A. 不由市场供求决定

B. 由垄断组织通过竞争决定

C. 用成本—效益分析法进行评估

D. 由购买者决定

7. 政府提供的物品（　　）公共物品。

A. 一定是　　B. 部分是　　C. 大部分是　　D. 不都是

8. 公共产品的生产可通过特定的社会体制决定，称为公共选择理论，下面属公共选择理论的内容为（　　）。

A. 集权决策　　B. 投票决策

C. 阿罗不可能定理　　D. 价格决定

9. 关于科斯定理，正确的论述是（　　）。

A. 科斯定理阐述的是产权和外部性的关系

B. 科斯定理假设没有政府的干预

C. 科斯定理一般在涉及的交易主体数目较少时才较为有效

D. 科斯定理阐述了产权与内部性的关系

10. 面对不对称信息时，（　　）不能为消费者提供质量保证。

A. 品牌　　B. 低价格　　C. 长期质量保证书　　D. 产量大

11. 被称作外部经济效果的市场失灵并不是发生在（　　）。

A. 当市场不能完全出清时

B. 当竞争建立在自身利益最大化的前提上时

C. 当厂商追求利润最大化目标时

D. 当市场价格不能反映一项交易的所有成本和收益时

12. 使用价格管制于自然垄断行业是因为（　　）。

A. 规模经济要求垄断厂商存在　　B. 管制价格可以使价格降低

C. 管制价格可以使产量增加　　D. 管制价格可以使利润增加

13. 对垄断厂商实行价格管制的困难主要在于（　　）。

A. 垄断厂商具有关于成本的信息，而政府部门没有

B. 垄断厂商可能采取对称性行为

C. 政府部门人力有限而企业数量多

D. 政府效率低

14. 下列不属于寻租行为的例子是（　　）。

A. 一家公司设法增加在自己所有的财产上收取的租金

B. 公司投入资源去劝说政府阻止新公司进入它的行业

C. 政府设法找出一家公司垄断租金的大小

D. 政府设法剥夺一家公司的垄断租金

五、简答题

1. 试简述什么是市场失灵，其原因有哪些？
2. 试简述公共产品的几个特点。
3. 为什么要对垄断进行公共管制？对垄断进行公共管制主要有哪些措施？
4. 外部性如何导致资源配置失当？
5. 什么是“搭便车”问题？
6. 什么是“科斯定理”，你是如何看待“科斯定理”的？
7. 为什么市场机制不能提供公共物品？
8. 为什么说垄断也有可能促进经济效率？
9. 什么是不完全信息和不对称信息？
10. 举例说明什么是“逆向选择”。
11. 垄断是如何造成市场失灵的？
12. 外部影响的存在是如何干扰市场对资源的配置的？
13. 如何看“科斯定理”？它在资本主义社会中适用吗？它在社会主义社会中适用吗？
14. 公共物品为什么不能由市场来提供？
15. 市场机制能够解决信息不完全和不对称问题吗？

六、计算题

1. 假设一个养蜂场位于一个苹果园的边上，每个农场都位于竞争性市场上，设苹果的产量为 A，蜂蜜的产量为 H。两个农场的生产成本函数分别为 $C_H(H)=H^2/100$，$C_A(A)=A^2/100-H$，蜂蜜的价格是 2 美元，苹果的价格是 3 美元。试问：

（1）若两个农场独立经营，则蜂蜜的均衡产出为多少？苹果的均衡产出为多少？

（2）若农场和养蜂场合并了，则利润最大化时蜂蜜的产出为多少？苹果的产出为多少？

（3）蜂蜜的社会有效产出为多少？如果两个农场分开经营，为了达到有效供给，应对蜂蜜生产实行多少补贴？

2. 汤姆和约翰同住一套房间，他们把收入的一部分花在食物、衣服等私有品上，同时也把一部分收入花在公有品上，如电冰箱、电热器等。汤姆的效用函数为 $2X_T+Y$，约翰的效用函数为 X_JY 。这里，X_T 指的是汤姆花在私有品上的收入，X_J 是约翰花在私有品上的收入，Y 是他们分别花在公共品上的费用。他们两个共同花在私有品和公共品上的费用总和为 8 000 美元/年。试问：

（1）汤姆和约翰在私有品和公共品之间的边际替代率各为多少？

（2）写出一个方程式，描述达到帕累托最优时公共品数量的分配条件。

（3）假设汤姆和约翰分别在私有品上花费 2 000 美元，然后把剩下的 4 000 美元花在公共品上，这是否达到了帕累托最优？

3. 假设某社会只有甲乙两个公民，他们对公共物品的反需求函数分别为 $P_1=100-x$，$P_2=100-2x$。其中，x 是公共物品数量，每单位公共物品的成本是 4 元。求：

（1）社会对公共物品的反需求函数。

（2）该社会公共物品的最优数量是多少？

（3）每个公民愿意支付的价格是多少？

4. 设一产品的市场需求函数为 $Q=500-5P$，成本函数为 $C=20Q$。试问：

（1）若该产品为一垄断厂商生产，利润最大时的产量、价格和利润各为多少？

（2）要达到帕累托最优，产量和价格应为多少？

（3）社会纯福利在垄断性生产时损失了多少？

5. 在一个社区内有三个集团。他们对公共电视节目小时数 T 的需求曲线分别为：

$$W_1=100-T$$
$$W_2=150-2T$$
$$W_3=200-T$$

假定公共电视是一种纯粹的公共物品，它能以每小时100美元的不变边际成本生产出来。试问：

（1）公共电视有效率的小时数是多少？

（2）如果电视为私人物品，那么一个竞争性的私人市场会提供多少电视小时数？

6. 设一个公共牧场的成本是 $C=5x^2+2\,000$，其中，x 是牧场上养的牛数。牛的价格为 $P=800$ 元。

（1）求牧场净收益最大时的牛数。

（2）若该牧场有5户牧民，牧场成本由他们平均分担。这时牧场上将会有多少牛？从中会引起什么问题？

7. 假设有10个人住在一条街上，每个人愿意为增加一盏路灯支付4美元，而不管已提供的路灯数量。若提供 x 盏路灯的成本函数为 $C(x)=x^2$，试求最优路灯安装盏数。

8. 一农场主的作物缺水，他须决定是否进行灌溉。如他进行灌溉，或者天下雨的话，作物带来的利润是1 000元；但若是缺水，利润只有500元。灌溉的成本是200元。农场主的目标是预期利润达到最大。试问：

（1）如果农场主相信下雨的概率是50%，他会灌溉吗？

（2）假如天气预报的准确率是100%，农场主愿意为获得这种准确的天气信息支付多少费用？

七、论述题

1. 什么是“科斯定理”？一些西方学者为什么会认为规定产权办法可解决外部影响问题？

2. 简述公共选择理论的内容。

3. 简述政府失灵的含义与要点。

4. 试从微观角度论述市场机制的效率、局限性及调节政策。

5. 简述私人物品和公共物品的特征，以及公共物品为什么不能靠市场来提供。

微观经济学模拟试卷 A

一、名词解释（每题 3 分，共 18 分）

1. 微观经济学
2. 需求定理
3. 边际效用递减规律
4. 生产函数
5. 机会成本
6. 停止营业点

二、单项选择题（每题 1 分，共 12 分）

1. 庸俗经济学阶段结束于（　）。

A. 18 世纪中叶　　B. 19 世纪 70 年代

C. 20 世纪 20 年代　　D. 19 世纪 30 年代

2. 凯恩斯的代表著作是（　）。

A.《国富论》　　B.《政治经济学及赋税原理》

C.《价值与资本》　　D.《就业、利息和货币通论》

3. 在某一时期内，彩色电视机的需求曲线向左平移的原因可能是（　）。

A. 彩色电视机的价格上升

B. 黑白电视机的价格上升

C. 消费者对彩色电视机的预期价格下降

D. 消费者的收入水平提高

4. 某月内，X 商品的替代品和互补品的价格上升，分别引起 X 商品的需求变动量为 50 单位和 80 单位，则在它们的共同作用下，该月 X 商品需求数量（　）。

A. 增加 30 单位　　B. 减少 30 单位

C. 增加 130 单位　　D. 减少 130 单位

5. 当商品的价格不变，消费者的收入增加时，预算约束线（　）。

A. 向右平移　　B. 向左平移　　C. 不变　　D. 旋转

6. 当边际产量大于平均产量时，（　）。

A. 平均产量递减　　B. 平均产量递增

C. 平均产量不变　　D. 总产量递减

7. 某工厂 1 000 个单位的日产出水平，总的成本为 4 900 美元，如果产量减少 1 单位，则总的成本为 4 890 美元，在这个产出的范围以内（　）。

A. 平均成本高于边际成本
B. 平均成本和边际成本大致相等
C. 边际成本高于平均成本
D. 由于给定条件中无法得到边际成本，因此不能比较平均成本和边际成本的大小
8. 在 $MR=MC$ 的均衡产量上，企业（ ）。
A. 必然得到最大的利润
B. 不可能亏损
C. 必然是最小亏损
D. 若获利，利润最大；若亏损，损失最小
9. 在垄断竞争市场上，长期均衡的条件是（ ）。
A. $MR=LMC$　　B. $MR=SMC$
C. $MR=LMC=SMC$　　D. $MR=MC$，$AR=AC$
10. 土地供给的价格弹性（ ）。
A. 等于 0　B. 无穷大　C. 小于 1　D. 等于 1
11. 生产契约曲线上的点表示生产者（ ）。
A. 通过生产要素的重新配置提高了总产量
B. 支出了最小成本
C. 获得了最大经济利润
D. 获得了最大社会效益
12. 劳动的边际产量与厂商的边际成本之间的关系是（ ）。
A. 边际成本与边际产量成反比
B. 边际成本等于工资除以边际产量
C. 当边际产量的曲线向下倾斜的时候，边际成本曲线也会向下倾斜
D. 边际成本不变，而边际产量服从收益递减

三、判断题（每题 1 分，共 10 分）

1. 某国 2005 年的进口量是流量。（ ）
2. 降低价格一定会使供给量下降。（ ）
3. 支持价格是政府规定的某种产品的最高价格。（ ）
4. 当我们想让人们节约用水时，提价是最有效的方法。（ ）
5. 如果边际效用递减，则总效用也必然减少。（ ）
6. 等产量曲线必然凹向原点。（ ）
7. 正常利润是指厂商对自己所提供的企业家才能的报酬的支付。（ ）
8. 完全竞争厂商和行业的需求曲线都是水平线。（ ）
9. 在垄断市场上，无论在短期还是在长期，企业均可获得超额利润。（ ）
10. 生产要素的边际收益取决于该要素的边际生产力。（ ）

四、多项选择题（每题 2 分，共 20 分）

1. 资源配置问题主要包括（　　）。

A. 生产什么　B. 如何生产　C. 为谁生产　D. 哪里生产

2. 下列选项中，（　　）属于西方经济学的内容。

A. 企事业的经营管理方法和经验

B. 生产力发展规律

C. 经济理论的研究和考察

D. 对一个经济部门、经济领域或经济问题的集中研究成果

3. 若某商品需求的收入弹性为负，则该商品为（　　）。

A. 正常品　B. 低档品　C. 必需品　D. 奢侈品

E. 吉芬物品

4. 满足需求的条件包括（　　）。

A. 欲望　B. 购买愿望

C. 满足心理要求　D. 有能力购买

E. 满足自我实现的要求

5. 消费者对风险的态度大体上可分为（　　）。

A. 风险回避者　B. 风险爱好者

C. 风险中立者　D. 厌恶风险者

E. 喜欢风险者

6. 生产要素是指生产过程中能帮助生产的各种手段，它包括（　　）。

A. 资本　B. 土地　C. 劳动　D. 企业家才能

7. 企业购买生产要素所引起的费用是（　　）。

A. 隐性成本　B. 显性成本

C. 变动成本　D. 经济成本

E. 固定成本

8. 完全竞争市场必须具备的条件包括（　　）。

A. 大量的买者和卖者　B. 产品同质

C. 资源完全自由流动　D. 信息完全

9. 实行三级价格歧视必须具备的条件有（　　）。

A. 卖者有许多个

B. 卖者只有一个且可以操纵价格

C. 卖者了解不同的消费者对其所销售商品的需求价格弹性

D. 卖者不了解不同的消费者对其所销售商品的需求价格弹性

E. 卖者能将具有不同需求价格弹性的市场分离开，使低价格市场上的商品不能流向高价格市场

10. 帕累托最优条件包括（　　）。

A. 交换的最优条件　　B. 生产的最优条件

C. 交换和生产的最优条件　　D. 以上都是

五、计算题（每题 5 分，共 10 分）

1. 假定肉肠和面包卷是完全互补品，人们通常以一根肉肠和一个面包卷为比例做一个热狗，并且已知一根肉肠的价格等于一个面包卷的价格。试求：

（1）肉肠的需求价格弹性。

（2）面包卷对肉肠的需求的交叉弹性。

（3）如果肉肠的价格是面包卷的价格的 2 倍，那么，肉肠的需求价格弹性和面包卷对肉肠的需求的交叉弹性各是多少？

2. 已知 $MC = 9Q^2 + 4Q + 5$，$Q = 10$，$TC = 3\,000$，分别求 TC、AC、VC 和 AVC 的函数形式。

六、简答题（每题 5 分，共 15 分）

1. 简述“看不见的手”原理。

2. 试用图说明短期成本曲线相互之间的关系。

3. 企业规模是不是越大越好？为什么？

七、论述题（15 分）

什么是“科斯定理”？一些西方学者为什么会认为规定产权办法可解决外部影响问题？

微观经济学模拟试卷 B

一、单项选择题（每题 1 分，共 20 分）

1. 下列选项中，（ ）不是实证经济学命题。

A. 1982 年 8 月联储把贴现率降到 10%

B. 1981 年失业率超过 9%

C. 联邦所得税对中等收入家庭不公平

D. 社会保险税的课税依据已超过 30 000 美元

2. 在某一时期内，手机的需求曲线向左平移的原因可能是（ ）。

A. 手机的价格上升

B. 消费者对手机的预期价格上升

C. 消费者对手机的预期价格下降

D. 消费者的收入水平提高

3. 当（ ）时，将使总收益下降。

A. 价格上升，需求缺乏弹性　　B. 价格上升，需求富有弹性

C. 价格下降，需求富有弹性　　D. 价格上升，供给富有弹性

4. 对于一种商品，消费者得到了最大满足，这意味着（ ）。

A. 边际效用最大　　B. 总效用为零

C. 边际效用为零　　D. 总效用为正

5. 假如消费者消费的几种商品的价格都相同，消费者为达到最大效用满足，他应该购买（ ）。

A. 相同数量的这几种商品

B. 这几种商品并使其总效用相等

C. 这几种商品并使其边际效用相等

D. 以上答案都不对

6. 下列说法中，正确的是（ ）。

A. 生产要素的边际技术替代率递减是规模报酬递减规律造成的

B. 边际报酬递减规律是规模报酬递减规律造成的

C. 规模报酬递减规律是边际报酬递减规律造成的

D. 生产要素的边际技术替代率递减是边际报酬递减规律造成的

7. 当总产量下降时，（ ）。

A. 平均产量为零　　B. 平均产量递增

C. 边际产量为零　　D. 平均产量递减

8. 已知某产品产量为 10 单位时，总成本为 500；产量为 11 单位时，平均成本为 51。那么该产品的边际成本为（ ）。

A. 51 B. 50 C. 52 D. 61

9. 经济成本与经济利润具有（ ）特征。

A. 前者比会计成本大，后者比会计利润小

B. 前者比会计成本小，后者比会计利润大

C. 两者都比相应的会计成本和会计利润小

D. 两者都比相应的会计成本和会计利润大

10. 如果在厂商的短期均衡产量上，*AR* 小于 *SAC*，但大于 *AVC*，则厂商（ ）。

A. 亏损，立即停产 B. 亏损，但继续生产

C. 生产与不生产没有差别 D. 获得正常利润，继续生产

11. 当一个完全竞争行业实现长期均衡时，每个企业（ ）。

A. 显性成本和隐形成本都得到了补偿

B. 经济利润为零

C. 行业中没有任何厂商再进出

D. 以上说法都对

12. 在完全竞争市场上，厂商短期均衡条件是（ ）。

A. $P = AR$ B. $P = MR$ C. $P = MC$ D. $P = AC$

13. 垄断厂商拥有控制市场的权力，这意味着（ ）。

A. 垄断厂商面临一条向下倾斜的需求曲线

B. 如果他的产品增加一个单位，则全部产品的销售价格必须降低

C. 垄断厂商的边际收益曲线低于其平均收益曲线

D. 以上说法都对

14. 完全竞争和垄断竞争的重要相同点是（ ）。

A. 长期中，价格等于平均成本，边际收益等于边际成本

B. 产品异质的程度

C. 长期平均成本上使厂商利润最大化的点是相同的

D. 以上说法都对

15. 寡头市场厂商的产品是（ ）。

A. 同质的

B. 有差异的

C. 既可以是同质的，也可以是有差异的

D. 以上说法都不对

16. 基尼系数的增大表明（ ）。

A. 收入不平等程度的增加 B. 收入不平等程度的减少

C. 洛伦兹曲线与横轴重合 D. 洛伦兹曲线与纵轴重合

17. 在下列各项中，不属于生产要素的是（　）。

A. 农民拥有的土地

B. 企业家的才能

C. 在柜台上销售的产品——服装

D. 煤矿工人采煤时所付出的低廉的劳动

18. 两种商品在两个人之间的分配，能被称为帕累托最优的条件为（　）。

A. 如果不能使其中一个人受损失就不能使另一个人受益

B. 每个人都处在其消费契约曲线上

C. 每个人都处在其效用可能性曲线上

D. 包括以上所有条件

19. 某人的吸烟行为属于（　）。

A. 生产的外部经济　　B. 消费的外部不经济

C. 生产的外部不经济　　D. 消费的外部经济

20. 公共物品的市场需求曲线是消费者个人需求曲线的（　）。

A. 垂直相加　　B. 水平相加

C. 算术平均数　　D. 加权平均数

二、多项选择题（每题 2 分，共 10 分）

1. 需求定理是指（　）。

A. 商品价格提高，对该商品的需求量减少

B. 商品价格提高，对该商品的需求量增加

C. 商品价格下降，对该商品的需求量增加

D. 商品价格下降，对该商品的需求量减少

E. 商品需求量与价格成反方向变化

2. 商品的边际替代率（　）。

A. 是正的

B. 是负的

C. 具有递减的趋势

D. 等于两种商品的边际效用之比

3. 长期平均成本曲线与短期平均成本曲线的关系是（　）。

A. 长期平均成本曲线是短期平均成本曲线的包络线

B. 长期平均成本曲线是所有短期平均成本曲线最低点的连线

C. 长期平均成本曲线的每一个点都对应着一个短期平均成本曲线上的点

D. 长期平均成本曲线都在各短期平均成本曲线的下方

4. 价格歧视分为（　）。

A. 一级价格歧视　　B. 二级价格歧视

C. 三级价格歧视　　D. 四级价格歧视

5. 在完全竞争市场上，行业的长期供给曲线可分为以下哪三种情况？(　)

A. 成本不变的长期供给曲线

B. 成本递减的长期供给曲线

C. 成本先上升后下降的长期供给曲线

D. 成本递增的长期供给曲线

三、判断题（每题1分，共15分）

1. 只有落后的国家才存在资源的稀缺性。(　)

2. 一般来说，生活必需品的需求价格弹性比奢侈品的需求价格弹性要小。(　)

3. 若两种商品的交叉弹性为 -1.5，那么这两种商品是替代商品。(　)

4. 预算线上的每一点代表了当收入一定时消费者可能购买的不同数量的商品组合。(　)

5. 利用等产量曲线上任意一点所表示的生产要素组合，都可以生产出同一数量的产品。(　)

6. 假如以生产要素 X 代替 Y 的边际技术替代率等于3，则意味着这时增加1单位的 X 所增加的产量等于减少3单位 Y 所减少的产量。(　)

7. 在总收益等于总成本时，厂商的正常利润为零。(　)

8. 对于一个完全竞争厂商而言，其边际收益与市场价格是相同的。(　)

9. 垄断厂商的边际收益小于产品价格，这是因为增加一个单位的产出，不仅这一个单位的产品价格较之前降低，而且全部产出价格也都将降低。(　)

10. 如果一个厂商在长期当中获得经济利润，那么这时的价格必不在其长期平均成本曲线的最低点。(　)

11. 当存在外部不经济时，私人成本与社会成本的差异是导致市场失灵的原因。(　)

12. 垄断对市场造成的损害只在于企业获得了超额利润。(　)

13. 为了达到帕累托最优，必须使任何只消费两种食品的消费者所消费的这两种产品之间的边际替代率相等。(　)

14. 基尼系数越小，说明收入分配越平均。(　)

15. 生产要素需求是一种联合的需求。(　)

四、计算题（每题5分，共15分）

1. 已知某完全竞争行业中的单个厂商的短期成本函数为：$STC=0.1Q^3-2Q^2+15Q+10$。试求：

(1) 当市场上产品的价格为 $P=55$ 时，厂商的短期均衡产量和利润。

(2) 当市场价格下降为多少时，厂商必须停止生产。

2. 已知：某产品的需求函数为：$P=30-4Q$。试求：

(1) $P=2$ 时的需求弹性。

(2) 若厂商要扩大销售收入，应该采取提价还是降价的策略？

3. 已知某企业的短期总成本函数是 $STC(Q)=0.04Q^3-0.8Q^2+10Q+5$，求最小的平均可变成本值。

五、简答题（每题 8 分，共 24 分）

1. 无差异曲线有哪些特点？它与等产量曲线有何区别？

2. 利用图形说明总产量曲线、平均产量曲线和边际产量曲线的特点及它们之间的关系。

3. 假设某一著名旅游风景区对国内游客的票价定为 80 元，而对国外游客的票价定为 240 元。试问：

（1）这里实行了哪一种价格歧视？

（2）实行这种价格歧视运用了哪些前提条件？

六、论述题（16 分）

试述边际报酬递减规律的含义及其原因，并说明边际报酬与规模报酬的区别。

微观经济学模拟试卷 C

一、单项选择题（每题 1 分，共 20 分）

1. 下列各项中，（　）是属于规范经济学研究范畴的。

A. 电冰箱在夏季热销的原因分析

B. 政府如何改变收入分配不均的现象

C. 对中国经济实现经济增长率超过 8% 的研究

D. 失业人员的再就业问题研究

2. 假定某商品的价格从 9 美元下降到 8 美元，需求量从 50 增加到 60，需求为（　）。

A. 缺乏弹性　　B. 富有弹性　　C. 单位弹性　　D. 不能确定

3. 某商品价格下降使边际收益小于零，则（　）。

A. 在此价格段，该商品需求缺乏弹性

B. 在此价格段，该商品需求富有弹性

C. 该商品为奢侈品

D. 价格上升导致利润下降

4. 由于收入和价格的变动，消费者的均衡也发生了变化，假如在新的均衡下，各种商品的边际效用均低于原均衡状态的边际效用，这意味着（　）。

A. 消费者的满足程度提高了

B. 消费者的满足程度下降了

C. 消费者的满足程度没有变化

D. 无法判断

5. 预算线绕着它与纵轴的交点向外移动的原因是（　）。

A. 商品 Y 的价格下降　　B. 商品 X 的价格下降

C. 消费者的收入水平提高　　D. 商品 X 和 Y 的价格同时下降

6. 边际报酬递减规律发生作用的前提条件是（　）。

A. 连续地投入某种生产要素而保持其他生产要素不变

B. 生产技术既定不变

C. 按比例同时增加各种生产要素

D. A 和 B

7. 若厂商增加 1 单位的劳动，减少 3 单位的资本，仍生产相同的产出，则边际技术替代率等于（　）。

A. 3　　B. $\frac{1}{3}$　　C. 1　　D. 不能确定

8. 假如总产量从 100 单位增加到 102 单位，总成本从 300 增加到 330，那么边际成本等于（　）。

A. 30　　B. 15　　C. 330　　D. 300

9. 长期平均成本曲线呈“U”形的原因与（　）。

A. 外部经济与不经济有关

B. 规模报酬有关

C. 要素的边际生产率有关

D. 固定成本与可变成本的比重有关

10. 在 $MR=MC$ 的均衡产量上，企业（　）。

A. 必然得到最大利润

B. 必然得到最大亏损

C. 必然得到最小亏损

D. 若获利润，则利润最大；若亏损，则亏损最小

11. 完全竞争市场的厂商短期供给曲线是指（　）。

A. $AVC>MC$ 中的那部分 AVC 曲线

B. $AC>MC$ 中的那部分 AC 曲线

C. $MC \geqslant AVC$ 中的那部分 MC 曲线

D. $MC \geqslant AC$ 中的那部分 MC 曲线

12. 如果一个行业是成本递增行业，则（　）。

A. 行业的长期供给曲线是一水平线

B. 行业的长期供给曲线有一正的斜率

C. 行业的长期供给曲线有一负的斜率

D. 以上都不对

13. 下列都是有效实行差别定价必须具备的条件，除了（　）。

A. 分割市场的能力

B. 一个巨大的无弹性的市场需求

C. 每个分市场上不同的需求价格弹性

D. 保持分割市场以防止商品在较有弹性的需求时被顾客再售卖

14. 当垄断竞争厂商处于短期均衡时，（　）。

A. 一定能获得超额利润

B. 一定不能获得超额利润

C. 只能获得正常利润

D. 获得超额利润、发生亏损及获得正常利润都有可能

15. 在弯折需求曲线模型中，拐折点左右两边的需求弹性是（　）。

A. 左边弹性大，右边弹性小　　B. 左边弹性小，右边弹性大

C. 左右两边弹性一样大　　D. 以上都不对

16. 正常利润是（ ）。

A. 经济利润的一部分　　B. 经济成本的一部分

C. 隐含成本的一部分　　D. B 和 C

17. 如果收入是平均分配的，则洛伦兹曲线将会（ ）。

A. 与纵轴重合　　B. 与横轴重合

C. 与 45°线重合　　D. 无法判断其位置

18. 一个社会要达到最高的经济效率，得到最大的经济福利，进入帕累托最优状态，必须（ ）。

A. 满足交换的边际条件：$(MRS_{xy})_A=(MRS_{xy})_B$

B. 满足生产的边际条件：$(MRTS_{LK})_x=(MRTS_{LK})_y$

C. 满足替代的边际条件：$MRS_{xy}=MRT_{xy}$

D. 同时满足上述三个条件

19. 市场失灵是指（ ）。

A. 市场机制没能使社会资源的分配达到最有效率的状态

B. 价格机制不能起到有效配置资源的作用

C. 根据价格所作的决策使资源配置发生扭曲

D. 以上都是

20. 某一经济活动存在外部不经济是指该活动的（ ）。

A. 私人成本大于社会成本　　B. 私人成本小于社会成本

C. 私人收益大于社会收益　　D. 私人收益小于社会收益

二、多项选择题（每题 2 分，共 10 分）

1. 供给定理是指（ ）。

A. 商品价格提高，对该商品的供给量减少

B. 商品价格提高，对该商品的供给量增加

C. 商品价格下降，对该商品的供给量增加

D. 商品价格下降，对该商品的供给量减少

E. 商品供给量与价格成同方向变化

2. 无差异曲线的特征包括（ ）。

A. 任何两条无差异曲线可以相交

B. 任何无差异曲线都不能相交

C. 一般来说差异曲线具有负的斜率

D. 在同一坐标平面有无数条无差异曲线

3. 边际成本与平均成本的关系是（ ）。

A. 边际成本大于平均成本，平均成本上升

B. 边际成本小于平均成本，平均成本上升

C. 边际成本小于平均成本，平均成本下降

D. 边际成本大于平均成本，平均成本下降

E. 边际成本等于平均成本，平均成本最小

4. 一个完全竞争的市场结构，必须具备下列哪些条件？（　）

A. 市场上有很多的生产者和消费者

B. 行业中厂商所生产的产品是有差别的

C. 行业中厂商所生产的产品是无差别的

D. 生产要素可以自由流动

E. 生产者和消费者对市场信息完全了解

5. 劳动、土地、资本、企业家才能等生产要素的价格分别是（　）。

A. 工资　　B. 地租　　C. 利息　　D. 利润

三、判断题（每题 1 分，共 15 分）

1. 经济学是研究如何最合理地利用和配置资源以满足人们需要的科学。（　）

2. 在需求富有弹性时，降低价格可以增加总收益。（　）

3. 如果需求曲线上任何一点的斜率相等，那么在需求曲线上任何一点的弹性都是一样的。（　）

4. 当正常商品的价格下降时，应该有替代效应为正值，收入效应为负值。（　）

5. 生产函数指的是要素投入量和最大产出量之间的一种函数关系，通常分为固定比例生产函数和可变比例生产函数两种类型。（　）

6. 规模报酬递减是边际报酬递减造成的。（　）

7. 只要总收益小于总成本，厂商就会停止生产。（　）

8. 完全竞争市场的参与者都只能接受价格，而不能影响价格。（　）

9. 完全垄断企业在价格歧视中，将在需求价格弹性较大的市场上，以较低的价格销售较大的产量。（　）

10. 垄断竞争的长期均衡与完全竞争的一样，都是零利润均衡，因此垄断竞争市场的价格也是最低的。（　）

11. 基尼系数越大，说明收入分配越平均。（　）

12. 生产要素需求是一种派生的需求。（　）

13. 在有外部经济条件下，完全竞争均衡不一定是帕累托最优的。（　）

14. 对自然垄断实行价格管制的作用主要在于降低价格。（　）

15. 社会对公共产品的需求曲线是个人对公共产品需求曲线的横向加总得到的。（　）

四、计算题（每题 5 分，共 15 分）

1. 已知某产品的需求函数为 $P=10-3Q$。试求：

（1）$P=1$ 时的需求价格弹性。

（2）若厂家要扩大销售收入，应该采取提价还是降价的策略？

2. 已知一垄断企业的成本函数为 $TC=5Q^2+20Q+1\,000$，产品的需求函数为 $Q=$

$140-P$，试求：

（1）利润最大化时的产量、价格和利润。

（2）在短期内，厂商是否继续从事生产？

3. 已知生产函数 $Q=f(L,K)=2KL-0.5L^2-0.5K^2$，假定厂商目前处于短期均衡，且 $K=10$。分别计算劳动的总产量 TP_L 和平均产量 AP_L 达到极大值时厂商的劳动投入量。

五、简答题（每题 8 分，共 24 分）

1. 请用图形说明短期成本曲线（AC、AVC、MC）的特点及它们之间的关系。

2. 完全竞争的厂商会不会花钱做广告？为什么？

3. 根据基数效用论的消费者均衡条件，若 $MU_X/P_X \neq MU_Y/P_Y$，消费者应该如何调整两种商品的购买量？为什么？

六、论述题（16 分）

试述公平与效率的关系。

微观经济学模拟试卷 D

一、名词解释（每题 2 分，共 10 分）

1. 替代品
2. 效用
3. 规模报酬
4. 经济利润
5. 边际收益

二、单项选择题（每题 1 分，共 10 分）

1. 经济学可定义为（　）。

A. 政府对市场制度的干预

B. 企业取得利润的活动

C. 研究如何最合理地配置稀缺资源于诸多用途

D. 人们靠收入生活

2. 在得出某种商品的个人需求曲线时，下列因素中除哪一项外均保持不变？（　）

A. 个人收入　　B. 其余商品价格

C. 个人偏好　　D. 所考虑商品的价格

3. 若 x 和 y 两种产品的交叉弹性是 -2.3，则（　）。

A. 两者是替代品　　B. 两者是正常品

C. 两者是劣质品　　D. 两者是互补品

4. 已知某种商品的市场需求曲线函数为 $D=30-P$，市场供给函数为 $S=3P-10$，如果对该商品实行减税，则减税后的市场均衡价格（　）。

A. 等于 10　　B. 小于 10

C. 大于 10　　D. 小于或等于 10

5. 当总效用曲线达到顶点时，（　）。

A. 边际效用曲线达到最大点　　B. 边际效用为 0

C. 边际效用为正　　D. 边际效用为负

6. 若无差异曲线上任一点的斜率为 $-\frac{1}{2}$，这意味着消费者有更多的 x 时，他更愿意放弃（　）单位 x 而获得 1 单位 y。

A. $\frac{1}{2}$　　B. 2　　C. 1　　D. 1.5

7. 等成本曲线平行向外移动表明（ ）。

A. 产量提高了

B. 成本增加了

C. 生产要素的价格按相同比例提高了

D. 生产要素的价格按不同的比例提高了

8. 经济学中的长期和短期划分取决于（ ）。

A. 时间长短 B. 可否调整产量

C. 可否调整产品价格 D. 可否调整生产规模

9. 假如厂商的平均收益曲线从水平线变为向右下方倾斜的曲线，这说明（ ）。

A. 既有厂商进入也有厂商退出该行业

B. 完全竞争被不完全竞争所取代

C. 新的厂商进入了该行业

D. 原有厂商退出了该行业

10. 在拐折需求曲线模型中，拐点左右两边的需求弹性是（ ）。

A. 左边大，右边小 B. 左边小，右边大

C. 左右一样大 D. 以上都不对

三、判断题（每题 1 分，共 10 分）

1. 经济物品是稀缺的物品。（ ）

2. 对于一个正常品来说，当它的替代品价格上涨时，它的需求曲线会向右上方移动。（ ）

3. 吉芬物品的收入效应大于替代效应。（ ）

4. 消费者均衡点处于无差异曲线与预算线相切处。（ ）

5. 如果连续地增加某种商品的产量，它的机会成本将递增。（ ）

6. *SAC* 绝不会小于 *LAC*。（ ）

7. 企业家才能的报酬在性质上属于隐性成本。（ ）

8. 劳动的供给会随价格的上升而增加。（ ）

9. 个人的消费行为可以产生外溢效应。（ ）

10. 纳什均衡属于优势策略均衡（占优均衡）。（ ）

四、简答题（每题 5 分，共 25 分）

1. 通过生产可能性曲线可以说明哪三个概念？

2. 决定一商品供给量的因素有哪些？

3. 简述“谷贱伤农”的道理。

4. 简述边际效用递减规律的内容。

5. 为什么短期平均成本曲线呈“U”形？

五、计算题（每题15分，共30分）

1. 设某国对汽车的需求函数为 $Q = -0.725 - 0.049P$，而汽车的需求量及价格的变动如下表所示：

年份	需求量（千辆）	价格（元）
1960	75.3	1 000
1961	76.6	1 050
1962	79.4	1 123
1963	79.4	1 235

试计算需求量变化中由价格变动引起的变动量及1960—1963年各年的价格弹性。

2. 设生产函数为：$Q = 6KL$，试求相应的成本函数。

六、论述题（15分）

在生产的三阶段中，问：

（1）为什么厂商的理性决策应在第二阶段？

（2）厂商应使用怎样的要素组合？

（3）如果 $P_L = 0$，或 $P_K = 0$，或 $P_L = P_K$，应在何处经营？

微观经济学模拟试卷 E

一、名词解释（每题 2 分，共 10 分）

1. 非价格竞争
2. 完全竞争厂商
3. 一般均衡
4. 道德风险
5. 预算线

二、判断题（每题 1 分，共 10 分）

1. 需求价格弹性的计算一般用需求量变化的绝对值与价格变化的绝对值来比较。（ ）
2. 只要总产量减少，边际产量一定是负数。（ ）
3. 无论是完全竞争还是垄断竞争，厂商在长期内只能得到正常利润。（ ）
4. 工资率提高，一定会导致劳动供给的增加。（ ）
5. 若最小成本的条件得到满足，则最大利润的条件就一定会得到满足。（ ）
6. 基数效用论用无差异曲线分析消费者购买商品的最大效用问题。（ ）
7. 收入的分配越平均，则洛伦兹曲线的弯曲程度越小。（ ）
8. 同一平面上的两条无差异曲线不相交。（ ）
9. 如果一种商品的需求量富有价格弹性，那么该商品价格一定程度的下降，将引起厂商收益的减少。（ ）
10. 只要商品的数量在增加，消费者得到的总效用就一定会增加。（ ）

三、单项选择题（每题 1 分，共 10 分）

1.（ ）表示一个经济社会在一定的技术条件下，充分利用现有的社会资源所能生产的不同的商品组合。

A. 等产量线　　B. 等成本线　　C. 生产可能性曲线

2. 当政府把 10 亿元用于修建一条高速公路时，每年收益为 1 亿元，这时，这条高速公路的机会成本是（ ）。

A. 修建一个机场，每年收益为 9 000 万元

B. 修建娱乐中心，每年收益为 9 200 万元

C. 修建大型商场，每年收益为 9 100 万元

3. 预算线的位置和斜率取决于（　）。

A. 消费者的收入　　B. 消费者的收入和商品价格

C. 消费者的偏好、收入和商品价格

4. 预算线绕着它与横轴的焦点向外移动的原因是（　）。

A. 商品 X 的价格下降了　　B. 商品 Y 的价格下降了

C. 消费者的收入增加了

5. 若市场是完全竞争的，则市场上的价格和厂商的边际收益之间的关系是（　）。

A. 价格大于边际收益　　B. 价格等于边际收益

C. 价格小于边际收益

6. 基尼系数（　），表明收入分配越平均。

A. 越小　　B. 越大　　C. 等于1

7. 若其他条件不变，只连续增加某一生产要素，当达到一定数量后，边际产量（　）。

A. 增加　　B. 不变　　C. 减少

8. 厂商因拥有较好的设备而在短期内获得的额外收入属于（　）。

A. 级差地租　　B. 准地租　　C. 经济利润

9. 政府所提供的公共物品所具有的特征是（　）。

A. 非排斥性　　B. 非竞争性　　C. 非排斥性和非竞争性

10. 在垄断竞争的市场上，当厂商在长期内形成均衡时，（　）。

A. 平均成本达到了最小值并与价格相等

B. 平均成本没有达到最小值，但与价格相等

C. 平均成本没有达到最小值，同时还低于价格

四、简答题（每题5分，共25分）

1. 基数效用论如何分析消费者购买商品的效用最大化问题？

2. 边际收益为什么会发生递减？

3. 存量指标和流量指标有何区别？

4. 为什么边际成本曲线一定在平均成本曲线的最低点与之相交？

5. 按照西方经济学家的看法，能否说“产品差别越大，则产品价格差别越大”？

五、计算题（15分）

假设在短期内，垄断竞争厂商的需求函数为 $P=80-0.7Q$，总成本函数为 $TC=0.4Q^2+2Q+5$。试计算：

（1）Q 为多少时，总利润最大？

（2）Q 为多少时，总收益最大？与此相应的价格、总收益及总利润各为多少？

六、论述题（每题 10 分，共 30 分）

1. 试用消费者行为理论解释需求量与价格反方向变动的原因。
2. 谈谈你对建立在生产函数基础上的生产理论的看法。
3. 机会成本对决策分析有什么意义？为什么？

参考答案

第一章 引 论

一、名词解释

1. 经济学：是研究人们如何合理配置和充分利用稀缺资源以最大限度地满足人类日益增长的需求欲望的科学。简言之，经济学是研究资源的合理配置和充分利用的科学。所谓资源的“合理配置”是指最大限度地发挥资源的效率。所谓资源的“充分利用”是指最大限度地使用现有的一切生产要素，不让它们处于闲置状态。

2. 《国富论》：全称《国民财富的性质和原因的研究》，出版于1776年，作者是英国经济学家亚当·斯密。该书是一部划时代的经济学著作，是经济学说史上的第一次革命，其主要观点有：批判了重商主义的错误观点，纠正了其偏见，提出了生产劳动是国民财富的源泉，明确了劳动价值和利润来自于剩余劳动的观点；强调经济自由的思想，认为个人追求私利的结果有效地促进了整个社会的利益；提出了资本主义经济发展受“一只看不见的手指导”的观点，主张自由放任和充分发挥市场自由竞争的调节作用；提出国家具有保卫本国安全、免受外国侵犯，维护社会治安、保护居民不受欺辱与压迫，建设和维护公共工程和公共事业的职责；强调国家不干预经济。

3. 《就业、利息和货币通论》：出版于1936年，作者是英国经济学家凯恩斯。该书在理论、方法和政策上向传统的西方经济学发起了挑战，是经济学说史上的第三次革命，是世界经济萧条所引起的传统经济学理论危机的产物。其主要观点有：在理论上批判了萨伊的“供给自动创造需求”和资本主义不存在非自愿失业的错误观点，提出了供给是需求的函数和资本主义不可能实现充分就业的理论；在方法上开创了以总量指标为核心的宏观经济分析方法，即总量分析方法；在政策上反对自由放任，强调国家干预经济，并提出财政赤字政策、收入政策、货币政策三项重要的经济政策。

4. 微观经济学：是西方经济学的一个重要分支，又被称为个体经济学、小经济学。它以单个经济单位（居民户、厂商及单个产品市场）为研究对象，研究单个经济单位的经济行为，以及相应的经济变量的单项数值如何决定。微观经济学的中心问题是价格理论，主要内容包括价格理论、消费者行为理论、生产理论、成本理论、厂商均衡理论、收入分配理论，以及福利经济学和一般均衡理论。

5. 宏观经济学：是西方经济学的另一个重要分支，又被称为总量经济学、大经济学。它以整个国民经济活动作为考察对象，研究社会总体经济问题以及相应的经济变量的总量如何决定及其相互关系。宏观经济学的中心问题是国民收入决定理论，主要包括国民收入核算理论、国民收入决定理论、*IS—LM* 模型、*AD—AS* 模型、失业与通货膨胀理论、经济周期与经济增长理论、开放经济理论、宏观经济政策等内容。

6. 实证分析：是描述与预测经济事物的方法，回答“是什么”、“为什么”、“如何解决”等问题；采用实证分析研究所得出的结论可以用经验数据加以证实或证伪；主要利用实证分析进行研究的经济学被称为实证经济学。

7. 规范分析：是一种对经济事物进行主观评价的方法，回答“应该是什么”、“应该怎样解决”等问题，带有一定的价值判断；使用规范分析研究所得到的结论不能证实或证伪；主要利用规范分析进行研究的经济学叫作规范经济学。

8. 静态分析：一般假定自变量是已知和固定的，来考察因变量达到均衡状态的条件和在均衡状态下的情况。

9. 比较静态分析：对变化前后两套自变量条件下的因变量进行比较，但不考察从原均衡状态到新均衡状态的变化过程。

10. 动态分析：在引进时间变化序列的基础上，研究不同时点上的变量的相互作用在均衡状态的形成和变化过程中所起的作用，考察在时间变化过程中均衡状态的实际变化过程。

11. 均衡分析：在经济分析中，均衡是指这样一种状态，即各个经济决策主体（消费者、厂商等）所作的决策正好相容，并且在外界条件不变的情况下，每个人都不愿意再调整自己的决策，从而不再改变其经济行为。均衡分析包括局部均衡分析和一般均衡分析。

二、判断题

1. ×

提示：19 世纪 70 年代，杰文斯在英国、门格尔在奥地利、瓦尔拉斯在瑞士，顺次建立了英国学派、奥地利学派和洛桑学派。

2. ×

提示：微观经济学以充分就业为分析的前提，宏观经济学着重研究各种不同水平的就业量的情况。

3. ×

提示：凯恩斯经济学主张国家干预经济生活。

4. ✓

5. ✓

6. ×

提示：希克斯在其著作《价值与资本》中提出了序数效用论。

7. ×

提示：微观经济学的中心问题是价格理论；宏观经济学的中心问题是国民收入决定理论。

8. ×

提示：西方经济学包括企事业经营管理方法和经验，对某一个经济部门、经济领域或经济问题的集中研究成果，经济理论的研究与考察三个方面的内容。

9. ×

提示：资源的稀缺性是指相对于人类社会的无穷欲望而言，经济物品或者生产这些物品所需要的资源总是不足的。

10. ✓

11. ×

提示：新古典综合派的宏观经济学认为失业和通货膨胀是不可能同时存在的。

12. ✓

13. ✓

14. ×

提示：凯恩斯是现代宏观经济学的创始人。

15. ×

提示：实证分析回答“是什么”的问题，分析问题具有客观性；规范分析以一定的价值判断为依据，回答“应该是什么”的问题，分析问题具有主观性。

16. ×

提示：见 15 题。

17. ✓

18. ×

提示：某国 2011 年 12 月 31 日的人口数量反映的是某一时点的情况，是存量。

19. ✓

20. ×

提示：GDP 是一国在一年内生产的全部最终产品的市场价值总和，反映的是某一时段内的情况，是流量。

三、单项选择题

题号	1	2	3	4	5	6	7	8	9	10
答案	B	C	D	C	A	C	B	A	C	B
题号	11	12	13	14	15	16	17	18	19	20
答案	D	C	A	B	C	B	A	C	A	B
题号	21	22	23	24	25					
答案	C	B	A	C	B					

四、多项选择题

题号	1	2	3	4	5	6	7	8	9	10
答案	AC	BD	AB	AD	ABCD	ABD	AC	ABCD	ABC	ACD

五、简答题

1. 第一类，企事业的经营管理方法和经验，如行情研究、存货管理、产品质量控制、车间生产流程布局等内容，有《现代企业财务管理》等著作；第二类，对一个经济部门或经济问题的集中研究成果，如资源经济学、商业经济学、农业经济学、石油经济学，对税收、财政和通货膨胀等问题的论述，有《资源经济学》、《工业经济学》等著作；第三类，经济理论的研究和考察，如微观经济学、数理经济学、福利经济学、经济思想史等，有《宏观经济学》、《微观经济学》、《经济思想史》等著作。

2. 同意罗宾逊的说法。经济学是研究人们和社会如何作出选择，来使用可以有其他用途的稀缺的经济资源在现在和将来生产各种物品，并把物品分配给社会各个领域或集团以供消费之用的一门社会科学。其价值在于它对政策制定的指导作用，如果研究经济学而不关心其结果的应用，那么就丧失了经济学本来的目的，研究经济学就没有意义了。

3. 目前高等院校开设的课程中，以下几门课程与西方经济学有关：①经济学入门课程：经济学原理；②经济学理论基础课程：微观经济学、宏观经济学；③经济学分析方法课程：计量经济学、数理经济学；④经济学应用学科课程：产业经济学、国际经济学（国际贸易与国际金融）、公共经济学、货币金融学、制度经济学、农业经济学、发展经济学、劳动经济学、环境经济学等。

4. 西方经济学教程或教科书所讲授的内容，不论其正确与否，往往很容易被初学者一概接受，因为初学者一般没有能力辨别其内容的是非。在这种情况下，教程中所含的即使是错误的东西也可以成为学生头脑中先入为主的不朽思想。

5. “看不见的手”原理是对自由市场机制的一种形象化的说法，具体是指在正常情况下，市场会以其内在的机制维持其健康运行。“看不见的手”是古典经济学家亚当·斯密的一句名言，指在完全竞争市场上价格机制的作用。早期的经济学家强调经济的自发性和自由放任，反对政府干预经济，认为资源的有效配置完全可以依靠市场来实现，自发组织经济活动的市场操纵者，不是政府和资本家，而是一只“看不见的手”。亚当·斯密在《国富论》中指出：市场上的每个厂商都力图用他的资本，实现最大的产量；每个消费者都力图用他的收入，达到最大的满足。他可能并不企图增进公共利益，也不知道他增进的公共利益是多少，他所追求的仅仅是他个人的利益和安乐。他这样做时，有一只“看不见的手”引导他去促进一种目标，尽管这种目标绝不是他所直接追求的。他在追逐自身利益的同时，也经常促进社会的利益，而且效果比他真正想要促进社会利益时所得到的还大。“我们所以有饭吃，不是因为卖肉者、酿酒者或面包商仁慈，而是因为他们要考虑自身的利益。”也就是说，通过市场间接实现的公共利益比通过计划和政府干预直接去谋求的社会利益效果更好。商品经济是一种交换经济，个人的实现程度完全取决于交换的实现程度。交换的实现，意味着被社会承认，被社会承认是取得利润的前提。因此，生产者在追求自身利润最大化时，需要首先考虑社会的需要，满足公共的利益，这是不需要有人督促的。但事实上这一原理由于其假定过于严格而很难实现。

6. （1）实证分析与规范分析的定义：实证分析研究经济问题时超脱价值判断，只研究经济本身的内在规律，并根据这些规律，分析和预测人们经济行为的效果，它回答“是什么”的问题。规范分析研究经济问题时以一定的价值判断为基础，提出某些标准作为分析处理经济问题的标准，并研究如何才能符合这些标准，它回答“应该是什么”的问题。

（2）实证分析与规范分析的区别与联系：区别：第一，是否以一定的价值判断为依据，是实证分析与规范分析的重要区别之一。第二，实证分析与规范分析要解决的问题不同。实证分析要解决“是什么”的问题，规范分析要解决“应该是什么”的问题。第三，实证分析研究经济问题所得出的结论具有客观性，可以根据事实来进行检验，不会以人们的意志为转移。规范分析研究经济问题所得出的结论要受到不同价值观的影响，没有客观性。联系：实证分析与规范分析研究经济问题尽管有上述三点差异，但它们也并非绝对互相排斥。规范分析要以实证分析为基础，而实证分析也离不开规范分析的指导。一般来说，越是具体的问题，实证的成分越多；越是高层次、带有决策性的问题，越具有规范性。

7. 传统西方经济学先后经历了三次比较重大的修改和补充：第一次修改和补充涉及垄断问题，张伯伦和罗宾逊于 1933 年填补了传统西方经济学把垄断当作“例外现象”的漏洞，提出了垄断竞争理论。第二次修改和补充出现于 1936 年。凯恩斯在西方世界大萧条后出版了《就业、利息和货币通论》，宣称资本主义的自发作用不能保证资源的充分就业，主张国家干预经济生活的政策。第三次修改和补充涉及价值论和一般均衡论。希克斯在《价值与资本》中，提出了序数效用论，逐渐取代了基数效用论而成为西方正统经济思想的一个基本前提，对瓦尔拉斯的一般均衡论起到了推广和普及作用。

8. 微观经济学是经济学的一个重要分支，它以单个经济单位（居民户、厂商及单个产品市场）为研究对象，研究单个经济单位的经济行为，以及相应的经济变量的单项数值如何决定。微观经济学的中心问题是价格理论，主要内容包括价格理论、消费者行为理论、生产理论、成本理论、厂商均衡理论、收入分配理论，以及福利经济学和一般均衡理论。

微观经济学对个体经济单位的考察，是在三个逐步深入的层次上进行的。第一个层次是分析单个消费者和单个生产者的经济行为。它分析单个消费者如何进行最优的消费决策以获得最大的效用，单个生产者如何进行最优的生产决策以取得最大的利润。第二个层次是分析单个市场的价格决定。这种单个市场价格的决定，是作为单个市场中所有消费者和所有生产者的最优经济行为的共同结果而出现的。第三个层次是分析所有单个市场价格的同时决定。这种决定是作为所有单个市场相互作用的结果而出现的。

显然，微观经济学所涉及的经济变量都是个量，也正是从这个意义上，它才被称为微观经济分析或个量分析。

9. 宏观经济学是经济学的一个重要分支。如果说微观经济学研究的是森林中的树木，那么宏观经济学研究的是森林整体，宏观经济学以整个国民经济活动作为考察对象，研究社会总体经济问题以及相应的经济变量的总量是如何决定的及其相互关系。宏观经济学的中心问题是国民收入决定理论，主要包括国民收入核算理论、国民收入决定理论、*IS—LM* 模型、*AD—AS* 模型、失业与通货膨胀理论、经济周期与经济增长理论、开放经济理论、宏观经济政策等内容。

宏观经济学对总体经济单位的考察，需要解决三个问题：一是已经配置到各个生产部门和企业的经济资源总量的使用情况是如何决定一国的总产量（国民收入）或就业量的；二是商品市场和货币市场的总供求是如何决定一国的国民收入水平和一般价格水平的；三是国民收入水平和一般物价水平的变动与经济周期及经济增长的关系。因此，宏观经济学又称为国民收入决定论或收入分析。

六、论述题

1. 由于西方经济学具有双重性质，它既是资本主义的意识形态，又是资本主义经济的经验总结，这就决定了我国学员在学习它时所应持有的态度是：在整个的理论体系上或整体倾向上对它持否定的态度，而在具体的内容上应该看到它的有用之处，是否真正有用还需要考虑到国情的差别，应结合我国的国情加以借鉴吸收，做到“去其糟粕，取其精华”、“洋为中用”。

我国学员学习西方经济学的主要目的在于从中得到对我国有用的知识，即“学以致用”，“为艺术而艺术”的学习目标是不适用的。“经济学”这一名词的英文来源是希腊文的名词“家庭管理”，由此也可以看出西方经济学的“致用”性质。

既然学习西方经济学的目的是“致用”，那么就必须注意到它涉及对西方“致用”的两个特点：一是它宣扬西方国家的意识形态，以便巩固西方社会的共识或凝聚力，即增加西方学者所说的“社会无形资本”；二是它总结西方市场运行的经验，以便为改善其运行提供对策。西方经济学之所以能够存在于西方，其原因在于它对西方国家有用。

在以上两个特点中，第一个特点显然对我国不但没有用处，反而会引起有害的作用。因为西方实行的是资本主义，而我国为社会主义，二者在原则上是对立的。把资本主义的意识形态施加于社会主义制度只能造成和激化后者的上层建筑与其经济基础之间的矛盾，导致思想混乱、社会行为失控，甚至走向自我毁灭的道路。类似的实例已经在世界上出现过。以第二个特点而论，虽然西方国家实行的是资本主义市场经济，而我国是社会主义市场经济，但是，二者在市场经济这一点上却有相当多的共同之处。因此，对西方市场经济运行的经验总结和方法有许多内容是值得而且必须加以借鉴的。以此而论，学习西方经济学对我国是有利的。当然，在借鉴时，绝不能生搬硬套，必须注意到国情的差别，在西方社会中行之有效的办法未必能在我国奏效。

上述两个特点可以决定我们对西方经济学应持有的态度是趋利避害，即在整体倾向上，否定它的资本主义的意识形态，但在具体内容上，它总结的经验和方法存在着大量值得借鉴之处。

概言之，我国学员学习西方经济学的态度应该是要做到“洋为中用”，既能充分利用西方经济学中的一切有利于我国的知识，同时，又能避免它在意识形态上所带来的不良后果。

2. 微观经济学和宏观经济学的区别主要表现在假定前提、研究方法与研究对象三个方面。微观经济学在假定资源已经被充分利用的基础上，通过对单个经济主体追求私人利益最大化的经济行为的分析，即通过个量（某种产品的价格、某种要素的价格等）分析，研究资源的合理配置问题。实际上，价格的决定过程就是资源的配置过程。宏观经济学在假定资源已经被合理配置的基础上，通过总量（一般价格水平、失业率、国民收入、货币存量等）分析，研究社会如何充分利用资源以促进一国的经济增长。经济增长常常用国民收入的增长来衡量。任何国家的收入在短期总是具有波动的趋势（有时繁荣，有时萧条），在长期则不断增长。宏观经济学主要研究国民收入短期波动（失业与通货膨胀）和长期增长的决定因素。

微观经济学和宏观经济学的联系表现在两个方面：第一，微观经济学与宏观经济学互相将对方的研究对象当作自己研究的假定前提。微观经济学与宏观经济学综合构成了西方经济学。第二，总量分析必须建立在个量分析基础之上，微观经济学是宏观经济学的基础。

第二章　需求、供给和均衡价格

一、名词解释

1. 经济人：所谓“经济人”或称“理性人”是对在经济社会中从事经济活动的所有人的基本特征的一个一般性的抽象。这个被抽象出来的基本特征就是：每一个从事经济活动的人都是合乎所谓的理性的，即都是以利己为动机，力图以最小的经济代价去追逐和获得自身的最大的经济利益。

2. 需求：是指消费者在一定时期内在各种可能的价格水平下愿意而且能够购买的该商品数量。

3. 需求函数：是用来表示一种商品的需求数量和影响该需求数量的各种因素之间的相互关系。影响需求数量的各个因素是自变量，需求数量是因变量，商品的需求数量是所有影响这种商品需求数量的因素的函数。假定其他因素不变，只分析商品的价格对需求量的影响，即把商品的需求量仅仅看成是该商品价格的函数，则需求函数可以用下列公式表示：$Q_d = f(P)$（P 为商品的价格；Q_d 为商品的需求量）。当需求函数为线性函数时，则线性需求函数的通常形式为：$Q_d = \alpha - \beta \cdot P$（$\alpha$、$\beta$ 为常数），该函数所对应的需求曲线为一直线。

4. 需求定理：指商品的需求量与价格之间的互为反方向的变化关系。价格上升，需求量减少；价格下降，需求量增加。用几何形式表示商品的需求量与价格之间的这种关系即需求曲线的形状是向右下方倾斜的。

5. 供给：是指生产者在一定的时期内在各种可能的价格下愿意而且能够提供出售的商品数量。

6. 供给函数：是用来表示一种商品的供给数量和影响该供给数量的各种因素之间的相互关系。影响供给数量的各个因素是自变量，供给数量是因变量，商品的供给数量是所有影响这种商品供给数量的因素的函数。假定其他因素不变，只分析商品的价格对供给量的影响，即把商品的供给量仅仅看成是该商品价格的函数，则供给函数可以用下列公式表示：$Q_s = f(P)$（P 为商品的价格；Q_s 为商品的供给量）。当供给函数为线性函数时，则线性供给函数的通常形式为：$Q_s = -\delta + \gamma \cdot P$（$\delta$、$\gamma$ 为常数，且δ、$\gamma>0$)，该函数所对应的供给曲线为直线。

7. 供给定理：指商品的供给量与价格之间的互为同方向的变化关系。价格上升，供给量增加；价格下降，供给量减少。用几何形式表示商品的供给量与价格之间的这种关系即供给曲线的形状是向右上方倾斜的。

8. 均衡价格：是商品的供给曲线与需求曲线相交时的价格，即商品的供给量与需求量相等，商品的供给价格与需求价格相等时的价格。

9. 供求定理：指在其他条件不变的情况下，需求的变动分别引起均衡价格和均衡数量的同方向的变动；供给变动分别引起均衡价格的反方向变动和均衡数量的同方向变动。需求增加，使均衡价格上升，均衡数量增加；需求减少，使均衡价格下降，均衡数量减少。供给增加，使均衡价格下降，均衡数量增加；供给减少，使均衡价格上升，均衡数量减少。

10. 恩格尔曲线：是描述收入增加与商品需求量变化之间的关系的曲线，它反映了商品价格和其他因素不变时，收入的变化引起需求量怎样的变化。

11. 需求的价格弹性：表示在一定时期内一种商品的需求量变动对于该商品的价格变动的反应程度。其公式为：需求的价格弹性系数=需求量变动率/价格变动率。

12. 需求的交叉价格弹性：表示在一定时期内一种商品的需求量的变动对于它的相关商品的价格的变动的反应程度。它是该商品的需求量的变动率和它的相关商品的价格的变动率的比值。需求的交叉价格弧弹性公式为：$e_{XY}=(\Delta Q_X/\Delta P_Y)\cdot(P_Y/Q_X)$。式中$e_{XY}$为当$Y$商品的价格发生变化时$X$商品的需求的交叉价格弹性系数，$\Delta Q_X$为商品$X$的需求量的变化量，$\Delta P_Y$为相关商品$Y$的价格的变化量。需求的交叉价格点弹性公式为：$e_{XY}=(\mathrm{d}Q_X/\mathrm{d}P_Y)\cdot(P_Y/Q_X)$。

13. 需求的收入弹性：表示在一定时期内消费者对某种商品的需求量的变动对于消费者收入量变动的反应程度。它是商品的需求量的变动率和消费者的收入量的变动率的比值。其公式为：$e_M=(\Delta Q/\Delta M)\cdot(M/Q)$，或为：$e_M=(\mathrm{d}Q/\mathrm{d}M)\cdot(M/Q)$。式中$e_M$为需求的收入弹性系数，$M$为消费者的收入水平。

14. 替代品：如果两种商品之间可以互相代替以满足消费者的某一种欲望，则称这两种商品之间存在着替代关系，这两种商品互为替代品。

15. 互补品：如果两种商品必须同时使用才能满足消费者的某一种欲望，则称这两种商品之间存在着互补关系，这两种商品互为互补品。

16. 恩格尔定律：在一个家庭或一个国家中，食物支出在收入中所占的比例随着收入的增加而减少。用弹性概念来表述恩格尔定律为：对于一个家庭或一个国家来说，富裕程度越高，则食物支出的收入弹性就越小；反之，则越大。

17. 蛛网模型：是一个动态价格分析模型，用以解释某些生产周期较长的商品价格和产量一旦失去均衡时所发生的波动情况，该模型因其描述的价格运动图形类似蛛网而得名。

18. 局部均衡：指单个市场或局部市场的供求与价格之间的关系和均衡状态。

19. 一般均衡：指一个经济社会中的所有市场的供求与价格之间的关系和均衡状态。一般均衡通常也称为全部均衡。

20. 经济模型：用来描述所研究的经济事物的有关经济变量之间相互关系的理论结构，可以用文字语言或数学形式来表示。由模型决定的变量为内生变量，由模型以外的因素决定的变量为外生变量。

21. 静态分析：就是分析经济现象的均衡状态，以及有关经济变量处于均衡状态所必须具备的条件，但不论及达到均衡状态的过程，即完全不考虑时间因素。

22. 比较静态分析：就是分析已知条件变化后经济现象均衡状态的相应变化，以及有关经济变量达到新的均衡状态时的相应变化。

23. 动态分析：指在引进时间变化序列的基础上，研究不同时点上的变量的相互作用在均衡状态的形成和变化过程中所起的作用，考察在时间变化过程中的均衡状态的实际变化过程。动态分析也被称为过程分析。

二、判断题

1. ×

提示：因为卫生组织发布该蘑菇会致癌的报告会使人们减少对此种蘑菇的需求量，因此其需求曲线会向左移。

2. ×

提示：因为当预计某产品的价格下降时，生产者会在价格下降前尽量多地生产产品，因此该产品的供给会增加。

3. ×

提示：如果政府对某种商品的生产者给予现金补贴，会使该商品的供给曲线向右下方移动。这与生产者生产成本减少或生产技术改善使供给曲线向右下方移动是一样的。

4. ×

提示：二者是两个紧密联系却又不相同的概念。需求曲线在某点的斜率为 dP/dQ，而需求的点弹性不仅取决于斜率的倒数值 dQ/dP，还取决于 P/Q。

5. ✓

提示：因为运输的需求的价格弹性为1.2，说明运输的需求是富有弹性的。富有弹性的商品的价格与销售收入成反方向变动。因此要增加收入必须降价。

6. ×

提示：对于一般商品来说，在其他因素不变的条件下，降低价格会使供给量减少。但当其他因素发生变化时，降低价格不一定会使供给量减少。

7. ✓

提示：生活必需品缺乏弹性，而奢侈品富有弹性。

8. ×

提示：当价格上升时，即使供给量不变，但不变的供给量与上升的价格的乘积即总收益增加了。

9. ×

提示：需求的价格弹性为零，意味着需求曲线是一条垂直线。

10. ×

提示：弹性值在一般情况下不相等。

11. ✓

提示：价格本身就是单位商品的收益。

12. ×

提示：卖者的总收益与价格同方向变动。

13. ✓

提示：以使用点弹性计算公式为例，停止购买意味着需求量变化的百分比是100%，价格变化的百分比小于100%，所以弹性大于1。

14. ×

提示：当供给曲线是经过原点的45°线时，供给的价格弹性与供给曲线的斜率相等。

15. ✓

提示：咖啡与茶叶是替代品，两种替代品之间价格与需求同方向变动。

16. ×

提示：需求是购买欲望与购买能力的统一，仅仅有购买欲望并不是需求。尽管 80% 的青年人希望有汽车（有购买欲望），但其中许多人并没有购买能力。

17. ✓

提示：石油与汽车是互补品，两种互补品之间价格与需求成反方向变动。因此，石油价格下降，购车的人会增加。

18. ✓

提示：替代效应是指实际收入不变的情况下某种商品价格变化对其需求量的影响。如果某种商品价格上涨了，而其他商品的价格没变，那么，其他商品的相对价格下降了，消费者就要用其他商品来替代这种商品，从而对这种商品的需求减少了。

19. ✓

提示：在市场经济中每个生产者和消费者都独立地决策，但整个经济的决策必须是一致的。使个人决策自发实现一致的关键是价格。

20. ×

提示：支持价格又称价格下限，是政府为了扶持某种商品的生产而规定的这种商品的最低价格。

21. ✓

提示：在各种方法（宣传、行政等）中，价格是调节消费者行为最有效的方法。

22. ×

提示：这种做法称为租金限制，是价格上限，因为它限制价格上升。

三、单项选择题

题号	1	2	3	4	5	6	7	8	9	10
答案	D	D	C	B	B	B	D	A	A	B
题号	11	12	13	14	15	16	17	18	19	20
答案	A	D	A	B	A	C	B	D	C	C
题号	21	22	23	24	25	26	27	28	29	30
答案	C	A	A	C	B	C	C	A	D	D

四、多项选择题

题号	1	2	3	4	5	6	7	8	9	10
答案	BE	CE	BC	BC	ABCDE	BD	BE	BD	ACDE	AC
题号	11	12	13	14	15	16				
答案	BD	ACDE	BD	BC	CE	ABCE				

五、计算题

1. (1) 由 $Q_d=50-5P$，$Q_s=-10+5P$，$Q_d=Q_s$

$\Rightarrow 50-5P=-10+5P$

$\Rightarrow P_e=6$，$Q_e=50-5\times6=20$

如图 (a) 所示。

(2) 需求变动后，由 $Q_d=60-5P$，$Q_s=-10+5P$，$Q_d=Q_s$

$\Rightarrow 60-5P=-10+5P$

$\Rightarrow P_e=7$，$Q_e=60-5\times7=25$

如图 (b) 所示。

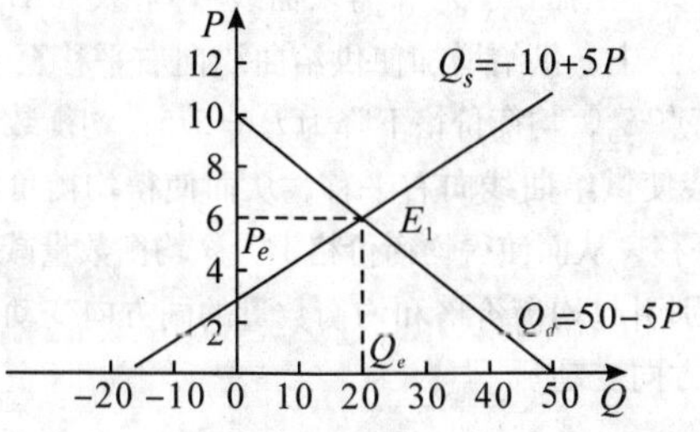

(a)

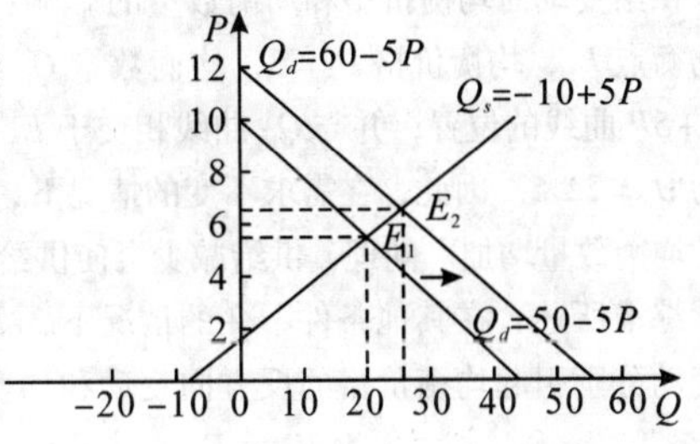

(b)

(3) 供给变动后，由 $Q_d=50-5P$，$Q_s=-5+5P$，$Q_d=Q_s$

$\Rightarrow 50-5P=-5+5P$

$\Rightarrow P_e=5.5$，$Q_e=50-5\times5.5=22.5$

如图 (c) 所示。

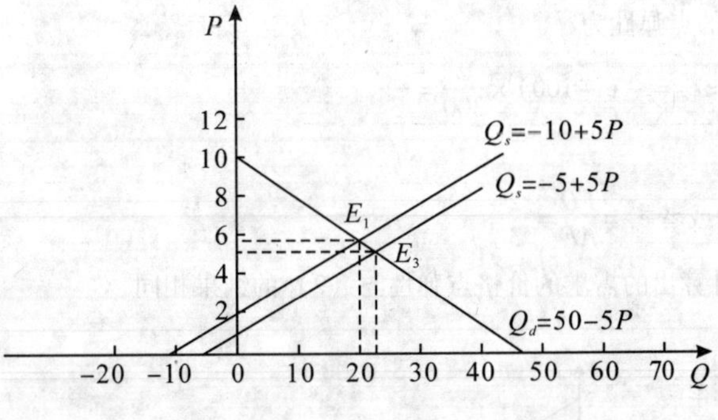

(c)

(4) 联系：变量的调整时间被假设为零。在 (1)、(2)、(3) 中，所有外生变量和内生变量即 P、Q 及其 α、β、γ、δ 都属于同一个时期，或者都适用于任何时期。而且，在分析由外生变量变化所引起的内生变量的变化过程中，也假定这种变量的调整时间为零。

区别：静态分析是根据既定的外生变量值来求得内生变量值的分析方法。如 (1) 中，需求函数和供给函数中的外生变量 α、β、γ、δ 被赋予确定数值后，求出相应的均衡价格 P_e 和均衡数量 Q_e。而（2）、（3）中，外生变量 α、β、γ、δ 被确定为不同的数值，得出的内生变量 P 和 Q 的数值是不相同的，在图（b）和图（c）中，当外生变量的变化使得需求曲线或供给曲线的位置发生移动时，表示内生变量的 P 和 Q 的数值的均衡点的位置也会发生变化。这种研究外生变量变化对内生变量的影响方式，以及分析比较不同数值的外生变量下的内生变量的不同数值，被称为比较静态分析。

（5）需求变动对均衡价格和均衡数量的影响：图（a）中，供给曲线 Q_s 和需求曲线 Q_d 相交于 E_1 点。在均衡点 E_1，均衡价格 $P_e=6$，均衡数量 $Q_e=20$。图（b）中，需求增加时需求曲线向右平移至 $Q_d=60-5P$ 曲线的位置，$Q_d=60-5P$ 曲线与 $Q_s=10+5P$ 曲线相交于 E_2 点。在均衡点 E_2，均衡价格上升为 $P_e=7$，均衡数量增加为 $Q_e=25$。因此，在供给不变的情况下，需求增加会使需求曲线向右方平移，从而使得均衡价格和均衡数量都增加；同理，需求减少会使需求曲线向左方平移，从而使得均衡价格和均衡数量都减少。

供给变动对均衡价格和均衡数量的影响：图（a）中，供给曲线 Q_s 和需求曲线 Q_d 相交于 E_1 点。在均衡点 E_1，均衡价格 $P_e=6$，均衡数量 $Q_e=20$。图（c）中，供给增加使供给曲线向右平移至 $Q_s=-5+5P$ 曲线的位置，并与 Q_d 曲线相交于 E_3 点。在均衡点 E_3，均衡价格下降为 $P_e=5.5$，均衡数量增加为 $Q_e=22.5$。因此，在需求不变的情况下，供给增加会使供给曲线向右平移，从而使得均衡价格下降，均衡数量增加。同理，供给减少会使供给曲线向左平移，从而使得均衡价格上升，均衡数量减少。

综上所述，在其他条件不变的情况下，需求变动分别引起均衡价格和均衡数量的同方向变动；供给变动分别引起均衡价格的反方向变动和均衡数量的同方向变动。

2.（1）$\because e_d=-\dfrac{\Delta Q}{\Delta P}\cdot\dfrac{\frac{P_1+P_2}{2}}{\frac{Q_1+Q_2}{2}}$

将 $P_1=2$，$P_2=4$，$Q_1=300$，$Q_2=100$ 代入上式，得价格 2 元和 4 元间需求的价格弧弹性为：

$$e_d=-\frac{100-300}{4-2}\times\frac{\frac{2+4}{2}}{\frac{300+100}{2}}=1.5$$

（2）$P=2$ 时价格的点弹性为：

$$e_d=-\frac{dQ}{dP}\cdot\frac{P}{Q}\quad\Rightarrow e_d=-(-100)\times\frac{2}{300}=\frac{2}{3}$$

（3）如下图所示。

$e_d=\dfrac{GB}{OG}=\dfrac{200}{300}=\dfrac{2}{3}$ 或者 $e_d=\dfrac{FO}{AF}=\dfrac{2}{3}$

显然，几何方法计算出的需求的价格点弹性与（2）的结果相同。

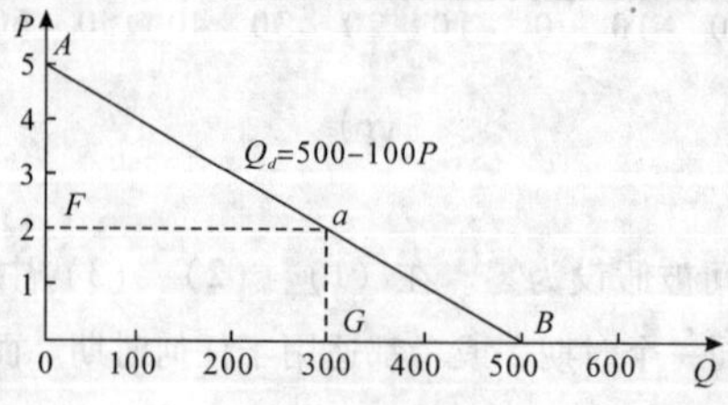

3. （1）$\because e_s = \frac{\Delta Q}{\Delta P} \cdot \frac{\frac{P_1 + P_2}{2}}{\frac{Q_1 + Q_2}{2}}$

将 $P_1 = 3$，$P_2 = 5$，$Q_1 = 4$，$Q_2 = 8$ 代入上式，即得价格 3 元和 5 元之间的供给的价格弧弹性为：

$$e_s = \frac{8-4}{5-3} \times \frac{\frac{3+5}{2}}{\frac{4+8}{2}} = \frac{4}{3}$$

（2）$P = 3$ 元时，供给的价格点弹性为：

$$e_s = \frac{dQ}{dP} \times \frac{P}{Q} = 2 \times \frac{3}{4} = \frac{3}{2}$$

（3）如下图所示，在 a 点即 $P = 3$ 时的供给的价格点弹性为：

$$e_s = \frac{AB}{OB} = \frac{6}{4} = \frac{3}{2}$$

显然，用几何方法计算出的 $P = 3$ 时的供给的价格点弹性与（2）中根据定义公式计算的结果相同。

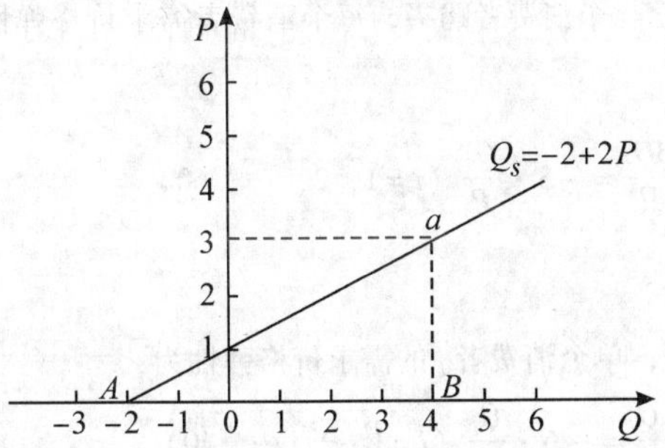

4. （1）根据需求的价格点弹性的几何方法，推知位于三条不同的线性需求曲线上的 a、b、c 三点的需求的价格点弹性相等。因为在这三点上，都有 $e_d = \frac{OF}{AF}$。

（2）根据需求的价格点弹性的几何方法，推知位于三条不同的线性需求曲线上的 a、f、e 三点的需求的价格点弹性不等。$e_d^a = \frac{GB}{OG}$，$e_d^f = \frac{GC}{OG}$，$e_d^e = \frac{GD}{OG}$，因为 $GB < GC < GD$，故有 $e_d^a < e_d^f < e_d^e$。

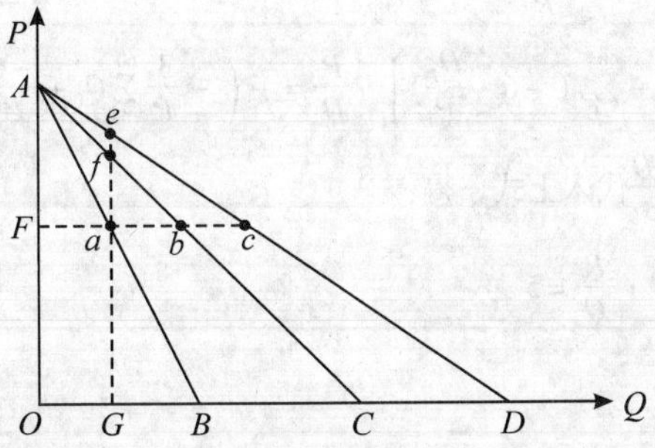

5. 由 $M=100Q^2 \Rightarrow Q=\sqrt{\frac{M}{100}}=\frac{1}{10}M^{-\frac{1}{2}}$

$\because \frac{dQ}{dM}=\frac{1}{2}\times\frac{1}{10}\cdot M^{-\frac{1}{2}}$

$\therefore e_M=\frac{dQ}{dM}\cdot\frac{M}{Q}=\frac{1}{2}\times\frac{1}{10}\cdot M^{-\frac{1}{2}}\cdot\frac{M}{\frac{1}{10}M^{\frac{1}{2}}}=\frac{1}{2}$

因此可知，当收入函数为 $M=aQ^2(a>0)$ 时，无论收入 M 为多少，相应的需求的收入点弹性恒等于$\frac{1}{2}$。

6. 由需求函数 $Q=MP^{-N}$，可得：

$e_d=-\frac{dQ}{dP}\cdot\frac{P}{Q}=-M\cdot(-N)\cdot P^{-N-1}\cdot\frac{P}{MP^{-N}}=N$

$e_M=-\frac{dQ}{dM}\cdot\frac{M}{Q}=P^{-N}\cdot\frac{M}{MP^{-N}}=1$

因此可知，对于幂指数需求函数 $Q=MP^{-N}$，其需求的价格点弹性总等于幂指数的绝对值 $|-N|=N$，其需求的收入点弹性总等于 1 。

7. 已知市场$\frac{1}{3}$的商品被 60 个消费者购买，每个消费者需求价格弹性均为 3，则单个消费者 i 的需求价格弹性为：

$e_{di}=-\frac{dQ_i}{dP}\cdot\frac{P}{Q_i}=3$，即$\frac{dQ_i}{dP}=-3\cdot\frac{Q_i}{P}$（$i=1, 2, \cdots, 60$）

其中，$\sum_{i=1}^{60}Q_i=\frac{Q}{3}$

同理，另 40 个消费者中，单个消费者 j 的需求价格弹性为：

$e_{dj}=-\frac{dQ_j}{dP}\cdot\frac{P}{Q_j}=6$，即$\frac{dQ_j}{dP}=-6\cdot\frac{Q_j}{P}$（$j=1, 2, \cdots, 40$）

其中，$\sum_{j=1}^{40}Q_j=\frac{2Q}{3}$

该市场上 100 个消费者合计的需求价格弹性为：

$$e_d=-\frac{dQ}{dP}\cdot\frac{P}{Q}=\frac{d\left(\sum_{i=1}^{60}Q_i+\sum_{j=1}^{40}Q_j\right)}{dP}\cdot\frac{P}{Q}=-\left(\sum_{i=1}^{60}\frac{dQ_i}{dP}+\sum_{j=1}^{40}\frac{dQ_j}{dP}\right)\cdot\frac{P}{Q}$$

将$\frac{dQ_i}{dP}=-3\cdot\frac{Q_i}{P}$和$\frac{dQ_j}{dP}=-6\cdot\frac{Q_i}{P}$代入，得：

$$e_d=-\left[\sum_{i=1}^{60}\left(-3\cdot\frac{Q_i}{P}\right)+\sum_{j=1}^{40}\left(-6\cdot\frac{Q_j}{P}\right)\right]\cdot\frac{P}{Q}=-\left(-\frac{3}{P}\sum_{i=1}^{60}Q_i+\frac{-6}{P}\sum_{j=1}^{40}Q_j\right)\cdot\frac{P}{Q}$$

再将$\sum_{i=1}^{60}Q_i=\frac{Q}{3}$和$\sum_{j=1}^{40}Q_j=\frac{2Q}{3}$代入上式，得：

$$e_d=\left(\frac{3}{P}\cdot\frac{Q}{3}+\frac{6}{P}\cdot\frac{2Q}{3}\right)\cdot\frac{P}{Q}=5$$

8. (1) $\because e_d=-\frac{\frac{\Delta Q}{Q}}{\frac{\Delta P}{P}}$

$\therefore \frac{\Delta Q}{Q}=-e_d\frac{\Delta P}{P}=-1.3\times(-2\%)=2.6\%$

即需求数量增加2.6%。

(2) $\because e_M=-\frac{\frac{\Delta Q}{Q}}{\frac{\Delta M}{M}}$

$\therefore \frac{\Delta Q}{Q}=e_M\frac{\Delta M}{M}=2.2\times(5\%)=11\%$

即需求数量增加11%。

9. (1) 由 $P_A=200-Q_A \Rightarrow Q_A=200-P_A$

$\therefore e_{dA}=-\frac{dQ_A}{dP_A}\cdot\frac{P_A}{Q_A}$

$=-(-1)\times\frac{200-50}{50}=3$

由 $P_B=300-0.5Q_B \Rightarrow Q_B=600-2P_B$

$\therefore e_{dB}=-\frac{dQ_B}{dP_B}\cdot\frac{P_B}{Q_B}$

$=-(-2)\times\frac{300-0.5\times100}{100}=5$

(2) 降价后，$P_B'=300-0.5Q_B'=300-0.5\times160=220$

$e_{AB}=\frac{\Delta Q_A}{\Delta P_B}=\frac{40-50}{220-250}\times\frac{250}{50}=\frac{5}{3}$

(3) 由 (1) 已求 B 厂商在价格等于250时，需求的价格弹性为 $e_{dB}=5$，即对 B 厂商商品的需求是富有弹性的，厂商价格和销售收入成反方向变动。因此，B 厂商将价格由250降为220，将会增加其销售收入。即

$$\left.\begin{aligned}TR_B&=P_B\cdot Q_B=250\times100=25\,000\\ TR_B'&=P_B'\cdot Q_B'=220\times160=35\,200\end{aligned}\right\}\Rightarrow TR_B'>TR_B$$

10. 设肉肠为商品1，面包卷为商品2

$\because$ 两商品为完全互补品

$\therefore$ 效用函数为 $U=\min\{x_1, x_2\}$

假设用于两种商品的总花费一定

$\therefore$ 收入约束条件为 $M=p_1x_1+p_2x_2$

求解效用最大化，得：$x_1=x_2=\frac{M}{p_1+p_2}$

(1) 肉肠的需求的价格弹性 $e_1=-\frac{dx_1}{dp_2}\cdot\frac{p_1}{x_1}$

其中，$\frac{dx_1}{dp_2}=\frac{d\left(\frac{M}{p_1+p_2}\right)}{dp_2}=\frac{-M}{(p_1+p_2)^2}=\frac{p_1x_1+p_2x_2}{(p_1+p_2)^2}$

根据题目已知条件 $p_1=p_2$，上式可进一步化简为$\frac{dx_1}{dp_1}=-\frac{2p_1x_1}{(2p_1)^2}=-\frac{x_1}{2p_1}$

代入 e_1，得 $e_1=\frac{x_1}{2p_1}\cdot\frac{p_1}{x_1}-\frac{1}{2}$

（2） $e_{12}=\frac{dx_2}{dp_1}\cdot\frac{p_1}{x_2}$

$\because \frac{dx_2}{dp_1}=\frac{dx_1}{dp_1}=\frac{p_1x_1+p_2x_2}{(p_1+p_2)^2}=-\frac{2p_1x_2}{(2p_1)^2}=\frac{x_2}{2p_1}$

代入 e_{12}，得 $e_{12}=-\frac{x_2}{2p_1}\cdot\frac{p_1}{x_2}=-\frac{1}{2}=-e_1$

（3）当两商品的相对价格发生变化 $p_1=2p_2$

则$\frac{dx_1}{dp_1}$和$\frac{dp_2}{p_1}$相应发生变化，$\frac{dx_1}{dp_1}=\frac{dx_2}{dp_1}=-\frac{2x_1}{3p_1}=-\frac{2x_2}{3p_1}$

$\therefore$ 此时 $e_1=\frac{2x_1}{3p_1}\cdot\frac{p_1}{x_1}=\frac{2}{3}$

11. 厂商的销售收入等于商品的价格乘以销售量，即 $TR=P\cdot Q$，若令厂商的销售量等于需求量，则厂商的销售收入又可以写为 $TR=P\cdot Q_d$。由此出发，我们便可以分析在不同的需求的价格弹性的条件下，价格变化对需求量变化的影响，进而谈论相应的销售收入的变化。下面利用图给予简要说明。

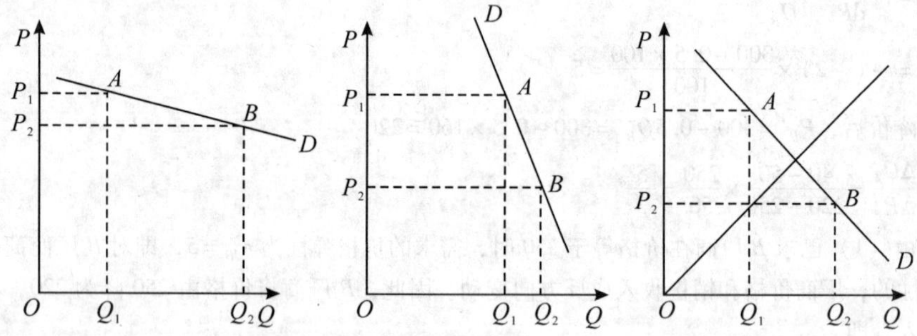

（a） $e_d>1$　　（b） $e_d<1$　　（c） $e_d=1$

在图（a）中有一条平坦的需求曲线，它表示该商品的需求是富有弹性的，即 $e_d>1$ 。观察该需求曲线的 A、B 两点，显然可见，较小的价格下降比例导致了较大的需求量的增加比例。于是有：降价前的销售收入 $TR_1=P_1\cdot Q_1$，相当于矩形 OP_1AQ_1 的面积，而降价后的销售收入 $TR_2=P_2\cdot Q_2$，相当于矩形 OP_2BQ_2 的面积，且 $TR_1<TR_2$。也就是说，对于富有弹性的商品而言，价格与销售收入成反方向变动的关系。

相类似的，在图（b）中有一条陡峭的需求曲线，它表示该商品的需求是缺乏弹性的，即 $e_d<1$。观察该需求曲线上 A、B 两点，显然，较大的价格下降比例却导致一个较小的需求量的增加比例。于是，降价前销售收入 $TR_1=P_1\cdot Q_1$（相当于矩形 OP_1AQ_1 的面积）大于降价后的销售收入 $TR_2=P_2\cdot Q_2$（相当于矩形 OP_2BQ_2 的面积），即 $TR_1>TR_2$。也就是说，对于缺乏弹性的商品而言，价格与销售收入成同方向变动的关系。

在图（c）中需求曲线上 A、B 两点之间的需求的价格弹性 $e_d=1$（按中点公式计算）。由图可见，降价前、后的销售收入没有发生变化，即 $TR_1=TR_2$，它们分别相当于两块面积相等的矩形面积（即矩形 OP_1AQ_1 和 OP_2BQ_2 的面积相等）。这就是说，对于单位弹性的商品而言，价格变化对厂商的销售收入无影响。

12. （1）$\because e_d=-\dfrac{\frac{\Delta Q}{Q}}{\frac{\Delta P}{P}}$，而$\dfrac{\Delta P}{P}=3\%$，$e_d=1.2$

$\therefore \dfrac{\Delta Q}{Q}=-e_d\cdot\dfrac{\Delta P}{P}=-1.2\times3\%=-3.6\%$

即其他条件不变，价格提高3%将导致需求减少3.6%。

（2）$\because e_m=\dfrac{\frac{\Delta Q}{Q}}{\frac{\Delta M}{M}}$，而$\dfrac{\Delta M}{M}=2\%$，$e_m=3.0$

$\therefore \dfrac{\Delta Q}{Q}=e_m\cdot\dfrac{\Delta M}{M}=3.0\times2\%=6.0\%$

即其他条件不变，收入增加2%将导致需求增加6.0%。

13. $\because e_d=\dfrac{\frac{\Delta Q}{Q_2}}{\frac{\Delta P}{P}}$，已知$e_d=0.2$，$\dfrac{\Delta Q}{Q}=-10\%$

$\therefore \dfrac{\Delta P}{P}=\dfrac{10\%}{0.2}=50\%$，即价格必须上涨50%，

又$\because 1.2\times50\%=0.6$，因此汽油价格需上涨每加仑0.6美元。

14. （1）由题意知：$Q_A=200-0.2P_A$，$Q_B=400-0.25P_B$，而$Q_A=100$，$Q_B=250$，则

$P_A=\dfrac{200-Q_A}{0.2}=\dfrac{200-100}{0.2}=500$

$P_B=\dfrac{400-Q_B}{0.25}=\dfrac{400-250}{0.25}=600$

$\therefore A$公司当前的价格弹性$e_{dA}=-\dfrac{dQ_A}{dP_A}\times\dfrac{P_A}{Q_A}=-(-0.2)\times\dfrac{500}{100}=1$

B公司当前的价格弹性$e_{dB}=-\dfrac{dQ_B}{dP_B}\times\dfrac{P_B}{Q_B}=-(-0.25)\times\dfrac{600}{250}=0.6$

（2）由题意知：$Q_B=300$，$Q_A=75$

则$P_B=\dfrac{400-Q_B}{0.25}=\dfrac{400-300}{0.25}=400$

$\Delta Q_A=75-100=-25$，$\Delta P_B=400-600=-200$

$\therefore A$公司产品的交叉价格弹性$e_{AB}=\dfrac{\frac{\Delta Q_A}{Q_A}}{\frac{\Delta P_B}{P_B}}=\dfrac{\frac{-25}{100}}{\frac{-200}{600}}=0.75$

（3）由（1）可知，B公司生产的产品在价格为600时的需求价格弹性为$0.6<1$，即其需求缺乏弹性。对于缺乏弹性的商品，其价格与销售收入成同方向变动。因此，B公司要使销售收入最大，应该提价而不是降价。

六、简答题

1. 需求量的变动与需求的变动都是需求数量的变动，它们的区别在于引起这两种变动的因素不

同，而且这两种变动在几何图形中的表示也不相同。

需求量的变动是在其他条件不变时，由商品自身价格的变动所引起的该商品的需求数量的变动。在几何图形中，它表现为商品的价格—需求数量组合点沿着同一条既定的需求曲线运动。而需求的变动是在商品自身价格不变的条件下，由于其他因素变动所引起的该商品的需求数量的变动。在几何图形中，它表现为需求曲线的位置发生移动。

2. 供给量的变动与供给的变动都是供给数量的变动，它们的区别在于引起这两种变动的因素不同，而且这两种变动在几何图形中的表示也不相同。

供给量的变动是在其他条件不变时，由商品自身价格的变动所引起的该商品的供给数量的变动。在几何图形中，它表现为商品的价格—供给数量组合点沿着同一条既定的供给曲线运动。而供给的变动是在商品自身价格不变的条件下，由于其他因素变动所引起的该商品的供给数量的变动。在几何图形中，它表现为供给曲线的位置发生移动。

3. 均衡价格的形成也就是价格决定的过程，它是由供求双方在竞争过程中自发形成的。可以从两种情况来考虑：①当市场价格高于均衡价格时，即供大于求的商品过剩的市场状况，一方面会使需求者压低价格来得到他要购买的商品量，另一方面又会使供给者减少商品的供给量。这样，该商品的价格必然下降，一直下降到均衡价格的水平。②当市场价格低于均衡价格时，即求大于供的商品短缺的市场状况，一方面迫使需求者提高价格来得到他所要购买的商品量，另一方面又使供给者增加商品的供给量。这样，该商品的价格必然上升，一直上升到均衡价格的水平。由此可见，当实际价格偏离均衡价格时，市场上总存在着变化的力量，最终达到市场的均衡。

如果社会上每一件商品和劳务都能实现供求均衡，按需要配置稀缺经济资源这一基本的社会经济问题就会自动地解决，而无须计划和政府干预。但现实中却存在市场失灵的情况，因此在制定价格政策时要尽可能贴近均衡价格，以实现社会福利最大化。

4. 若供给不变，需求的变化引起均衡价格和均衡数量同方向变化；若需求不变，供给的变化引起均衡价格反方向变化，引起均衡数量同方向变化。供求变动对均衡价格和均衡数量的这种影响，称为供求定理。

例如，彩电供给过剩，价格下降，需求增多，企业会减少彩电的生产，导致供给减少，价格上升，一直上升到均衡价格的水平。相反，彩电供给不足，价格上涨，企业看到有利可图，会增加供给，而价格上涨导致需求减少，价格会下降，一直下降到均衡价格的水平。

5. 对农产品应该采取提价的办法；对电视机、录像机一类高级消费品应采取降价的办法。下表反映了需求价格弹性与销售收入的关系。

价格弹性	$1 < e_d < \infty$	$e_d = 1$	$0 < e_d < 1$
涨价	收益减少	收益不变	收益增加
降价	收益增加	收益不变	收益减少

根据需求的价格弹性与销售收入之间的关系，对需求富于弹性的商品来说，其销售收入与价格成反方向变动，即它随价格的提高而减少，随价格的降低而增加；而对需求缺乏弹性的商品来说，其销售收入与价格成正方向变动，即它随价格的提高而增加，随价格的降低而减少。农产品属于缺乏需求价格弹性的商品，所以为了提高农民的收入应该采取提价的办法；而电视机、录像机一类高级消费品属于富有弹性的商品，为了提高生产者的收入应该采取降价的办法。

6. “谷贱伤农”是我国流传已久的一句俗语，指在丰收的年份农民的收入反而减少的现象。根据供求定理，造成这种现象的根本原因是农产品的需求大多是缺乏弹性的。农产品均衡价格的下降幅度大于均衡数量的下降幅度，致使农民收入减少。如下图所示：

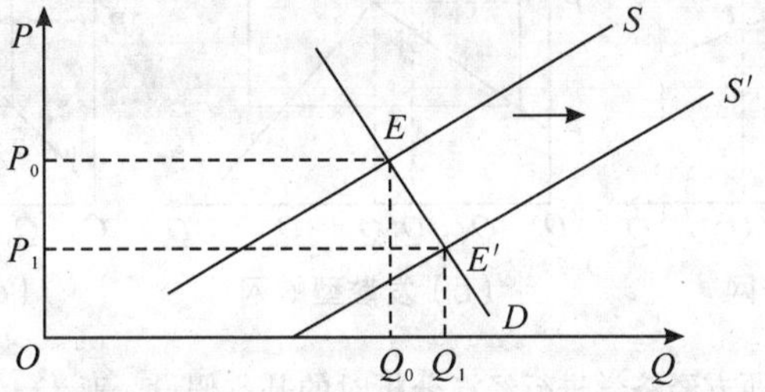

图中农产品需求曲线 D 比较陡峭，假定初始年份农产品供给曲线为 S，在丰收的年份，供给曲线向右平移至 S'，市场均衡点由 E 移动到 E'，农产品均衡价格由 P_0 大幅下降至 P_1，导致农民的总收入减少，减少量相当于矩形 OP_0EQ_0 和 $OP_1E'Q_1$ 的面积之差。

与此类似，在歉收年份，由于缺乏弹性的需求曲线的作用，农产品的均衡价格的上升幅度大于农产品均衡数量的减少幅度，致使农民的总收入增加。

7. 蛛网模型是西方经济学家建立的一个动态的价格分析模型，用以解释某些商品特别是农产品、生猪等的价格和产量一旦失去均衡时所发生的波动情况。该模型因所描述的价格运动的图示形同蛛网而得名。蛛网模型分析了商品的价格和产量波动的三种情况。

第一种情况：如图（a）所示，相对于价格轴的需求曲线斜率的绝对值大于供给曲线斜率的绝对值。从图形上看，需求曲线比较平坦，供给曲线比较陡峭。供给弹性小于需求弹性，意味着市场价格变动对供给量的影响小于它对需求量的影响，因此价格和产量波动会逐渐减弱，越来越小，形成一个向内收缩的蛛网，最后恢复至均衡价格和均衡产量。如在第一期受外在因素干扰，实际产量由均衡 Q_e 减少为 Q_1，从需求曲线可以看出，把 Q_1 产量卖出去的价格为 P_1。P_1 高于均衡价格 P_e，所以第二期生产者将会增加该商品供给至 Q_2。供给增加将价格降至 P_2，价格过低迫使生产者在第三期将产量减至 Q_3。Q_3 的价格为 P_3，而 P_3 决定 Q_4……如此波动下去，直到达到均衡价格和均衡产量为止。因此，供给弹性小于需求弹性被称为蛛网的稳定条件，这种蛛网又被称为收敛型蛛网。

第二种情况：如图（b）所示，相对于价格轴，需求曲线斜率的绝对值小于供给曲线斜率的绝对值。这意味着市场价格变动对供给量的影响大于对需求量的影响。因此，价格和产量波动幅度逐渐加剧，形成一个向外扩张的蛛网，越来越背离均衡点。由此可见，图中的均衡点 E 所代表的均衡状态是不稳定的，被称为不稳定的均衡。相应的蛛网被称为发散型蛛网。

第三种情况：如图（c）所示，供给曲线斜率的绝对值等于需求曲线斜率的绝对值，这意味着市场价格变动对供给量的影响与对需求量的影响相同。在这种情况下，价格和产量永远环绕其均衡值波动不止，其波动幅度既不扩大，也不缩小。相应的蛛网被称为封闭型蛛网。

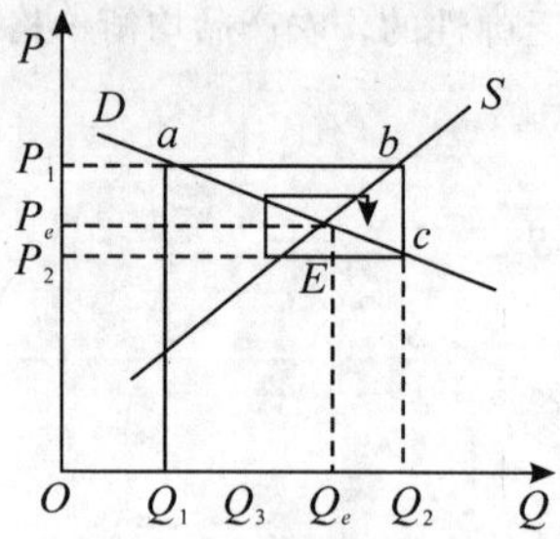

（a）收敛型蛛网

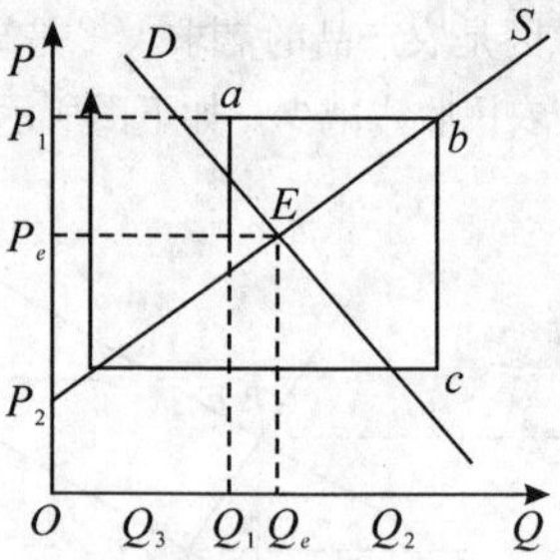

（b）发散型蛛网

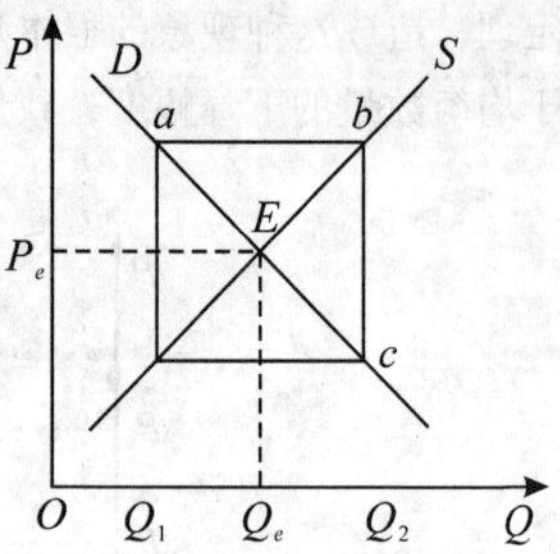

（c）封闭型蛛网

8. “经济人”假设是西方经济学进行经济分析时的基本假设，亚当·斯密著名的《国富论》就是建立在这一假设基础上的，后来又被意大利经济学家引进西方经济学。所谓“经济人”，就是指所有的人都是理性的，人在经济生活中总是受个人利益或利己心的动机所驱使，在经济决策时总是深思熟虑地对各种可能的方案进行权衡比较，选择能给自身带来最大利益的方案，对消费者来说就是花费一定的金钱所购买的商品组合能使自己获得最大满足；对生产者来说是生产一定量的产品以获得最大利润。《史记·货殖列传》中所说的“天下熙熙，皆为利来；天下攘攘，皆为利往”，就是这个道理。这种假定是合理的、必要的，因为就经济活动而言，个人经济利益的追求是推动人们从事经济活动的根本动力，因此，把追求个人利益从人的各种行为动机中抽象出来，并在此前提下建立起一套经济理论体系是完全必要的、合理的。可以说，正是由于“经济人”的假设，经济活动的规律性才得以成立。

然而，对“经济人”的假设，就是西方经济学家也承认它是不完善的，并且与实际经济生活存在很大的差距。如在涉及代际问题即子孙后代的经济问题，或人口、环境、资源问题时，如果按照“经济人”假设来确定当代人的行为，就不可避免地会出现利在当代、祸及子孙的局面。因而应该以可持续性而不是“经济人”假设作为研究代际问题的基本假设。只有在满足可持续性标准后，才能用“经济人”假设来优化同一代人之间的资源配置。

9. 弧弹性计算公式计算需求曲线上一段弧的弹性，点弹性计算公式计算需求曲线上一点的弹性。当价格的增量趋于零，即需求曲线上一段弧的长度趋于零时，弧弹性变成点弹性，应该从弧弹性计算公式转向点弹性计算公式。

10. 商品价格发生变化的情况下，生产者需要调整产量以对价格作出反应，因而时间越长，供给量的调整就越充分，供给的价格弹性相对而言就越大。

11. 在生产者根据现期的价格决定下一期不连续生产的商品产量的前提下，生产者和消费者对价格变化反应程度不同会造成产量和价格蛛网变化。

12. 交叉弹性是一种商品的价格变动对另一种商品需求量的影响程度，或者说此商品需求量对彼商品价格变动的反应程度。交叉弹性可以作为行业分类的参考，有利于企业制定正确的经营决策。对企业来说，如果它的产品与别的企业产品的交叉弹性小于零，表明它的产品与别的企业的产品是互补品，它们可以联合起来走共同发展的道路。如果这个企业的产品与别的企业的产品的交叉弹性大于零，表明这两种商品是替代品，这两个企业将面临激烈的竞争，该企业要警惕别的企业抢占它的市场份额。

七、论述题

1. 自20世纪70年代以来，石油输出国组织曾连续多次采取限制石油生产的措施。由于石油为各国的重要能源，其需求缺乏弹性，所以，当石油输出国组织决定降低产量时，石油价格上涨幅度大于需求量下降幅度。这从短期来看会增加该组织成员国的收益，从长远来看也有利于世界石油市场的稳定。若该组织不限制石油的生产，则各成员国将因价格下跌而减少其收益。

2.（1）关于微观经济学的理论体系框架。

微观经济学是经济学的一个重要组成部分。它以市场经济中的单个消费者（或称家户、家庭）和生产者（或称厂商、企业）为研究对象，通过分析他们的消费决策或生产决策，来说明消费品和生产要素的价格的决定及其变动，进而说明市场机制的资源配置作用。市场机制也可以称为价格机制，其基本要素是需求、供给和均衡价格。

微观经济学的基本假设为：其一，经济行为个体是进行自由的、分散化决策的理性经济人，即消费者追求自身效用的最大化，生产者追求自身利润的最大化。其二，完全竞争和完全信息。

微观经济学在这两个基本假定下，以需求、供给和均衡价格为出发点，通过效用论研究消费者追求效用最大化的行为，并由此推导出消费者需求曲线，进而得到市场的需求曲线。生产论、成本论和市场论主要研究生产者追求利润最大化的行为，并由此推导出生产者供给曲线，进而得到市场的供给曲线。运用市场的需求曲线和供给曲线，就可以决定市场的均衡价格，并进一步理解在所有个体经济单位追求各自经济利益的过程中，一个经济社会如何在市场机制作用下，实现经济资源的有效配置。其中，从资源配置的效果讲，完全竞争市场最优，垄断市场最差，而垄断竞争市场比较接近完全竞争，寡头市场比较接近完全垄断市场。至此，微观经济学便完成了对下图中上半部分所涉及的关于产品市场内容的研究。为了更完整地研究价格机制对资源的配置作用，市场论又将考察范围从产品市场扩展至生产要素市场。生产要素的需求理论，从生产者追求利润最大化的行为出发，推导生产要素的需求曲线；生产要素的供给方面理论，从消费者追求效用最大化的角度出发，推导生产要素供给曲线。据此，进一步说明生产要素市场的均衡价格决定问题。其结论是：完全竞争经济中，存在着一组价格（P_1，P_2，…，P_n），使得经济中所有 n 个市场同时实现供求相等的均衡状态，这样，微观经济学便完成了对其核心思想，即“看不见的手”原理的证明。

在实证研究的基础上，微观经济学又进入了规范研究部分，即福利经济学。福利经济学的一个主要命题是：完全竞争的一般均衡就是帕累托最优状态。也就是说，在帕累托最优的经济效率的意义上，进一步肯定了完全竞争市场经济的配置资源的作用。

在讨论了市场机制的作用以后，微观经济学又讨论了市场失灵问题。市场失灵产生的主要原因包括垄断、外部经济、公共产品和不完全信息。为了克服市场失灵导致的资源配置的无效率，微观经济学又讨论和提出了相应的微观经济政策。

（2）关于微观经济学的核心思想。

微观经济学的核心思想主要是论证资本主义的市场经济能够实现有效率的资源配置。通常用英国古典经济学家亚当·斯密在其1776年出版的《国民财富的性质和原因研究》一书中提出的、以后又被称为“看不见的手”原理的那一段话，来表述微观经济学的核心思想，其原文为：“每人都力图应用他的资本，来使其产品能得到最大的价值。一般地说，他并不企图增进公共福利，也不知道他所增进的公共福利为多少。他所追求的仅仅是他个人的安乐，仅仅是他个人的利益。在这样做时，有一只看不见的手引导他去促进一种目标，而这种目标绝不是他所追求的东西。由于他追逐自己的利益，他经常促进了社会利益，其效果要比他真正想促进社会利益时所得到的效果更大。”

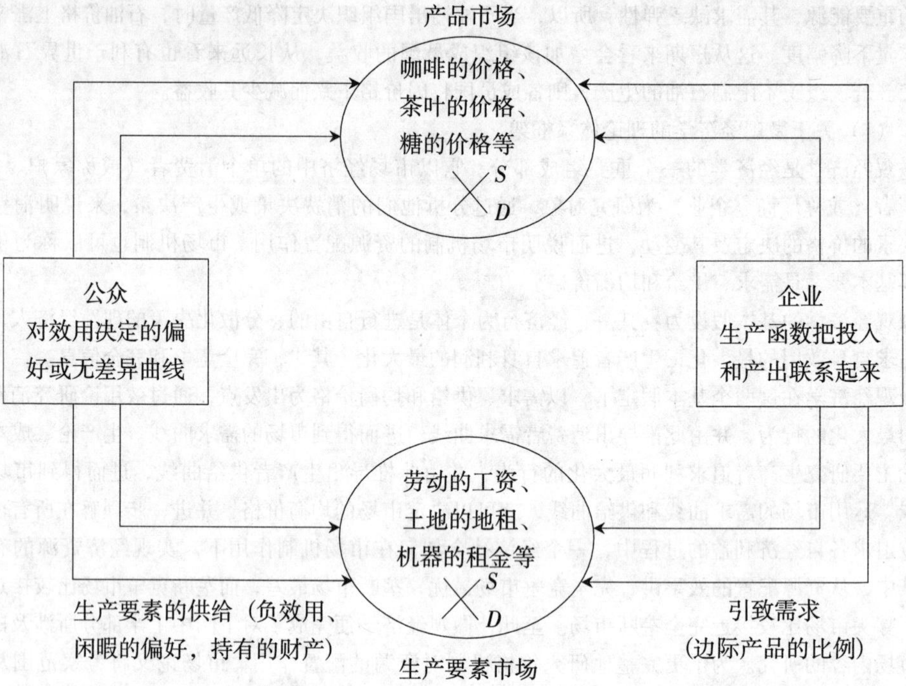

3. 当价格下降时，如果需求的价格弹性大于1，需求量增加幅度较大，厂商的总收益增加；如果需求的价格弹性小于1，需求量没什么变化，厂商的总收益减少。当价格上升时，如果需求的价格弹性大于1，需求量减少幅度较大，厂商的总收益减少；如果需求的价格弹性小于1，需求量没什么变化，厂商的总收益增加。

4. 在生产者根据现期的价格决定下一期不连续生产的商品的产量时，如果供给曲线的斜率大于需求曲线的斜率，产量和价格发生减幅摆动；如果供给曲线的斜率等于需求曲线的斜率，产量和价格发生持续摆动；如果供给曲线的斜率小于需求曲线的斜率，产量和价格发生增幅摆动。

5. 这两种说法都说明谷物处于一种缺乏需求价格弹性的情况，在谷物丰收之后，由于需求不会明显增加，出现大量过剩，为出售谷物，只得降价，我们知道，在缺乏价格弹性的情况下只有提价才能增加销售收入，降价只能减少销售收入。可见，在谷物缺乏价格弹性的情况下，谷物的总价值会下降，降价出售会减少农民的收入，从而会损害农民的利益。

第三章　效用论

一、名词解释

1. 效用：是指人们消费或拥有一定数量的某种商品时所获得的满足程度。

2. 边际效用递减规律：指在其他条件不变的前提下，某消费者在消费某种商品时，随着消费量的增加，新增加一单位该商品所带给该消费者的效用的增加量，即边际效用将递减。

3. 无差异曲线：指由给消费者带来相同效用水平的所有商品组合所构成的轨迹。

4. 边际替代率：表示在保持效用不变的前提下，增加一种商品的消费所必须减少的另一种商品的消费。

5. 基数效用论：是一种消费行为理论，这种观点认为人们可以为效用赋值。

6. 替代效应：指由商品的价格变动所引起的商品相对价格的变动，进而由商品的相对价格的变动所引起的商品需求量的变动。

7. 恩格尔曲线：表示消费者在每一收入水平上对某商品的需求量。

8. 收入效应：指由商品的价格变动所引起的实际收入水平的变动，进而由实际收入水平变动所引起的商品需求量的变动。

9. 预算线：表示在消费者收入和商品价格为一定的条件下，消费者所能购买的不同的商品组合。

10. 消费者均衡：是研究单个消费者如何把有限的货币收入分配到各种商品的购买中以获得最大的效用。也可以说，它是研究单个消费者在既定的收入和价格下实现效用最大化的均衡条件。

二、判断题

1. ×

提示：边际效用递减，总效用不一定减少。

2. ✓

3. ✓

4. ✓

5. ×

提示：在同一条无差异曲线上，越靠左上方的点代表的效用水平越低。

6. ✓

7. ✓

8. ×

提示：一个消费者对某种商品的数量感到足够了，这说明对他来说该种商品的总效用已达到了极大值。

9. ✓

10. ×

提示：无差异曲线的斜率不一定等于两种商品的效用之比。

11. ×

提示：一个消费者喜欢 X 商品甚于 Y 商品的主要原因不是 X 商品的价格比较便宜，而是 X 商品带来的效用更大。

12. ✓

13. ×

提示：消费者的效用最大化要求预算线与无差异曲线相切。

14. ✓

15. ✓

16. ×

提示：收入效应是指由商品的价格变动所引起的实际收入水平的变动，进而由实际收入水平变动所引起的商品需求量的变动。

17. ×

提示：替代效应是指由商品的价格变动所引起的商品相对价格的变动，进而由商品的相对价格的变动所引起的商品需求量的变动。

18. ✓
19. ✓
20. ×

提示：序数效用论是一种消费行为理论，这种观点认为人们不可以为效用赋值，但是可以对不同商品所带来的效用进行排序。

三、单项选择题

题号	1	2	3	4	5	6	7	8	9	10
答案	B	D	C	A	B	D	C	A	A	C
题号	11	12	13	14	15	16	17	18	19	20
答案	C	A	C	C	B	A	A	C	B	C
题号	21	22	23	24	25	26				
答案	A	A	C	B	A	A				

四、多项选择题

题号	1	2	3	4	5	6	7	8	9	10
答案	AB	ACD	CE	AB	BDE	ACDE	AD	AC	ABD	ABC
题号	11	12	13	14	15					
答案	ACD	ACD	ACE	AE	BCD					

五、计算题

1. (1) 当 $X=40$，$Y=5$ 时，$U=XY=40\times5=200$。过点（40，5）的无差异曲线为 $XY=200$。

(2) 甲的商品组合为（40，5），现在进行交换，他得到 15 单位 Y，失去 25 单位 X，商品组合变为（15，20）。这时他的效用可由效用函数算得：

$$U=XY=15\times20=300$$

原来商品组合（40，5）提供的效用是 200，现在交换后的商品组合（15，20）提供的效用是 300。显然，甲的满足提高 100。

(3) 仔细分析一下，所要问的问题实际上是这样一个问题：在无差异曲线 $XY=200$ 上，与商品组合（40，5）相比，甲要想多消费 15 单位 Y，那么他要放弃多少单位的 X 商品？

由于 $XY=X\cdot(5+15)=200$，所以，$X=10$

甲必须要放弃 $(40-10)=30$ 单位 X。也就是说，乙最多只能得到 30 单位的 X。

2. 对于 $y=20-4\sqrt{x}$，有 $\frac{dy}{dx}=4\times\frac{1}{2}x^{-\frac{1}{2}}$，即 $\frac{dy}{dx}=-2x^{-\frac{1}{2}}$

(1) 当 $x=4$ 时，$\frac{dy}{dx}=-2x^{-\frac{1}{2}}=-2\times4^{-\frac{1}{2}}=-1$，故 $y=20-4\sqrt{x}$ 在点（4，12）处的斜率是 -1。

（2）当 $x=9$ 时，$\frac{dy}{dx}=-2x^{-\frac{1}{2}}=-2\times9^{-\frac{1}{2}}=-\frac{2}{3}$，故 $y=20-4\sqrt{x}$ 在点（9，8）处的斜率是 $-\frac{2}{3}$。

（3）由于 $MRS_{xy}=-\frac{dy}{dx}=2x^{-\frac{1}{2}}$，而 $(2x^{-\frac{1}{2}})\ x'=2\cdot(-\frac{1}{2})\cdot x^{-\frac{3}{2}}=-x^{-\frac{3}{2}}=-\frac{1}{x^{\frac{3}{2}}}<0$，故 MRS_{xy} 是递减的。

3. 按照两种商品的边际替代率 MRS 的定义公式，可以将一份肯德基快餐对衬衫的边际替代率写成：$MRS_{XY}=\frac{\Delta Y}{\Delta X}$

其中：X 表示肯德基快餐的份数；Y 表示衬衫的件数；MRS_{XY}表示在维持效用水平不变的前提下，消费者增加一份肯德基快餐消费时所需要放弃的衬衫的消费数量。

在该消费者实现关于这两种商品的效用最大化时，在均衡点上有：

$$MRS_{XY}=\frac{P_X}{P_Y}$$

即有 $MRS_{XY}=\frac{20}{80}=0.25$

它表明：在效用最大化的均衡点上，该消费者关于一份肯德基快餐对衬衫的边际替代率 MRS 为0.25。

4. 根据消费者的效用最大化的均衡条件：

$$\frac{MU_1}{MU_2}=\frac{P_1}{P_2}$$

其中，由 $U=3X_1(X_2)^2$ 可得：

$MU_1=\frac{dU}{dX_1}=3(X_2)^2$

$MU_2=\frac{dU}{dX_2}=6X_1X_2$

于是，有：

$$\frac{3(X_2)^2}{6X_1X_2}=\frac{20}{30} \quad (1)$$

整理得：$X_2=\frac{4}{3}X_1$

将（1）式代入预算约束条件 $20X_1+30X_2=540$，得：

$$20X_1+30\times\frac{4}{3}X_1=540$$

解得 $X_1=9$

将 $X_1=9$ 代入（1）式得：

$$X_2=12$$

因此，该消费者每年购买这两种商品的数量应该为：

$$X_1=9,\ X_2=12$$

将以上最优的商品组合代入效用函数，得：

$$U=3X_1(X_2)^2=3\times9\times12^2=3\ 888$$

它表明：该消费者的最优商品购买组合给他带来的最大效用水平为3 888。

5.（1）图中的横截距表示消费者的收入全部购买商品1的数量为30单位，且已知 $P_1=2$ 元，所以，消费者的收入 $M=2\times30=60$ 元。

（2）图中的纵截距表示消费者的收入全部购买商品 2 的数量为 20 单位，且由（1）已知收入 $M=60$ 元，所以，商品 2 的价格 $P_2=M/20=3$ 元。

（3）由于预算线的一般形式为：

$$P_1X_1+P_2X_2=M$$

所以，由（1）、（2）可将预算线方程具体写为 $2X_1+3X_2=60$。

（4）从（3）中可以很清楚地看出，预算线的斜率为 $-2/3$。

（5）在消费者效用最大化的均衡点 E 上，有 $MRS_{12}=\dfrac{P_1}{P_2}$，即无差异曲线的斜率的绝对值 MRS_{12} 即等于预算线的斜率绝对值 $\dfrac{P_1}{P_2}$。因此，$MRS_{12}=\dfrac{2}{3}$。

6.（1）根据题意，对消费者 A 而言，热茶是中性商品，因此，热茶的消费数量不会影响消费者 A 的效用水平。消费者 A 的无差异曲线见图（a）。

（2）根据题意，对消费者 B 而言，咖啡和热茶是完全互补品，其效用函数是 $U=\min\{X_1,X_2\}$。消费者 B 的无差异曲线见图（b）。

（3）根据题意，对消费者 C 而言，咖啡和热茶是完全替代品，其效用函数是 $U=2X_1+X_2$。消费者 C 的无差异曲线见图（c）。

（4）根据题意，对消费者 D 而言，咖啡是厌恶品。消费者 D 的无差异曲线见图（d）。

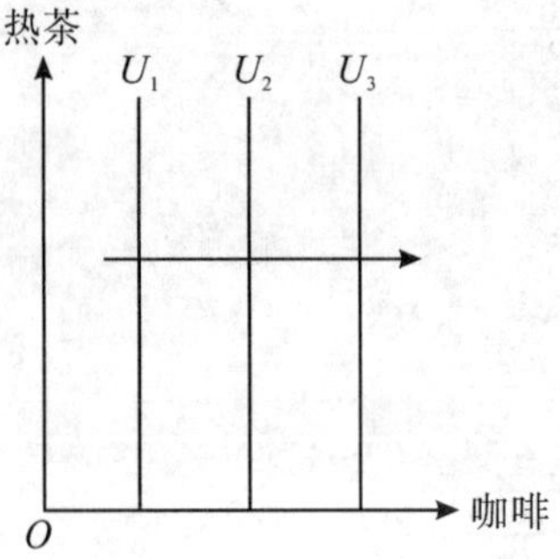

(a)

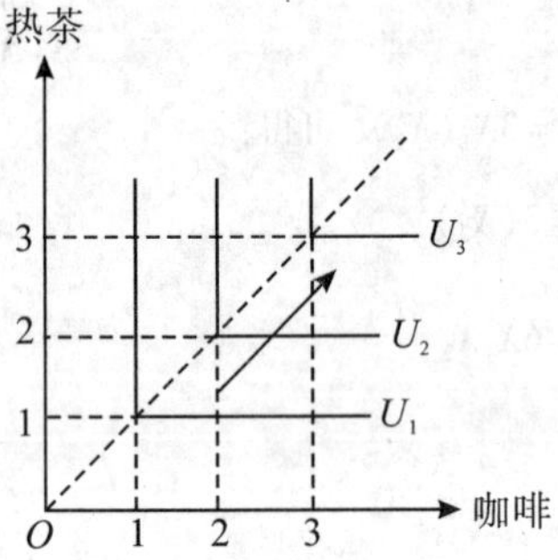

(b)

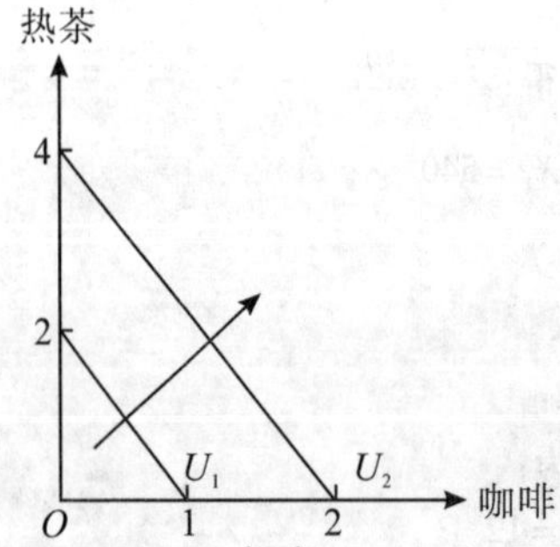

(c)

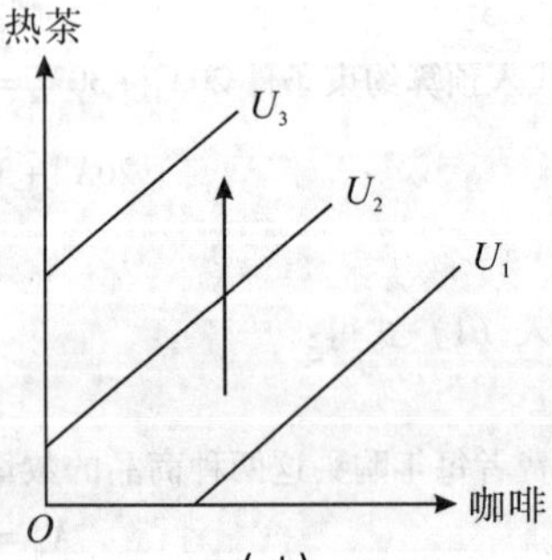

(d)

7.（1）消费者 A 的需求表为：

P	0	1	2	3	4	5
Q_B^d	20	16	12	8	4	0

消费者 B 的需求表为：

P	0	1	2	3	4	5	6
Q_B^d	30	25	20	15	10	5	0

市场的需求表为：

P	0	1	2	3	4	5	6
Q^d	50	41	32	23	14	5	0

（2）消费者的需求曲线及市场的需求曲线如下图所示：

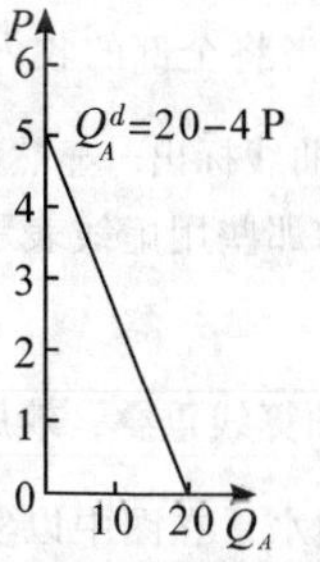

消费者A的需求曲线

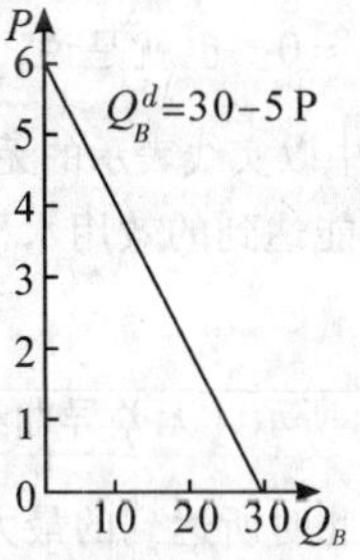

消费者B的需求曲线

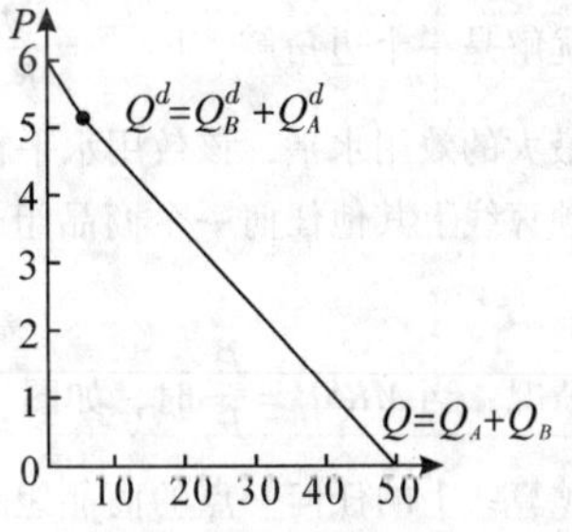

市场需求曲线

8. 根据消费者效用最大化的均衡条件：$\frac{MU_1}{MU_2}=\frac{P_1}{P_2}$

其中，由已知的效用函数 $U=(x_1)^{\frac{3}{8}}\ (x_2)^{\frac{5}{8}}$ 可得：

$$MU_1=\frac{\mathrm{d}TU}{\mathrm{d}x_1}=\frac{3}{8}(x_1)^{-\frac{5}{8}}\ (x_2)^{\frac{5}{8}}$$

$$MU_2=\frac{\mathrm{d}TU}{\mathrm{d}x_2}=\frac{5}{8}(x_1)^{\frac{3}{8}}\ (x_2)^{-\frac{3}{8}}$$

于是，有：$\dfrac{\frac{3}{8}(x_1)^{-\frac{5}{8}}\ (x_2)^{\frac{5}{8}}}{\frac{5}{8}(x_1)^{\frac{3}{8}}\ (x_2)_2^{-\frac{3}{8}}}=\dfrac{P_1}{P_2}$，整理得：$\dfrac{3x_2}{5x_1}=\dfrac{P_1}{P_2}$

即有 $x_2=\dfrac{5P_1x_1}{3P_2}$

将 $x_2=\frac{5P_1x_1}{3P_2}$ 代入 $P_1X_1+P_2X_2=M$，有：

$$P_1x_1+P_2\frac{5P_1x_1}{3P_2}=M$$

解得 $x_1=\frac{3M}{8P_1}$

将 $x_1=\frac{3M}{8P_1}$ 代入 $x_2=\frac{5P_1x_1}{3P_2}$，得：$x_2=\frac{5M}{8P_2}$

所以，该消费者关于两商品的需求函数为 $x_1=\frac{3M}{8P_1}$，$x_2=\frac{5M}{8P_2}$。

9. 由于无差异曲线是一条直线，所以该消费者的最优消费选择有三种情况，其中的第一、第二种情况属于边角解。

第一种情况：当 $MRS_{12}>\frac{P_1}{P_2}$ 时，如图（a）所示，效用最大的均衡点 E 的位置发生在横轴，它表示此时的最优解是一个边角解，即 $x_1=\frac{M}{P_1}$，$x_2=0$。也就是说，消费者将全部的收入都购买商品 1，并由此达到最大的效用水平，该效用水平在图中以实线表示的无差异曲线标出。显然，该效用水平高于在既定的预算线上其他任何一个商品组合所能达到的效用水平，如那些用虚线表示的无差异曲线的效用水平。

第二种情况：当 $MRS_{12}<\frac{P_1}{P_2}$ 时，如图（b）所示，效用最大的均衡点 E 的位置发生在纵轴，它表示此时的最优解是一个边角解，即 $x_2=\frac{M}{P_2}$，$x_1=0$。也就是说，消费者将全部的收入都购买商品 2，并由此达到最大的效用水平，该效用水平在图中以实线表示的无差异曲线标出。显然，该效用水平高于在既定的预算线上其他任何一个商品组合所能达到的效用水平，如那些用虚线表示的无差异曲线的效用水平。

第三种情况：当 $MRS_{12}=\frac{P_1}{P_2}$ 时，如图（c）所示，无差异曲线与预算线重叠，效用最大化达到均衡点可以是预算线上的任何一点的商品组合。此时所达到的最大效用水平在图中以实线表示的无差异曲线标出。显然，该效用水平高于在既定的预算线上其他任何一条无差异曲线所能达到的效用水平，如那些用虚线表示的无差异曲线的效用水平。

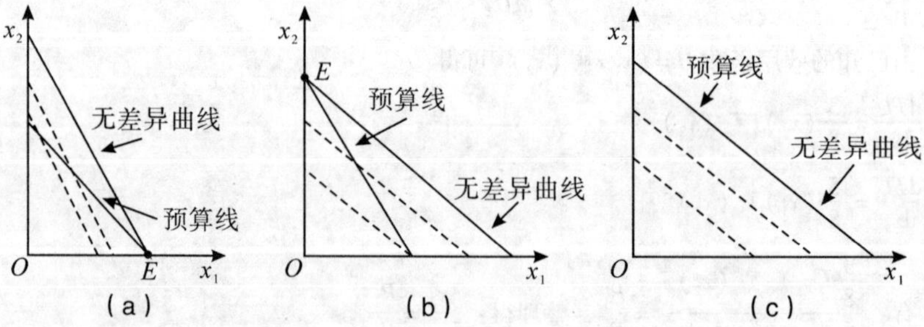

10. （1）由题意可得，商品的边际效用为：

$$MU=\frac{\partial U}{\partial Q}=\frac{1}{2}q^{-0.5}$$

货币的边际效用为：

$$\lambda=\frac{\partial U}{\partial M}=3$$

于是，根据消费者均衡条件$\frac{MU}{P}=\lambda$，有：

$$\frac{1}{2}q^{-0.5}=3p$$

整理得需求函数为 $q=\frac{1}{36}p^{-2}$

（2）由需求函数 $q=\frac{1}{36}p^{-2}$，可得反需求函数为：

$$p=\frac{1}{6}q^{-0.5}$$

（3）由反需求函数 $p=\frac{1}{6}q^{-0.5}$，可得 $p=\frac{1}{12}$，$q=4$ 时的消费者剩余为：

$$CS=\int_0^4\frac{1}{6}q^{-0.5}\cdot d_q-\frac{1}{12}\times 4=\frac{1}{3}\int_0^4-\frac{1}{3}=\frac{1}{3}$$

11.（1）由消费者的效用函数 $U=x^{\alpha}y^{\beta}$，算得：

$$MU_x=\frac{\partial U}{\partial Q}=\alpha x^{\alpha-1}y^{\beta}$$

$$MU_y=\frac{\partial U}{\partial Q}=\beta x^{\alpha}y^{\beta-1}$$

根据消费者效用最大化的均衡条件$\frac{MU_1}{P_1}=\frac{MU_2}{P_2}$可得：

$$\frac{\alpha x^{\alpha-1}y^{\beta}}{\beta x^{\alpha}y^{\beta-1}}=\frac{p_x}{p_y}$$

$$P_1X_1+P_2X_2=M \qquad ①$$

解方程组①可得到：

$x=\alpha M/p_x$

$y=\beta M/p_y$

也即消费者关于商品 x 和商品 y 的需求函数。

（2）商品 x 和商品 y 的价格以及消费者的收入同时变动一个比例，相当于消费者的预算线变为：$\lambda p_x x+\lambda p_y y=\lambda M$，其中 λ 为一个非零常数。

此时消费者效用最大化的均衡条件变为：

$$\frac{\alpha x^{\alpha-1}y^{\beta}}{\beta x^{\alpha}y^{\beta-1}}=\frac{p_x}{p_y}$$

$$\lambda p_x x+\lambda p_y y=\lambda M \qquad ②$$

由于 $\lambda\neq 0$，故方程组②化为：

$$\frac{\alpha x^{\alpha-1}y^{\beta}}{\beta x^{\alpha}y^{\beta-1}}=\frac{p_x}{p_y}$$

$$p_x x+p_y y=M \qquad ③$$

显然，方程组③就是方程组①，故其解相同。

这表明，消费者在这种情况下对两种商品的需求关系维持不变。

（3）由消费者的需求函数 $\alpha = p_x x/M$ 可以看出，$p_x x/M$ 正是商品 x 的消费支出占消费者收入的份额，也即 α。同理，β 正是商品 y 的消费支出占消费者收入的份额。故结论被证实。

六、简答题

1. 无差异曲线的特征有：由左上方向右下方倾斜，即具有负斜率；同一坐标平面内可以有无数条代表不同效用水平的无差异曲线，离原点越远的曲线代表的效用水平越高；同一坐标平面内的无差异曲线不可能相互交叉；无差异曲线凸向原点。

2. 边际替代率是指在保持消费者的效用不变的前提下，增加一种商品的消费需要减少的另一种商品的消费。由于边际替代率等于两种商品的边际效用之比，当一种商品的消费数量不断增加时，为保持效用不变，另一种商品的消费数量需不断增加，消费数量增加的商品其边际效用递减，消费数量减少的商品其边际效用增加，故对于边际替代率来说，分子减少而分母增加，故边际替代率递减。

3. 基数效用论和序数效用论是解释消费者行为的两种不同理论。两者有明显的差异：

（1）假设不同。基数效用论假设消费者消费商品所获得的效用是可以度量的，可以用基数表示；每个消费者都可以准确地说出自己消费商品所获得的效用值是多少；边际效用 MU 具有递减规律。序数效用论则认为消费所获得的效用只可以进行排序，只可以用序数来表示；效用的特点表现在无差异曲线中。

（2）使用的分析工具不同。基数效用论使用 MU 以及在预算约束下求效用值的最大化为工具。而序数效用论则使用无差异曲线和边际替代率递减、预算约束线作为工具。

（3）均衡条件的表达不同。基数效用论表达为 $MU_i/P_i = \lambda$，序数效用论则表达为 $MRS_{12} = P_1/P_2$。

4. 边际效用具有递减规律，即随着商品的消费数量不断增加，边际效用将不断减少。这可从两方面来解释：一是随着商品消费数量的增加，人们所感受到的心理刺激会不断减少；二是随着商品消费数量的增加，人们会将商品用于越来越不重要的用途。由于边际效用具有递减规律，因此，当消费的数量减少时，商品的边际效用将增加。

5. 货币的边际效用是指当消费者的收入增加一个单位时，将导致消费者在均衡时所获得的总效用的变化。

6. 在保持收入与其他商品的价格不变的前提下，某种商品的价格不断变化时，会导致预算线的旋转移动，从而形成一系列的消费者均衡点，由这些均衡点所形成的轨迹就是价格—消费曲线。

7. 在保持所有商品的价格不变的前提下，消费者的收入不断变化时，会导致预算线的平行移动，从而形成一系列的消费者均衡点，由这些均衡点所形成的轨迹就是收入—消费曲线。

8. 要获得消费者对某种商品的需求曲线，首先，要保持消费者的收入及其他商品的价格不变，在此基础上不断变化该商品的价格，这将导致预算线的旋转移动，从而形成一系列的消费者均衡点。其次，上述所得到的每个消费者均衡点都代表一个在相应的商品价格下的最优商品组合，即该组合中某种商品的消费数量是与相应的价格相对应的，故我们将所有的这种对应关系在价格—数量坐标系里表示出来，即可得到需求曲线。

9. （1）基数效用论提出的商品的边际效用递减规律是其推导需求曲线的基础。在其他条件不变的前提下，随着消费者对某商品消费数量的连续增加，该商品的边际效用是递减的，所以，消费者对每增加一个单位商品所愿意支付的最高价格（即需求价格）也是递减的，即消费者对该商品的需求曲线是向右下方倾斜的。

（2）在只考虑一种商品的前提下，消费者实现效用最大化的均衡条件是：$\frac{MU}{P} = \lambda$。由此均衡条件出发，可以计算出需求价格，并推导出（1）中的消费者的向右下方倾斜的需求曲线。

10. 牛肉价格的下降会增加人们对它的需求量，这是替代效应和收入效应共同发生作用的结果。因为当牛肉的价格下降而其他商品（如猪肉）的价格不变时，人们在一定限度内就会少买些猪肉，而把原来用于购买猪肉的钱转而购买牛肉。也就是说，牛肉价格下降会促使人们用牛肉去替代猪肉等其他商品，从而引起对牛肉需求量的增加。这就是价格变化的替代效应。另外，由于需求是以人们的购买力为前提的，而人们的购买力主要来自他们的货币收入。其他商品价格不变而牛肉的价格下降，这意味着同样的货币收入在不减少其他商品消费量的情况下，可以购买更多的牛肉。因为牛肉的价格下降实际上表示人们实际收入提高了。这就是收入效应。因此，当作为正常品的牛肉的价格下降时，由于替代效应和收入效应的共同作用，人们对它的需求量会比价格变化前增加。

七、论述题

1. 总效用是指消费者从消费某个商品组合中所获得的满足程度；而边际效用是指在其他条件不变的前提下，消费者增加一个单位某种商品的消费数量所带来的总效用的增加。当某种商品的边际效用为正时，增加这种商品的消费数量将增加总效用的大小；当某种商品的边际效用为负时，增加这种商品的消费数量将减少总效用的大小；当边际效用为零时，此时总效用达到最大。

2. 当$\frac{MU_1}{P_1}<\frac{MU_2}{P_2}$时，这说明对于消费者来说，同样的一元钱购买商品 1 所获得的边际效用小于购买商品 2 所获得的边际效用。这样，理性的消费者会调整这两种商品的购买数量：减少对商品 1 的购买量，增加对商品 2 的购买量。在这样的调整过程中，一方面，在消费者用减少一元钱的商品 1 的购买来相应地增加一元钱的商品 2 的购买时，由此带来的商品 1 的边际效用的减少量小于商品 2 的边际效用的增加量，这意味着消费者总效用是增加的。另一方面，在边际效用递减规律作用下，商品 1 的边际效用会随着其购买量的不断减少而递增，商品 2 的边际效用会随着其购买量的不断增加而递减。当消费者一旦将其购买组合调整到同样一元钱购买这两种商品所得到的边际效用相等时，即达到$\frac{MU_1}{P_1}=\frac{MU_2}{P_2}$时，便会得到了由减少商品 1 的购买和增加商品 2 的购买所带来的全部好处，即消费者此时获得了最大效用。

同样的道理，当$\frac{MU_1}{P_1}>\frac{MU_2}{P_2}$时，这说明对消费者来说，同样的一元钱购买商品 1 的边际效用大于商品 2 的边际效用。此时，消费者便会增加对商品 1 的购买并减少对商品 2 的购买，直到当$\frac{MU_1}{P_1}=\frac{MU_2}{P_2}$时，消费者获得了从这一调整过程中的全部好处，获得了最大效用。

3. 消费者剩余是一种心理现象，消费者在日常购买行为中很少想到它。这是经济分析抽象的概念。在理解这一概念时要注意两点：第一，消费者剩余并不是实际收入的增量，只是一种心理感觉。这一概念是分析某些问题时的一种重要工具。第二，一般来说，生活必需品的消费者剩余大。因为消费者对这种物品的实际评价高，愿付出的代价也高，但在实际生活中这类物品的实际价格一般并不高。

正是由于消费者剩余是消费者的主观心理评价，它反映消费者通过购买和消费商品所感受到的状态和改善。因此，消费者剩余通常被用来度量和分析社会福利问题。

4. 水和金刚钻的价值悖论是指：水对人们很有用，必不可少，但水却很便宜；金刚钻对人们的用途很有限，却很昂贵。

这一悖论可以从需求和供给两方面来共同说明，因为价格是由需求和供给共同决定的。从需求一方看，价格取决于商品的边际效用，而不是总效用。由于水源充足，人们对水的消费量大，因而其边际效用很小，价格也就很便宜。同理，金刚钻对人们的边际效用很大，其价格也就相应地昂贵。从供给一方看，由于水源充足，生产人类用水的成本很低，因而其价格也低。金刚钻则很稀缺，生产金刚钻的成本也很大，因而金刚钻很昂贵。综合需求和供给两方面，则水便宜，金刚钻昂贵。

5.（1）消费者购买各种物品是为了实现效用最大化，或者说是为了消费者剩余最大。当某种物品价格既定时，消费者从这种物品中所得到的效用越大，即消费者对这种物品评价越高，消费者剩余越大。当消费者对某种物品的评价既定时，消费者支付的价格越低，消费者剩余越大。因此，消费者愿意支付的价格取决于他以这种价格所获得的物品能带来的效用大小。

（2）消费者为购买一定量某物品所愿意付出的货币价格取决于他从这一定量物品中所获得的效用。效用大，愿付出的价格高；效用小，愿付出的价格低。随着消费者购买的某物品数量的增加，该物品给消费者所带来的边际效用是递减的，而货币的边际效用是不变的。这样，随着物品的增加，消费者所愿付出的价格也在下降。因此，需求量与价格必然成反方向变动。

6.（1）本题涉及的两个基本分析工具是无差异曲线和预算线。无差异曲线是用来表示消费者偏好相同的两种商品的全部组合的，其斜率的绝对值可以用商品的边际替代率 *MRS* 来表示。预算线表示在消费者收入和商品价格给定的条件下，消费者全部收入所能购买到的两种商品的全部组合。

（2）消费者效用最大化的均衡点发生在一条给定的预算线与无数条无差异曲线中的一条相切的切点上。

（3）在（2）的基础上进行比较静态分析，即令一种商品的价格发生变化，便可以得到该商品的价格—消费曲线。价格—消费曲线是在其他条件不变的前提下，与某一种商品的不同价格水平相联系的消费者效用最大化的均衡点的轨迹。

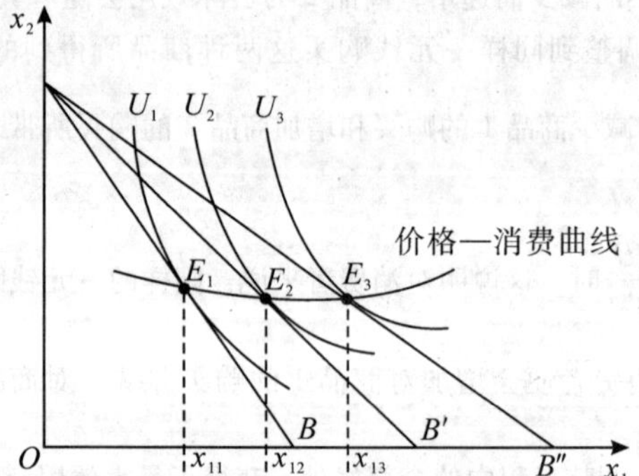

（a）

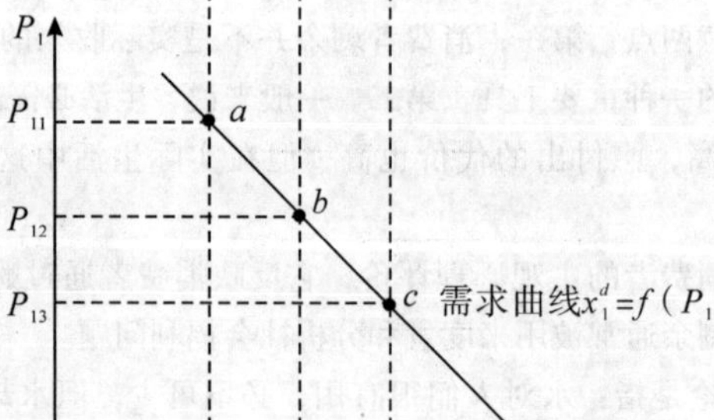

（b）

（4）在（3）的基础上，将一种商品的不同价格水平和相应的最优消费量即需求量之间的一一对应关系描绘在同一坐标平面上，就可以得到需求曲线，如上图所示。显然有：需求曲线一般斜率为负，表示商品的价格和需求量成反方向变化；而且，在需求曲线上与每一价格水平相对应的需求量都是可以在该价格水平给消费者带来最大效用的最优消费数量。

7.（1）当一种商品的价格发生变化时所引起的该商品需求量的变化可以分解为两个部分，它们分别是替代效应和收入效应。替代效应是指仅考虑商品相对价格变化所导致的该商品需求量的变化，而不考虑实际收入水平（即效用水平）变化对需求量的影响。收入效应则相反，它仅考虑实际收入水平（即效用水平）变化导致的该商品需求量的变化，而不考虑相对价格变化对需求量的影响。

（2）无论是分析正常品，还是低档品，甚至吉芬品的替代效应和收入效应，都需要运用的一个重要分析工具就是补偿预算线。在下图中，以正常品的情况为例加以说明。图中，初始的消费者效用最大化的均衡点为 a 点，相应的正常品（即商品1）的需求为 x_{11}。价格 P_1 下降以后的效用最大化的均衡点为 b 点，相应的需求量为 x_{12}，即 P_1 下降的总效应为 $x_{11}x_{12}$，且为增加量，故有总效应与价格成反方向变化。

然后，作一条平行于预算线 AB' 且与原有的无差异曲线 U_1 相切的补偿预算线 FG（以虚线表示），相应的效用最大化的均衡点为 c 点，而且注意，此时 b 点的位置一定处于 c 点的右边。于是，根据（1）中的阐述，则可以得到：由给定的代表原有效用水平的无差异曲线 U_1 与代表 P_1 变化前、后的不同相对价格的（即斜率不同）预算线 AB、FG 分别相切的 a、c 两点，表示的是替代效应，即替代效应为 $x_{11}x_{13}$ 且为增加量，故有替代效应与价格成反方向的变化；由代表不同的效用水平的无差异曲线 U_1 和 U_2 分别与两条代表相同相对价格的（即斜率相同的）预算线 FG、AB' 相切的 c、b 两点，表示的是收入效应，即收入效应为 $x_{13}x_{12}$ 且为增加量，故有收入效应与价格成反方向变化。

由于正常品的替代效应和收入效应都分别与价格成反方向变化，所以，正常品的总效应与价格一定成反方向变化，由此可知，正常品的需求曲线是向右下方倾斜的。

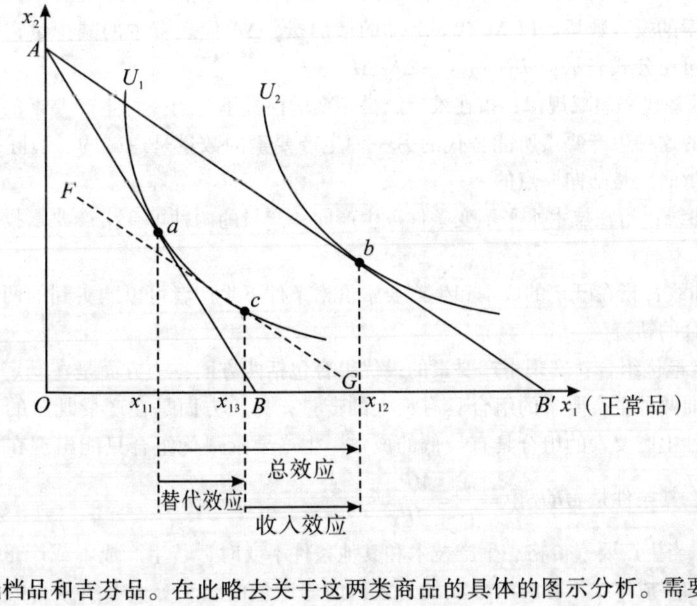

（3）关于低档品和吉芬品。在此略去关于这两类商品的具体的图示分析。需要指出的要点是：这两类商品的替代效应都与价格成反方向变化，而收入效应都与价格成同一方向变化，具中，大多数低档品的替代效应大于收入效应，而低档品中的特殊商品即吉芬品的收入效应大于替代效应。于是，大多数低档品的总效应与价格成反方向变化，相应的需求曲线向右下方倾斜，低档品中少数的特殊商品即吉芬品的总效应与价格成同方向变化，相应的需求曲线向右上方倾斜。

第四章　生产论

一、名词解释

1. 生产函数：表示在一定时期内，在技术水平不变的情况下，生产中所使用的各种生产要素的投入数量与所能生产的最大产量之间的关系。

2. 固定替代比例生产函数：表示在每一产量水平上任何两种生产要素之间的替代比例都是固定的，假定劳动和资本的替代比例为 $a:b$，则生产函数可以写成 $Q=aL+bK$，$(a, b>0)$。

3. 固定投入比例生产函数：指在每一产量水平上任何一对要素投入之间的比例都是固定的生产函数。该生产函数的通常形式为：$Q=\min\left(\frac{L}{U}, \frac{K}{V}\right)$，也称里昂惕夫生产函数。

4. 柯布—道格拉斯生产函数：是数学家柯布和经济学家道格拉斯于 20 世纪 30 年代提出来的，该生产函数的一般形式为：$Q=AL^{\alpha}K^{\beta}$，其中，Q 表示产量，L 和 K 分别表示劳动和资本的投入量，A、α 和 β 为三个参数，$0<\alpha<1$，$0<\beta<1$。

5. 总产量：指一定的可变要素投入量所提供的最大产量。

6. 平均产量：指每单位可变要素投入所提供的产量。

7. 边际产量：指增加一个单位可变要素投入量所增加的产量。

8. 边际报酬递减规律：在技术水平不变的条件下，在连续地把等量的某一种可变生产要素增加到其他不变生产要素上去的过程中，这种可变要素的边际产量先是递增的，达到最大值以后，是递减的。边际报酬递减规律是短期生产的一条基本经验规律。

9. 边际技术替代率：是指在保持产量水平不变的条件下，增加一个单位的某种要素投入量时所减少的另一种要素的投入数量。以 ΔL 代表劳动的增加量，ΔK 代表资本的减少量，则劳动对资本的边际技术替代率可用公式表示：$MRTS_{LK}=-\Delta K/\Delta L$。

10. 边际技术替代率递减规律：指在维持产量不变的前提下，当一种生产要素的投入数量不断增加时，每一单位的这种生产要素所能替代的另一种生产要素的数量是递减的。边际技术替代率递减规律决定了等产量曲线是凸向原点的。

11. 等产量曲线：指在技术水平不变条件下生产同一产量的两种可变生产要素投入量的各种不同组合的轨迹。

12. 等成本曲线：指在既定的成本和生产要素价格条件下生产者可以购买到的两种生产要素的各种不同的数量组合的轨迹。

13. 生产要素最优组合：实现生产要素的最优组合包括两方面：一方面是在既定成本条件下如何使得产量最大，即两种生产要素的组合具有最大的产量；另一方面是在产量既定的条件下如何使得成本最小，即两种生产要素的组合具有最低的成本。生产要素最优组合只能出现在等成本曲线与等产量曲线的切点。其条件是 $MRTS_{LK}=\frac{w}{r}=\frac{MP_L}{MP_K}$。

14. 扩展线：当生产要素价格、生产技术和其他条件不变时，若生产成本或产量发生变化，从而引起等产量曲线和等成本线平移时所形成的一系列的等产量曲线和等成本线相切的生产均衡点的轨迹，就是扩展线。

15. 规模报酬：又称规模收益，指企业生产规模的变化与所引起的产量变化之间的关系。

二、判断题

1. ✓

提示：生产函数中，生产者来不及调整全部生产要素的数量，只要有至少一种要素的数量固定不变，便是短期生产函数。

2. ✓

提示：总产量的增量就是边际产量。

3. ✓

提示：只要边际产量大于0，总产量就一直在增加，在边际产量为0时总产量达到最大，以后，当边际产量为负数时，总产量就会绝对减少。

4. ×

提示：边际产量曲线与平均产量曲线相交于平均产量曲线的最高点。在相交前，平均产量是递增的，边际产量大于平均产量。

5. ×

提示：边际产量曲线与平均产量曲线相交于平均产量曲线的最高点。在相交后，平均产量是递减的，边际产量小于平均产量。

6. ✓

提示：沿着一条既定的等产量曲线上下滑动时，两种生产要素的数量组合会不断地发生变化，而产量水平却保持不变。生产者增加劳动投入量所带来的产量增量和相应减少的资本投入数量所带来的产量的减少量的绝对值必定是相等的，因此，边际技术替代率等于两种要素的边际产量之比。

7. ×

提示：同一条等产量曲线上的不同点代表生产要素的不同数量组合，但产量是相同的。

8. ✓

提示：在维持产量不变的前提下，增加一种生产要素的投入数量则必须减少另一种要素的投入数量，每一单位的这种生产要素所能替代的另一种生产要素的数量是递减的。

9. ×

提示：边际技术替代率递减规律使得向右下方倾斜的等产量曲线必然凸向原点。

10. ✓

提示：生产函数的确定以技术水平不变为前提。

11. ×

提示：短期是指生产者来不及调整全部生产要素的数量，至少有一种生产要素的数量是不变的时间周期，因而有可变投入和不变投入之分。长期指生产者可以调整全部生产要素的数量的时间周期，所有投入都是可变投入。

12. ×

提示：微观经济学的短期和长期的区别以生产者能否变动全部生产要素的投入数量作为标准。

13. ✓

提示：从几何意义上看，平均产量的值即连接总产量曲线上任何一点和坐标原点的线段的斜率。

14. ✓

提示：从几何意义上看，边际产量的值即过总产量曲线上任何一点的切线的斜率。

15. ×

提示：规模报酬与边际技术替代率是两个不同的概念。规模报酬讲的是企业本身的规模发生变化时所带来的产量变化情况，而要素的边际技术替代率是研究在企业的规模一定时所投入要素之间的相互替代关系。当生产函数具有规模报酬不变的特征时，要素的边际技术替代率可能不变，如线性生产函数 $Q=f(L,K)=aK+bL$；也可能递减，如 $Q=f(L,K)=AK^{\frac{1}{2}}L^{\frac{1}{2}}$。所以规模报酬不变与边际技术替代率之间无直接因果联系。

16. ×

提示：规模报酬和边际报酬是两个不同的概念。规模报酬问题讨论的是一座工厂本身规模发生变化时产量的变化，而边际报酬问题论及的则是厂房规模已经固定下来，增加可变要素时相应的产量变化。事实上，当厂商经营规模较大，在给定技术状况下投入要素的效率提高，即规模报酬递增的同时，随着可变要素投入增加到足以使固定要素得到最有效的利用后，继续增加可变要素，总产量的增加同样将会出现递减现象。所以规模报酬递增的厂商可能也会同时面临边际报酬递减现象。

17. ×

提示：边际报酬递减是短期中由于一种生产要素的投入比例不适造成的，规模报酬递减是由长期中生产规模过大而引起的管理效率降低等原因引起的。

18. ×

提示：等斜线是一组等产量曲线中要素的边际技术替代率相等的点的轨迹，等斜线不一定是扩展线。当等产量曲线和等成本线平移时所形成的一系列的等产量曲线和等成本线相切的生产均衡点的轨迹就是扩展线，因此扩展线一定是等斜线。

19. ×

提示：企业规模的扩大既会带来好处，也会引起不利的影响。在长期中企业调整生产规模时，要实现适度规模，即生产规模的扩大，正好使收益递增达到最大。

20. √

提示：企业只有在长期内才可能变动全部生产要素，因此规模报酬分析属于长期生产理论问题。

三、单项选择题

题号	1	2	3	4	5	6	7	8	9	10
答案	A	D	D	B	B	B	B	B	B	D
题号	11	12	13	14	15	16	17	18	19	20
答案	B	B	C	B	C	B	C	D	A	A
题号	21	22	23	24	25					
答案	B	C	D	A	D					

四、多项选择题

题号	1	2	3	4	5
答案	ABCD	ACD	CD	BD	ACD
题号	6	7	8	9	10
答案	ABD	ABC	ABC	BD	AC
题号	11	12	13	14	15
答案	ABD	ABCD	CD	AC	ABC

五、计算题

1.（1）表中填空为：

可变要素的数量	可变要素的总产量	可变要素的平均产量	可变要素的边际产量
1	2	2	2
2	12	6	10
3	24	8	12
4	48	12	24
5	60	12	12
6	66	11	6
7	70	10	4
8	70	8.75	0
9	63	7	-7

（2）是。从上表可知出现了边际报酬递减现象，具体说是当可变要素投入从第四单位增加至第五单位时，边际产量开始下降。

2.（1）因为：生产函数 $Q=-0.1L^3+6L^2+12L$

所以：平均产量 $AP=Q/L=-0.1L^2+6L+12$，

对平均产量求导，得：$(\mathrm{AP})'=-0.2L+6$

令平均产量为零，此时劳动人数为平均产量最大，$L=30$。

（2）因为：生产函数 $Q=-0.1L^3+6L^2+12L$

所以：边际产量 $MP=-0.3L^2+12L+12$

对边际产量求导，得：$(\mathrm{MP})'=-0.6L+12$

令边际产量为零，此时劳动人数为边际产量最大，$L=20$。

3.（1）由生产函数 $Q=2KL-0.5L^2-0.5K^2$，且 $K=10$，可得短期生产函数为：

$$Q=20L-0.5L^2-0.5\times10^2$$
$$=20L-0.5L^2-50$$

于是，根据总产量、平均产量和边际产量的定义，有以下函数：

劳动的总产量函数 $TP_L=20L-0.5L^2-50$

劳动的平均产量函数 $AP_L=(20-0.5L-50)/L$

劳动的边际产量函数 $MP_L=20-L$

（2）总产量的最大值：令$\frac{dTP_L}{dL}=0$，$20-L=0$，解得 $L=20$，所以，劳动投入量为 20 时，总产量达到极大值。

平均产量的最大值：令$\frac{dAP_L}{dL}=0$，$-0.5+50L^{-2}=0$，$L=10$（负值舍去），且$\frac{d^2AP_L}{dL^2}=-100L^{-3}<0$（极大值条件），所以，劳动投入量为 10 时，平均产量达到极大值。

边际产量的最大值：由劳动的边际产量函数 $MP_L=20-L$ 可知，边际产量曲线是一条斜率为负的直线。考虑到劳动投入量总是非负的，所以，$L=0$ 时，劳动的边际产量达到极大值。

（3）当劳动的平均产量达到最大值时，一定有 $AP_L=MP_L$。由（2）可知，当劳动为 10 时，劳动的平均产量 AP_L 达最大值，相应的最大值为：

AP_L 的最大值 $=20-0.5\times10-50/10=10$，$MP_L=20-10=10$

很显然 $AP_L=MP_L=10$

4. $AP_L=-L^2+24L+240$，$(AP_L)'=0$ 时，AP_L 最大。即 $-2L+24=0$，$L=12$。

$MP_L=-3L^2+48L+240$，$(MP_L)'=0$ 时，$L_1=20$，$L_2=-4$（舍去）。

（1）在第Ⅰ阶段，$L<12$；（2）在第Ⅱ阶段，$12\leqslant L\leqslant20$；（3）在第Ⅲ阶段，$L>20$。

5. （1）因为 $Q=LK$，所以 $MP_K=L$，$MP_L=K$

又因为生产者均衡的条件是 $MP_K/MP_L=P_K/P_L$

将 $Q=10$，$P_L=4$，$P_K=1$ 代入 $MP_K/MP_L=P_K/P_L$

可得：$K=4L$ 和 $10=KL$

所以：$L=1.6$，$K=6.4$。

（2）最小成本 $=4\times1.6+1\times6.4=12.8$。

6. 等成本方程为：$3L+6K=160$

$\frac{MP_L}{MP_K}=\frac{P_L}{P_K}=\frac{3}{6}$，解方程组得 $L=154/27$，$K=643/27$。

7. （1）生产函数 $Q=\min(2L,3K)$，表示该函数是一个固定投入比例的生产函数，所以，厂商进行生产时，$Q=2L=3K$，相应地有 $L=18$，$K=12$。

（2）由 $Q=2L=3K$，且 $Q=480$，可得：$L=240$，$K=160$

又因为 $P_L=2$，$P_K=5$，所以

$C=2\times240+5\times160=1\ 280$

即最小成本为 1 280。

8. （1）厂商长期生产的扩展线方程

（a）生产函数 $Q=5L^{\frac{1}{3}}K^{\frac{2}{3}}$，

$MP_L=\frac{5}{3}L^{-\frac{2}{3}}K^{\frac{2}{3}}$，$MP_K=\frac{10}{3}L^{\frac{1}{3}}K^{-\frac{1}{3}}$

由最优要素组合的均衡条件$\frac{MP_L}{MP_K}=\frac{P_L}{P_K}$，可得：$\frac{\frac{5}{3}L^{-\frac{2}{3}}K^{\frac{2}{3}}}{\frac{10}{3}L^{\frac{1}{3}}K^{-\frac{1}{3}}}=\frac{P_L}{P_K}$，

整理得$\frac{K}{2L}=\frac{P_L}{P_K}$，

即厂商长期生产的扩展线方程为$K=\left(\frac{2P_L}{P_K}\right)L$

（b）生产函数$Q=\frac{KL}{K+L}$

$MP_L=\frac{K(K+L)-KL}{(K+L)^2}=\frac{K^2}{(K+L)^2}, MP_K=\frac{L(K+L)-KL}{(K+L)^2}=\frac{L^2}{(K+L)^2}$

由最优要素组合的均衡条件$\frac{MP_L}{MP_K}=\frac{P_L}{P_K}$，可得：$\frac{K^2/(K+L)^2}{L^2/(K+L)^2}=\frac{P_L}{P_K}$

整理得$\frac{K^2}{L^2}=\frac{P_L}{P_K}$

即厂商长期生产的扩展线方程为$K=\left(\frac{P_L}{P_K}\right)^{\frac{1}{2}}L$

（c）生产函数$Q=KL^2$

$MP_L=2KL$，$MP_K=L^2$

由最优要素组合的均衡条件$\frac{MP_L}{MP_K}=\frac{P_L}{P_K}$，可得：$\frac{2KL}{L^2}=\frac{P_L}{P_K}$

即厂商长期生产的扩展线方程为$K=\left(\frac{P_L}{2P_K}\right)L$

（d）生产函数$Q=\min(3L, K)$

由于该函数是固定投入比例的生产函数，即厂商的生产函数为$3L=K$，所以厂商扩展线方程为$K=3L$。

（2）厂商实现最小成本的要素投入组合

（a）生产函数$Q=5K^{\frac{L}{3}}L^{\frac{1}{3}}$

当$P=1$，$P_K=1$，$Q=1\ 000$时，由其扩展线方程$K=\left(\frac{2P_L}{P_K}\right)L$得：$K=2L$代入生产函数$Q=5L^{\frac{1}{3}}K^{\frac{2}{3}}$

解得$L=\frac{200}{\sqrt[3]{4}}$，$K=\frac{400}{\sqrt[3]{4}}$

（b）生产函数$Q=\frac{KL}{K+L}$

当$P=1$，$P_K=1$，$Q=1\ 000$时，由其扩展线方程$K=\left(\frac{P_L}{P_K}\right)^{\frac{1}{2}}L$得：$K=L$，代入生产函数$Q=\frac{KL}{K+L}$

解得$L=2\ 000$，$K=2\ 000$

（c）生产函数$Q=KL^2$

当$P=1$，$P_K=1$，$Q=1\ 000$时，由其扩展线方程$K=\left(\frac{P_L}{2P_K}\right)L$得：$K=\frac{1}{2}L$，代入生产函数$Q=KL^2$

解得$L=10\sqrt[3]{2}$，$K=5\sqrt[3]{2}$

（d）生产函数$Q=\min(3L, K)$

当$P=1$，$P_K=1$，$Q=1\ 000$时，由其扩展线方程$K=3L$代入生产函数得：$K=3L-1\ 000$

$L=\frac{1\ 000}{3}$，$K=1\ 000$

9.（1）$Q=AL^{\frac{1}{3}}K^{\frac{2}{3}}$

$F(\lambda L,\lambda k)=A(\lambda L)^{\frac{1}{3}}(\lambda K)^{\frac{2}{3}}=\lambda AL^{\frac{1}{3}}K^{\frac{2}{3}}=\lambda f(L,K)$

所以，此生产函数属于规模报酬不变的生产函数。

（2）假定在短期生产中，资本投入量不变，以 $\bar{K}$ 表示；而劳动投入量可变，以 L 表示，则对于生产函数 $Q=AL^{\frac{1}{3}}\bar{K}^{\frac{2}{3}}$，有：

$MP_L=\frac{1}{3}AL^{-\frac{2}{3}}\bar{K}^{\frac{1}{3}}$，且 $\mathrm{d}MP_L/\mathrm{d}L=-\frac{2}{9}\mathrm{A}L^{-\frac{5}{3}}\bar{K}^{-\frac{2}{3}}<0$

这表明：在短期资本投入量不变的前提下，随着一种可变要素劳动投入量的增加，劳动的边际产量是递减的。

相类似的，在短期劳动投入量不变的前提下，随着一种可变要素资本投入量的增加，资本的边际产量是递减的。

10.（1）要使生产函数表现出规模报酬不变，则有 $\lambda f(L,K)=f(\lambda L\cdot\lambda K)$，即有：$a_0+a_1(\lambda L\cdot\lambda K)^{\frac{1}{2}}+a_2\lambda K+a_3\lambda K=\lambda a_0+\lambda a_1(LK)^{\frac{1}{2}}+\lambda a_2K+\lambda a_3K$，当 $a_0=0$ 时，该生产函数表现为规模报酬保持不变的特征。

（2）在规模报酬保持不变的条件下，即 $a_0=0$，生产函数可以把 a_0 省去，求出相应的边际产量，再对相应的边际产量求导，一阶导数为负，即可证明边际产量都是递减的。

$f(L,K)=a_1(LK)^{\frac{1}{2}}+a_2K+a_3L$

$MP_L=\frac{\partial f}{\partial L}=a_1K^{\frac{1}{2}}\times\frac{1}{2}\times L^{-\frac{1}{2}}+a_3=\frac{a_1}{2}(\frac{K}{L})^{\frac{1}{2}}+a_3$

$MP_K=\frac{\partial f}{\partial K}=\frac{a_1}{2}(\frac{L}{K})^{\frac{1}{2}}+a_2$，又 $\frac{\partial MP_L}{\partial L}=\frac{a_1}{2}\times\frac{1}{2}\times(\frac{L}{K})^{\frac{1}{2}}\times(-\frac{K}{L^2})=-\frac{a_1}{4}\times\frac{K^{\frac{1}{2}}}{L^{\frac{3}{2}}}$

同理，$\frac{\partial MP_K}{\partial K}=\frac{a_1}{2}\times\frac{1}{2}\cdot(\frac{L}{K})^{-\frac{1}{2}}\cdot(-\frac{L}{K^2})=-\frac{a_1}{4}\times\frac{L^{\frac{1}{2}}}{K^{\frac{3}{2}}}$，由以上可得知相应的边际产量是递减的。

11.（1）$MP_L=\frac{\partial Q}{\partial L}=\frac{2}{3}L^{-\frac{1}{3}}K^{\frac{1}{3}}$，$MP_K=\frac{\partial Q}{\partial K}=\frac{1}{3}L^{\frac{2}{3}}K^{-\frac{2}{3}}$，$\frac{MP_L}{MP_K}=\frac{w}{r}$时，在既定成本条件下，可以实现产量最大。代入劳动和资本的边际产量，有 $L=K$，则等成本线为 $2\times L+1\times K=3\ 000$，得到 $K=1\ 000$，$L=1\ 000$，$Q=1\ 000$。

（2）在产量既定 $Q=800$ 时，成本最小的条件与前面相同，将$\frac{MP_L}{MP_K}=\frac{w}{r}$代入劳动和资本的边际产量，有 $L=K$，

代入 $800=L^{\frac{2}{3}}K^{\frac{1}{3}}$

得：$L=K=800$，将 $L=K=800$ 代入等成本方程 $2L+1\times K=C$，求得最小成本 C，则 $C=2\ 400$。

六、简答题

1. 如下图所示：

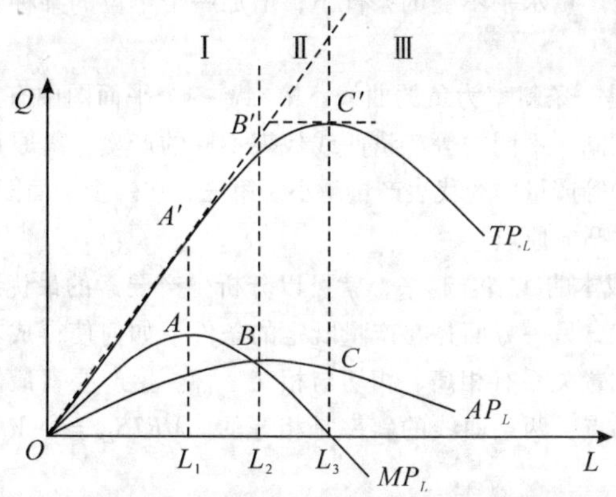

一种可变生产要素的生产函数的生产曲线

横轴表示可变要素劳动的投入量 L，纵轴表示产量 Q，TP_L、AP_L、MP_L 三条曲线顺次表示劳动的总产量曲线、劳动的平均产量曲线和劳动的边际产量曲线。这三条曲线都是先呈上升趋势，而后到本身的最大值以后，再呈下降趋势。它们之间的关系是：当可变要素 L 从零增加到 OL_1 时，边际产量曲线和平均产量曲线都上升，这时总产量曲线以递增的增长率上升。当劳动投入量超过 OL_1 时，边际产量曲线由最高峰开始下降，这导致总产量曲线以递减的比例上升；边际产量曲线与平均产量曲线的交点为平均产量曲线的最高点，之后平均产量曲线转而开始下降。当劳动量达到 OL_3 时边际产量曲线与横轴相交，边际产量为零，总产量达到最高点。劳动投入量超过 OL_3 时边际产量为负，总产量曲线开始下降。

2. 边际报酬递减规律是指在其他条件不变的情况下，如果一种投入要素连续地等量增加，增加到一定产量后，所提供的产品的增量就会下降，即可变生产要素的边际产量会递减。它发生的前提条件是：第一，技术水平不变。第二，其他要素投入量不变。第三，随着可变要素投入量的增加，边际产量要经过递增、递减，甚至成为负数的过程。也就是说，边际产量并不是一开始就递减的，只是当可变要素的投入达一定量时，边际产量才开始递减。边际报酬递减的原因是在固定投入得到充分利用后，继续扩大可变投入量，单位变动要素只能利用越来越少的固定要素。固定要素的不变和变动要素的过多，使得资源配置比例越来越不合理，可变要素不能得到有效运用，于是生产效率降低。这样，投入增量所带来的产出增量或边际产量将随变动投入量增加而先递增，达到一定点后递减，甚至成为负值。

3. （1）边际报酬递减规律是指在技术水平不变的条件下，在连续等量地把一种可变生产要素增加到一种或几种数量不变的生产要素上去的过程中，当这种可变生产要素的投入量小于某一特定值时，增加该要素投入所带来的边际产量是递增的；当这种可变生产要素的投入量连续增加并超过这个特定值时，增加该要素投入所带来的边际产量是递减的。

（2）边际技术替代率递减规律是指在维持产量不变的前提下，当一种生产要素的投入量不断增加时，每一单位的这种生产要素所能替代的另一种生产要素的数量是递减的。

（3）生产函数的边际报酬递减和边际技术替代率递减的共同原因是两种生产要素之间存在着一个最佳的数量组合比例，且以生产技术不变为假设前提。其区别表现在，边际报酬递减是短期生产函数或一种可变生产要素的生产函数的性质。一种可变生产要素的生产函数表示在技术水平和其他投入不变的条件下，一种可变生产要素的投入量与其所生产的最大产量之间的关系。而边际技术替代率递减反映了两种可变生产要素的生产函数的性质。长期内，生产者可以调整全部生产要素的数量。边际技术替代率表示在保持产量水平不变的条件下，增加一个单位的某种要素的投入量可以替代的另一种生产要素的投入量。

4. 第一，等产量曲线是一条斜率为负的曲线。第二，一个平面图中有无数条等产量曲线。同一条等产量曲线代表的产量相同，不同的等产量曲线代表不同的产量，离原点越远的等产量曲线表示的产量越大，离原点越近的等产量曲线代表产量越小。第三，在一个平面图中任意两条等产量曲线不能相交。第四，等产量曲线凸向原点。

5. 把等产量曲线和等成本曲线结合起来，就可以分析生产要素的最优组合。一方面是在既定成本条件下如何使得产量最大，另一方面是在产量既定的条件下如何使得成本最小。这两种情况下等产量曲线和等成本曲线的位置关系有相离、相切与相交三种。生产要素最优组合只能在等成本曲线与等产量曲线的切点。在切点，两条曲线的斜率是相等的。$MRTS_{LK} = -MP_L/MP_K = w/r$，此即生产要素组合的最优条件。

6. 如果 $MRTS_{LK} > w/r$，厂商会在不改变总成本支出或维持产量水平不变的条件下不断地用劳动去替代资本，表现在图中就是厂商的生产会沿着等成本线或等产量曲线不断向均衡点 E 靠近。

如果 $MRTS_{LK} < w/r$，厂商会在不改变总成本支出或维持产量水平不变的条件下不断地用资本去替代劳动，表现在图中就是厂商的生产会沿着等成本线或等产量曲线不断向均衡点 E 靠近。

因此，为了实现既定成本条件下的最大产量或既定产量条件下的最小成本，厂商必须选择最优的生产要素组合，使得两要素的边际技术替代率等于两要素的价格比例。

7. 如下图所示。有一条等成本线 AB 和三条等产量曲线 Q_1、Q_2 和 Q_3。等成本线 AB 的位置和斜率决定于既定的成本量和既定的已知的两要素的价格比例 w/r。等成本线 AB 与等产量曲线 Q_3 既无交点又无切点，因此 Q_3 所代表的产量是企业在既定成本下无法实现的产量。等产量曲线 Q_1 虽然与等成本线相交于 C、D 两点，但 Q_1 所代表的产量是比较低的。只有在唯一的等成本线 AB 和等产量曲线 Q_2 的相切点 E，才是实现既定成本条件下的最大产量的要素组合。在生产均衡点 E 有：$MRTS_{LK} = w/r$。它表示：为了实现既定成本条件下的最大产量，厂商必须选择最优的生产要素组合，使得两要素的边际技术替代率等于两要素的价格比例。这是两种生产要素最优组合的原则。

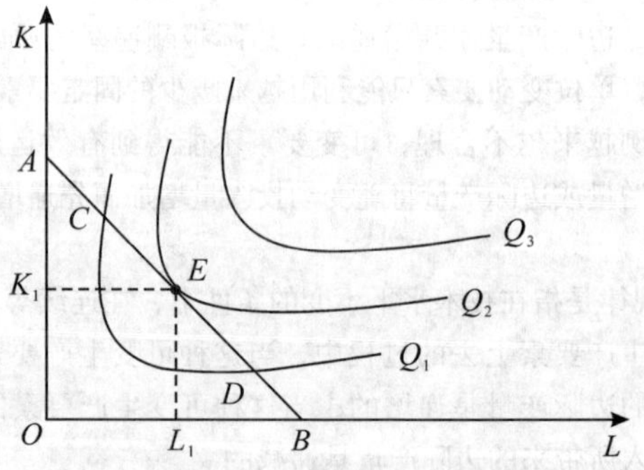

既定成本条件下产量最大的要素组合

8. 如下图所示。有一条等产量曲线 Q_0 和三条等成本线 C_1、C_2 和 C_3。唯一的等产量曲线 Q_0 代表既定的产量。三条等成本线具有相同的斜率（即表示两要素的价格是既定的），但代表三个不同的成本量，其中，等成本线 C_2 代表的成本大于等成本线 C_1。等成本线 C_3 代表的成本大于等成本线 C_2。唯一的等产量曲线 Q_0 与其中一条等成本线 C_2 相切于 E 点，这就是生产的均衡点或最优要素组合点。因为，等成本线 C_1 与既定的等产量曲线 Q_0 既无交点又无切点，它无法实现等产量曲线 Q_0 所代表的产量。等成本曲线 C_3 虽然与既定的等产量曲线 Q_0 相交于 C、D 两点，但它代表的成本过高，通过沿着等产量曲线 Q_0 由 C 点向 E 点或者由 D 点向 E 点的移动，都可以获得相同的产量而使成本下降。所以，只有在切点 E，才是在既定产量条件下实现最小成本的要素组合。在均衡点 E 有：$MRTS_{LK}=w/r$。它表示：为了实现既定产量条件下的最小成本，厂商应该选择最优的生产要素组合，使得两要素的边际技术替代率等于两要素的价格比例。这是两种生产要素的最优组合的原则。

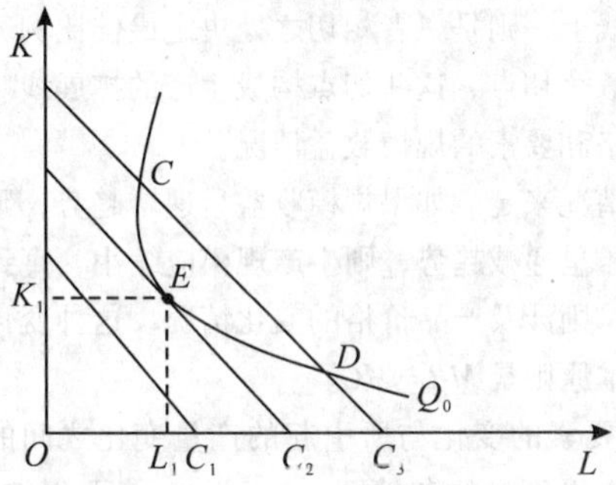

既定产量条件下成本最小的要素组合

9. (1) 区别：$MU_X/P_X=MU_Y/P_Y$ 是消费者实现效用最大化的条件，它说的是，消费者要想获得效用最大化必须按照下述原则调整其购买量：在既定的收入和商品价格下，追求效用最大化的消费者分配他在各种支出上的原则是使得他花费在所购买的每一种商品上的最后一元钱所得到的边际效用相等。

$MP_L/w=MP_K/r$ 是两要素生产均衡实现产量最大化的条件。满足此条件下，厂商就实现了劳动和资本两种生产要素投入数量的最佳组合，就会取得在既定成本条件下的产量最大化或既定产量条件下的成本最小化。

$MR_A/P_A=MR_B/P_B$ 是制定歧视价格，实现收益最大化的条件，它说的是，把市场划分为 A 和 B，在每个市场实行不同的价格，当每个市场最后一元钱的价格带来相同的边际收益相等时，达到均衡。

(2) 联系：都运用了边际分析的方法；体现着选择理论的思想，都是实现最大化的均衡条件。

10. 企业的生产规模不能过小，也不能过大，即要实现适度规模（appropriate degree dimensions）。就是两种生产要素的增加应该适度，生产规模的扩大正好使收益递增达到最大，当收益递增达到最大时就不再增加生产要素，并使这一生产规模维持下去。如果一个厂商不断地扩大工厂规模，到了一定程度，会因管理越来越复杂，管理效率下降；因增加生产要素供给和产品销售困难，使生产要素价格与销售费用增加。从而，规模报酬将会出现递减的趋势。

七、论述题

1. (1) 对于单一可变生产要素的情况，是根据总产量曲线 TP、平均产量曲线 AP 和边际产量曲线 MP 的形状及相互关系划分的。第一阶段：平均产量递增阶段，即平均产量从零增加到平均产量的最高点。这一阶段是从原点到曲线 AP 和曲线 MP 的交点。第二阶段：平均产量递减，但边际产量仍大于零，所以总产量仍是递增，直到总产量达到最高点。这一阶段是从曲线 AP 和 MP 的交点到曲线

MP 与横轴的交点。第三阶段：边际产量为负值，总产量也递减。这一阶段是曲线 MP 和横轴的交点以后的阶段。其最优生产投入量应在第二阶段内，即在该可变要素的平均产量下降且边际产量大于零的阶段。因为，在第一阶段，平均产量递增，若继续增加该要素的投入量，总产量和平均产量会相应增加，因而理性的生产者将不会停留在该阶段；在第三阶段，边际产量为负，若减少该要素的投入量，总产量会相应增加，因而理性的生产者也不会停留在该阶段。至于生产者究竟在第二阶段的哪一点为最佳，则取决于该要素投入所能带来的收益与其花费的成本的比较。若它带来的边际收益等于它带来的边际成本，则它的最佳投入数量就达到了，否则需要增加或减少投入量。

（2）对于两种及两种以上的生产要素，其投入比例取决于边际技术替代率和各要素的价格，当两种生产要素的边际技术替代率等于两种生产要素的价格之比，即 $MRTS = w/r$ 时，要素的投入比例为最佳。在等产量线和等成本线上，则是二者相切之处决定最佳比例。如此确定的比例有无数个，表现为等产量线和等成本线有无数个切点，这些切点构成生产的扩展线。那么，理性的生产者应选择扩展线的哪一点，取决于产品价格和要素的规模收益情况。

生产规模的确定需由收益情况来定。如果规模收益呈递增趋势，则生产规模应继续扩大，增加使用各要素的数量；如果规模收益呈递减趋势，则生产规模应缩小，直到处于规模收益不变的阶段。关于规模与收益之间的具体关系，则涉及产品价格的变化情况，这种变化视不同的市场形态而不同。但生产者选择最优规模时，其基本原则是 $MR = MC$。

2. 规模报酬是指所有生产要素的变化与所引起的产量变化之间的关系，属于长期的生产理论。规模报酬变动规律是指在技术水平不变的条件下，当两种生产要素按同一比例同时增加时，最初这种生产规模的扩大会使得产量增加超过生产规模的扩大，但当规模扩大超过一定限度时，产量的增加会小于生产规模的扩大，甚至会出现产量的绝对减少。

规模报酬有三种类型：第一，规模报酬递增。产量增长率快于各种生产要素投入增长率。导致规模报酬递增的原因主要是生产专业化程度的提高，生产要素的不可分割性，生产规模扩大后管理更合理等。第二，规模报酬不变。产量增长率等于各种生产要素投入增长率。规模报酬不变的原因是在规模报酬递增阶段的后期，大规模生产的优越性已得到充分发挥，厂商逐渐用完了种种规模优势，同时，厂商采取各种措施努力减少规模不经济，以推迟规模报酬递减阶段的到来。在这一阶段，厂商规模增加幅度与收益增加幅度相等。第三，规模报酬递减。产量增长率慢于各种生产要素投入增长率。

之所以出现这种情况，一方面是由于厂商规模的扩大使得厂商的生产由内在经济逐渐转向内在不经济。在规模扩大的初期，厂商可以购置到大型的先进机器设备，这是小规模生产所无法实现的。随着规模的扩大，厂商可以在内部进一步实行专业分工，提高生产率。同时，企业的管理人员也可以发挥管理才能，提高管理效率，并且大规模的生产有利于副产品的综合利用。另一方面，大厂商在购买生产要素方面往往具有某些优惠条件，从而减少成本支出。因此，随着厂商规模的扩大，收益的增加量会超过投入的增加量，从而出现规模报酬递增。

但是，厂商的规模并不是越大越好。当厂商的规模扩大到一定程度以后，由于管理机构越来越大，信息不畅，从而出现管理效率下降的现象。此外，一方面，厂商规模的扩大使得信息处理费用和销售费用增加，可能抵消规模经济带来的利益；另一方面，当厂商的规模扩大到只有提高价格才能购买到足够的生产要素时，厂商的成本势必增加。这些因素最终会导致生产出现规模报酬递减。

当然，在规模报酬递增和递减阶段间会出现规模报酬不变阶段，这一阶段的长短在不同的生产过程中表现不同。

边际报酬递减规律与规模报酬的区别：规模报酬讨论的是厂商规模变动时，产量如何变化，属于长期分析；而边际报酬递减规律考察的是在既定的生产规模下，增加可变生产要素时相应的产量的变化，属于短期分析。

3. 边际替代率是指在维持效用水平或满足程度不变的前提下，消费者增加一单位的某种商品的消费时所需放弃的另一种商品的消费数量。而边际技术替代率是指在维持产量水平不变的条件下，增加一个单位的某种要素投入量时减少的另一种要素的投入数量。

（1）不同点：

一是所属理论不同。边际替代率属于消费者理论中的概念，而边际技术替代率属于生产者理论中的概念。

二是条件不同。边际替代率的前提是维持效用水平或满足程度不变，而边际技术替代率的前提是维持产量水平不变。

三是公式不同。以 MRS 代表商品的边际替代率，ΔX_1 和 ΔX_2 分别是商品 1 和商品 2 的变化量，则商品 1 对商品 2 的边际替代率的公式为：$MRS_{12}=-\dfrac{\Delta X_2}{\Delta X_1}$，或 $MRS_{12}=-\dfrac{\mathrm{d}X_2}{\mathrm{d}X_1}$。以 $MRTS$ 表示边际技术替代率，ΔK 和 ΔL 分别表示资本投入的变化量和劳动投入的变化量，劳动 L 对资本 K 的边际技术替代率的公式为：$MRTS_{LK}=-\dfrac{\Delta K}{\Delta L}$，或 $MRTS_{LK}=-\dfrac{\mathrm{d}K}{\mathrm{d}L}$。

四是含义不同。根据边际替代率的定义可以知道：无差异曲线上任意一点的商品的边际替代率等于无差异曲线上该点的斜率。而边际技术替代率是产量曲线在该点的斜率。

（2）相同点：

一是形式上相似。从二者的定义和公式中即可看出。

二是都是一种比率。边际替代率等于两种商品的消费变化量之比。边际技术替代率是资本投入的变化量和劳动投入的变化量的比率。

三是都遵循递减规律。边际替代率遵循商品的边际替代率递减规律，即在维持效用水平不变的前提下，随着一种商品消费量的连续增加，消费者为得到一单位的这种商品所需放弃的另一种商品的消费量是递减的。由于这两种商品的消费变化量总是呈反方向变化的关系，所以，边际替代率为负值，因此，无差异曲线斜率为负斜率，无差异曲线是凸向原点的。

边际技术替代率具有递减规律。由于劳动替代资本，两者总是呈反方向变化的关系，所以，边际技术替代率为负值，即等产量曲线斜率为负斜率，等产量曲线是一条向原点凸出的曲线。

4.（1）消费者行为理论和生产者行为理论都假设行为人是理性的，即消费者是追求效用最大化，生产者是追求利润最大化的。

（2）消费者行为理论的目的是解释消费者行为，并把分析结果总结在需求曲线中，为供求论的使用奠定基础。而生产者行为理论的目的则是解释生产者行为，并把分析结果总结在供给曲线中，也作为供求论研究价格决定的基础。

（3）消费者行为理论中序数效用论使用的分析工具为无差异曲线和预算约束线，二者的切点即消费者均衡点。生产者行为理论使用的分析工具有些也类似，如等产量线和等成本线，二者的切点即生产者均衡点。

（4）二者都是供求论的基石。

5. 第一，人类的生产活动总是在一定形态的社会中进行。必须首先服从剩余价值规律，即寻求利润最大化。但本章介绍的生产是一般性的生产，即抽象掉了生产关系后所剩下的生产的一般条件，所描述的生产和资本主义生产的实际情况具有一定的距离。本章介绍的内容也与社会主义市场经济的生产有关。例如，在社会主义市场经济中，为了降低生产成本，必须寻求生产要素的最优组合。社会主义的企业也同样存在着规模报酬的递增、递减和不变的问题。因此，在扩大原有企业的规模和另行新建同一企业之间进行选择的时候，必须把这一点考虑在内。

第二，本章关于等产量曲线的介绍表明，不同数量的生产要素的组合可以得到相同的产量，但是在现实生活中，具备一定数量的生产要素并不足以使生产得以进行。本章介绍的生产论也抽象掉了企业家的技术创新的作用。因此，当我们把该理论用于中国的现实时，必须对此加以考虑。

第五章　成本论

一、名词解释

1. 机会成本：生产一单位的某种商品的机会成本是指生产者所放弃的使用相同的生产要素在其他生产用途中所能得到的最高收入。

2. 显成本：指厂商在生产要素市场上购买或租用所需要的生产要素的实际支出。

3. 隐成本：指厂商本身所拥有的且被用于该企业生产过程的那些生产要素的总价格。

4. 经济利润：指企业的总收益和总成本之间的差额，简称企业的利润。

5. 正常利润：指厂商对自己所提供的企业家才能的报酬的支付。

6. 边际成本：是增加一单位产量所引起的总成本的增量。根据边际报酬递减规律，边际成本曲线呈先下降后上升的形状。

7. 短期成本：在短期内，厂商不能调整全部的生产要素，至少有一种生产要素不能发生变化，因此厂商的短期成本有不变成本部分和可变成本部分之分。

8. 长期成本：在长期内，厂商可以根据产量的要求调整全部的生产要素投入量，甚至进入或退出一个行业，因此，厂商所有的成本都是可变的。厂商的长期成本可以分为长期总成本、长期平均成本和长期边际成本。

9. 规模经济：在企业生产扩张的开始阶段，厂商由于扩大生产规模而使经济效益得到提高，这叫规模经济。当生产扩张到一定的规模以后，厂商继续扩大生产规模，就会使经济效益下降，就叫规模不经济。

10. 外在经济：企业外在经济是由于厂商的生产活动所依赖的外界环境得到改善而产生的。相反，如果厂商的生产活动所依赖的外界环境恶化了，则是企业的外在不经济。外在经济会使 *LAC* 曲线向下平移，外在不经济会使 *LAC* 曲线向上平移。

二、判断题

1. ×

提示：机会成本属于隐成本，可以大致衡量，但不能在会计账表中反映。

2. ×

提示：当经济利润为零时，正常利润大于零。

3. ✓

提示：由短期总成本函数可知，b 不随企业产量的变化而变化。

4. ×

提示：必须在其他条件不变时才会如此。

5. ×

提示：只有在长期成本曲线的最低点才是如此。

6. ×

提示：短期如此，长期是由规模经济造成的。

7. ✓

提示：长期总成本曲线是短期总成本曲线的包络线，而不是相反。

8. ✓

提示：这是外在经济的定义。

9. ✓

提示：这是 *LAC* 曲线呈现“U”形的原因。

10. ×

提示：应该为都存在着 *LTC* 曲线与一条 *STC* 曲线的相切点，而不是相交点。

11. ×

提示：生产一单位的某种商品的机会成本是指生产者所放弃的使用相同的生产要素在其他生产用途中所能得到的最高收入。

12. ✓

提示：这是隐成本的定义。

13. ✓

提示：这是正常利润的定义。

14. ✓

提示：正确地描述了边际产量和边际成本、总产量和总成本之间的关系。

15. ×

提示：边际成本曲线交平均可变成本曲线于平均可变成本曲线的最低点。

16. ×

提示：在长期，厂商所有的成本都是可变的。

17. ✓

提示：在短期，厂商对不变生产要素的支付形成不变成本；对可变生产要素的支付形成可变成本。

18. ✓

提示：这是固定成本的定义。

19. ✓

提示：这是可变成本的定义。

20. ×

提示：根据边际报酬递减规律，边际成本曲线呈先下降后上升的形状。边际成本是总成本曲线的斜率，所以总成本曲线的斜率也是先下降后上升的。

三、单项选择题

题号	1	2	3	4	5	6	7	8	9	10
答案	B	B	C	B	D	A	A	A	C	A
题号	11	12	13	14	15	16	17	18	19	20
答案	C	D	C	A	D	B	B	A	D	A
题号	21	22	23	24	25	26	27			
答案	B	B	B	B	C	D	A			

四、多项选择题

题号	1	2	3	4	5	6	7	8	9	10
答案	ACD	ABC	BCD	BCD	ABD	ACD	AB	BD	AB	BD
题号	11	12	13	14	15					
答案	BE	BCD	ABD	AC	BD					

五、计算题

1.（1）可变成本部分：Q^3-10Q^2+17Q

不变成本部分：66

（2）$TVC(Q)=Q^3-10Q^2+17Q$

$AC(Q)=Q^2-10Q+17+66/Q$

$AVC(Q)=Q^2-10Q+17$

$AFC(Q)=66/Q$

$MC(Q)=3Q^2-20Q+17$

2. $STC(Q)=0.04Q^3-0.8Q^2+10Q+5$

$AVC(Q)=0.04Q^2-0.8Q+10$

求导得 $0.08Q-0.8=0$

所以 $Q=10$

$AVC(Q)_{\min}=6$

3. $STC=1\,000+240q-4q^2+\frac{1}{3}q^3$

（1）$SMC=\mathrm{d}STC/\mathrm{d}q=240-8q+q^2$

当 $SMC'=0$，而 $SMC''<0$ 时，SMC 达到最小值

即 $SMC'=-8+2q=0$，$SMC''=-8<0$

求出 $q=4$

∴ 当 SMC 达到最小值时产量为4。

（2）$AVC=240-4q+\frac{1}{3}q^2$

当 $AVC'=0$，而 $AVC''<0$ 时，AVC 达到最小值。

即 $AVC'=-4+\frac{2}{3}q=0$，$AVC''=-4<0$

∴ 当 AVC 达到最小时产量为6。

4.（1）生产函数 $Q=-0.2L^3+12L^2+24L$

劳动的平均产量函数为：$AP_L=-0.2L^2+12L+24$

令：$\frac{\mathrm{d}AP_L}{\mathrm{d}L}=-0.4L+12=0$

求解得 $L=30$，即劳动的平均产量极大时所雇用的劳动人数为30人。

（2）劳动的边际产量为 $MP_L = -0.6L^2 + 24L + 24$，

令 $\frac{dMP_L}{dL} = 1.2L + 2.4 = 0$

求解得 $L = 20$，即劳动的边际产量为最大时所雇用的劳动人数为 20 人。

（3）平均可变成本极小，即 AP_L 极小时，$L = 30$，代入生产函数，则：

$Q = -0.2L^3 + 12L^2 + 24L = -0.2 \times 30^3 + 12 \times 30^2 + 24 \times 30 = 6\ 120$，即平均可变成本最小时的产量为6 120。

（4）$\pi = PQ - WL = 10 \times (-0.2L^3 + 12L^2 + 24L) - 240L$

$= -2L^3 + 120L^2$

$\pi' = -6L^2 + 240L = 0$

$\therefore L = 40$

当 $w = 360$ 元，$P = 30$ 元，利润极大时雇用的劳动人数为 40 人。

5.（1）对生产的第一、二、三阶段的判断取决于 MP_L 和 AP_L。从 AP_L 和 MP_L 都等于 0 到二者相等时，即 AP_L 为最大值时，为第一阶段；从这一阶段到 MP_L 为 0 时是第二阶段；从 MP_L 变为负值起为第三阶段。根据这一原理，先要计算出 AP_L 为最大值及 $MP_L = 0$ 时投入劳动的数值，即

$x = -L^3 + 12L^2 + 144L$，$AP_L = -L^2 + 12L + 144$

$\frac{\partial AP_L}{\partial L} = -2L + 12 = 0 \Rightarrow L = 6$

$MP_L = -3L^2 + 24L + 144 = 0$，得 $L = 12$

$0 < L < 6$ 时，处于生产的第一阶段；$6 < L < 12$ 时，处于生产的第二阶段；$L > 12$ 时，处于生产的第三阶段。

（2）当产品的价格 P_X 为 $SAVC$ 的最小值时，工厂停止生产，$SAVC$ 最小值发生在 AP_L 为最大值时，从上面的计算已知，$L = 6$ 时，AP_L 达到最大值。

当 $L = 6$ 时，产量 $x = -63 + 24 \times 62 + 240 \times 6 = 2\ 865$。

由于满足每人每周工作 40 小时，每小时为 6 元，所以 6 个工人一周的工资成本为 $WL = 40 \times 6 \times 6 = 1\ 440$ 元。$SAVC = \frac{1\ 440}{2\ 880} = 0.50$ 元。

当产品的价格低于 0.50 元时，则停止生产。

（3）厂商的均衡条件为 $W = VMP = P_X \cdot MP_L$，则：$P_X = \frac{W}{MP_L}$

当 $L = 8$ 时，$MP_L = -3 \times 8^2 + 24 \times 8 + 144 = 144$。

每个工人每周的工资为 $40 \times 6 = 240$ 元，则：

$P_X = \frac{W}{MP_L} = \frac{240}{144} = 1.67$（元）

当 $L = 8$ 时，总产量 $x = -8^3 + 12 \times 8^2 + 144 \times 8 = 1\ 408$。

总收益 $TR = X \cdot PX = 1.67 \times 1\ 408 = 2\ 351.36$（元）

总可变成本 $TVC = WL = 8 \times 240 = 1\ 920$（元）

由于利润要达到 300 元，所以固定成本 $\Delta TFC = 2\ 351.36 - 1\ 920 - 300 = 131.36$ 元。

6. $TC = Q \cdot AC = 160 + 5Q - 3Q^2 + 2Q^3$

$MC = \frac{dTC}{dQ} = 5 - 6Q - 6Q^2$

这就是边际成本函数。

7. 由 MC 积分得：

$TC=3Q^3+2Q^2+5Q+a$ （a 为常数）

$3\ 000=3\times10^3+2\times10^2+5\times10+a\Rightarrow a=-250$

$\therefore TC=3Q^3+2Q^2+5Q-250$

$AC=\dfrac{TC}{Q}=3Q^2+2Q+5-\dfrac{250}{Q}$

$VC=TC-FC=3Q^2+2Q+5$

$AVC=\dfrac{VC}{Q}=3Q+2+\dfrac{5}{Q}$

8. （1）当 $K=4$ 时，$Q=\sqrt{KL}=\sqrt{4L}=2\sqrt{L}$

所以，劳动投入为：$L=\dfrac{1}{4}Q^2$

又因为 K 的总值为 100，L 的价格为 10，所以总成本函数为：

$$STC=KP_K+LP_L=100+10L=100+2.5Q^2$$

平均成本为：

$$SAC=\frac{100}{Q}+2.5Q$$

边际成本为：

$$SMC=5Q$$

（2）厂商的利润函数为：

$$\pi=TR-STC=PQ-STC=40Q-100-2.5Q^2$$

利润最大化问题的一阶条件为：

$$\frac{\partial\pi}{\partial Q}=40-5Q=0$$

解得：$Q=8$

又因为：$\dfrac{\partial^2\pi}{\partial Q^2}=-5<0$

所以，利润最大化的产量为：$Q=8$。

最大的利润为：$\pi=40Q-100-2.5Q^2=60$。

（3）如果 K 的总值从 100 上升到 120 时，成本函数为：

$$STC=KP_K+LP_L=120+10L=120+2.5Q^2$$

利润函数为：

$$\pi=TR-STC=PQ-STC=40Q-120-2.5Q^2$$

利润最大化问题的一阶条件为：

$$\frac{\partial\pi}{\partial Q}=40-5Q=0$$

解得：$Q=8$

又因为：$\dfrac{\partial^2\pi}{\partial Q^2}=-5<0$

所以，利润最大化的产量为 $Q=8$，最大的利润为：$\pi=40Q-120-2.5Q^2=40$。

9. 本题作图结果见下图：

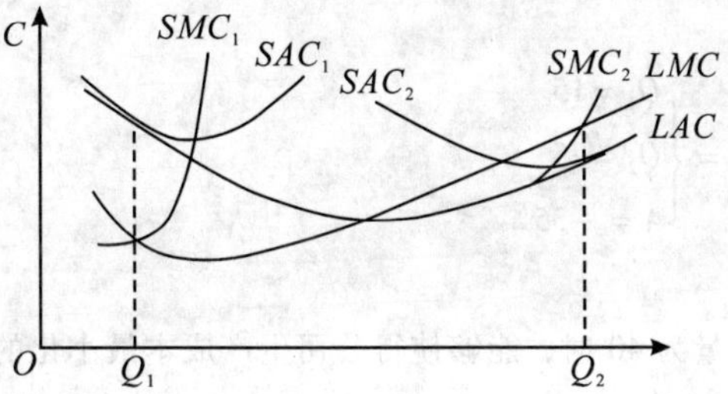

10.（1）填表：

L	1	2	3	4	5	6	7
TP_L	10	30	70	100	120	130	135
AP_L	10	15	70/3	25	24	65/3	135/7
MP_L	10	20	40	30	20	10	5

（2）图略。

（3）填表：

L	Q	$TVC = w \cdot L$	$AVC = w/AP_L$	$MC = w/MP_L$
1	10	200	20	20
2	30	400	40/3	10
3	70	600	60/7	5
4	100	800	8	20/3
5	120	1 000	25/3	10
6	130	1 200	120/13	20
7	135	1 400	280/27	40

11.（1）由 $MC = 3Q^2 - 30Q + 100$，得到 $TC = Q^3 - 15Q^2 + 100Q + c$（其中 c 为常数），又生产 10 单位产量时的总成本为 1 000，解得 $c = 500$。

（2）由（1）得总成本函数 $TC(Q) = Q^3 - 15Q^2 + 100Q + 500$；总可变成本函数 $VC(Q) = Q^3 - 15Q^2 + 100Q$

平均成本函数 $AC(Q) = \dfrac{TC(Q)}{Q} = Q^2 - 15Q + 100 + \dfrac{500}{Q}$

平均可变成本函数 $ACV(Q) = \dfrac{VC(Q)}{Q} = Q^2 - 15Q + 100$。

12. 构造函数 $F(Q) = 2Q_1^2 + Q_2^2 - Q_1Q_2 + \lambda(Q_1 + Q_2 - 40)$

$$\left.\begin{aligned}\frac{\partial F}{\partial Q_1}&=4Q_1-Q_2+\lambda=0\\ \frac{\partial F}{\partial Q_2}&=2Q_2-Q_1+\lambda=0\\ \frac{\partial F}{\partial \lambda}&=Q_1+Q_2-40=0\end{aligned}\right\}\Rightarrow\begin{cases}Q_1=15\\ Q_2=25\\ \lambda=-35\end{cases}$$

因此，当公司生产的产量为 40 时，能够使得公司生产成本最小化的两个工厂的产量的组合为 $Q_1=15$，$Q_2=25$。

13. 因为 $\bar{K}=16$，所以 $Q=4A^{\frac{1}{4}}L^{\frac{1}{4}}$，因此有 $MP_A=\frac{\partial Q}{\partial A}=A^{-\frac{3}{4}}L^{\frac{1}{4}}$，$MP_L=\frac{\partial Q}{\partial L}=A^{\frac{1}{4}}L^{-\frac{3}{4}}$

由均衡条件 $\frac{MP_A}{MP_L}=\frac{P_A}{P_L}$ 得：$\frac{MP_A}{MP_L}=\frac{\frac{\partial Q}{\partial A}}{\frac{\partial Q}{\partial L}}=\frac{A^{-\frac{3}{4}}L^{\frac{1}{4}}}{A^{\frac{1}{4}}L^{-\frac{3}{4}}}=\frac{P_A}{P_L}=\frac{1}{1}=1$，推出 $L=A=Q^2/16$。

由此

（1）总成本函数：

$TC(Q)=P_A\cdot A(Q)+P_L\cdot L(Q)+P_K\cdot K=Q^2/16+Q^2/16+32=Q^2/8+32$

平均成本函数：

$AC(Q)=Q/8+32/Q$

（2）总可变成本函数：

$TVC(Q)=Q^2/8$

平均可变成本函数：

$AVC(Q)=Q/8$

（3）边际成本函数：

$MC=Q/4$

14. （1）当 $K=50$ 时，$P_K\cdot K=P_K\cdot 50=500$，所以 $P_K=10$。

由于 $MP_L=\frac{1}{6}L^{-\frac{2}{3}}K^{\frac{2}{3}}$，$MP_K=\frac{2}{6}L^{\frac{1}{3}}K^{-\frac{1}{3}}$，代入均衡条件得：

$$\frac{MP_L}{MP_K}=\frac{\frac{1}{6}L^{-\frac{2}{3}}K^{\frac{2}{3}}}{\frac{2}{6}L^{\frac{1}{3}}K^{-\frac{1}{3}}}=\frac{P_L}{P_K}=\frac{5}{10}=\frac{1}{2}$$

$K=L$，代入 $Q=0.5L^{\frac{1}{3}}K^{\frac{2}{3}}$ 得：$L=2Q$。

（2）$STC=w\cdot L(Q)+r\cdot 50=5\times 2Q+500=10Q+500$，$SAC=10+500/Q$，$SMC=10$。

（3）由（1）可知，$K=L$，且已知 $K=50$，所以有 $L=50$，代入 $Q=0.5L^{\frac{1}{3}}K^{\frac{2}{3}}$ 有 $Q=25$。又 $\pi=TR-STC=100Q-10Q-500=1\ 750$，所以利润最大化时的产量 $Q=25$，利润 $\pi=1\ 750$。

15. 由 SMC 函数积分得 $STC=Q^3-4Q^2+100Q+a$，且当 $Q=10$ 时，$STC=2\ 400$，得 $a=800$，即 $STC=Q^3-4Q^2+100Q+800$

$$SAC=\frac{STC}{Q}=Q^2-4Q+100+\frac{800}{Q}$$

$AVC=Q^2-4Q+\frac{800}{Q}$。

六、简答题

1. 如下图所示。短期成本曲线共7条，分别是总成本 TC 曲线、总可变成本 TVC 曲线、总固定成本 TFC 曲线以及相应的平均成本 AC 曲线、平均可变成本 AVC 曲线、平均固定成本 AFC 曲线和边际成本 MC 曲线。

（1）TC 曲线、TVC 曲线和 MC 曲线之间的关系：每一产量点上的 MC 值就是相应的 TC 曲线和 TVC 曲线的斜率。在边际报酬递减规律的作用下，当 MC 曲线逐渐地由下降变为上升时，相应地，TC 曲线和 TVC 曲线的斜率也由递减变为递增。当 MC 曲线达到最低点时，TC 曲线和 TVC 曲线相应地各自存在一个拐点。

（2）AC 曲线、AVC 曲线和 MC 曲线之间的关系："U"形的 AC 曲线与"U"形的 MC 曲线相交于 AC 曲线的最低点。在 AC 曲线的下降阶段，MC 曲线在 AC 曲线的下方，在 AVC 曲线的上升阶段，MC 曲线在 AC 曲线的上方。"U"形的 AVC 曲线与"U"形的 MC 曲线相交于 AVC 曲线的最低点。在 AVC 曲线的下降阶段，MC 曲线在 AVC 曲线的下方，在 AVC 曲线的上升阶段，MC 曲线在 AVC 曲线的上方。对于产量变化的反应，边际成本 MC 要比平均成本 AC 和平均可变成本 AVC 敏感得多。反映在图中，不管是上升还是下降，MC 曲线的变动都快于 AC 曲线和 AVC 曲线。

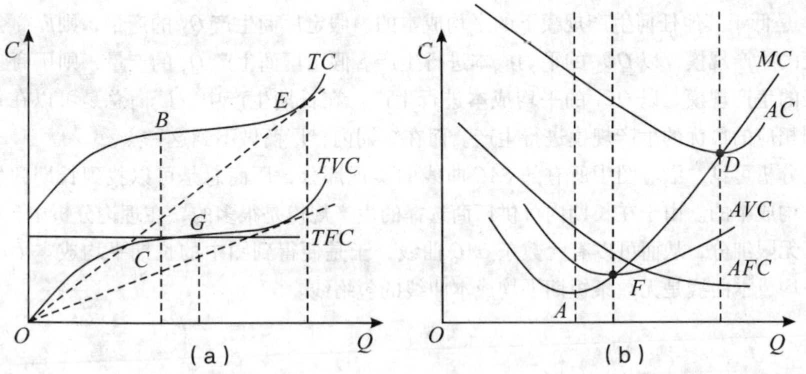

（3）比较图中 AC 曲线和 MC 曲线的交点 D 与 AVC 曲线和 MC 曲线的交点 F，可以发现，前者的出现慢于后者，并且前者的位置高于后者。也就是说，AVC 曲线降到最低点 F 时，AC 曲线的最小值大于 AVC 曲线的最小值。这是因为：在平均总成本中不仅包括平均可变成本，还包括不变成本。正是由于平均不变成本的作用，才使得 AC 曲线的最低点 D 的出现既慢于又高于 AVC 曲线的最低点 F。

2. 如下图所示。图中，有三条短期总成本曲线 STC_1、STC_2 和 STC_3，它们分别代表三个不同的生产规模。STC_1 曲线所表示的总不变成本小于 STC_2 曲线，STC_2 曲线所表示的总不变成本又小于 STC_3 曲线，而总不变成本的多少往往表示生产规模的大小。因此，从三条短期总成本曲线所代表的生产规模看，STC_1 曲线最小，STC_2 曲线居中，STC_3 曲线最大。

假定厂商生产的产量为 Q_2，短期内，厂商可能面临 STC_1 曲线所代表的过小的生产规模或 STC_3 曲线所代表的过大的生产规模，厂商只能按较高的总成本来生产产量 Q_2，即在 STC_1 曲线上的 d 点或 STC_3 曲线上的 e 点进行生产。但在长期，厂商可以变动全部的要素投入量，选择最优的生产规模。于是，厂商必然会选择 STC_2 曲线所代表的生产规模进行生产，从而将总成本降低到所能达到的最低水平，即厂商是在 STC_2 曲线上的 b 点进行生产。类似地，在长期内，厂商会选择 STC_1 曲线所代表的生产规模，在 a 点上生产 Q_1 的产量；选择 STC_3 曲线所代表的生产规模，在 c 点上生产 Q_3 的产量。

这样，厂商就在每一个既定的产量水平实现了最低的总成本。也就是说，可以找到无数个类似于 a、b 和 c 的点，这些点的轨迹就形成了图中的长期总成本 LTC 曲线。显然，长期总成本曲线是无数条短期总成本曲线的包络线。

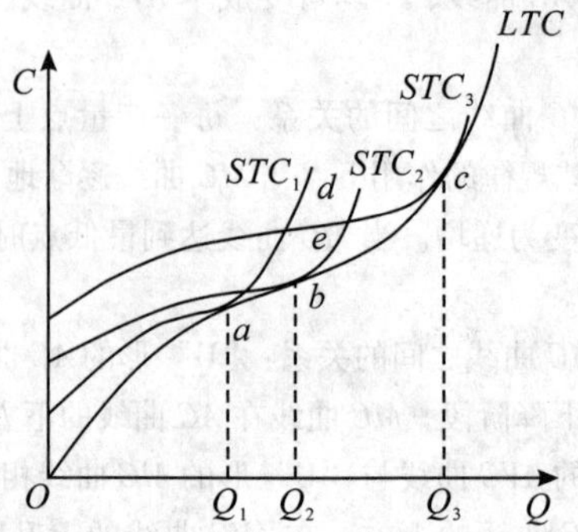

3. 如下图所示。有三条短期平均成本曲线 SAC_1、SAC_2 和 SAC_3，它们各自代表了三个不同的生产规模。在长期，厂商可以根据产量要求，选择最优的生产规模进行生产。假定厂商生产 Q_1 的产量，则厂商会选择 SAC_1 曲线所代表的生产规模，以 OC_1 的平均成本进行生产。而对于产量 Q_1 而言，平均成本 OC_1 是低于其他任何生产规模下的平均成本的。假定厂商生产 Q_2 的产量，则厂商会选择 SAC_2 曲线所代表的生产规模，以 OC_2 的平均成本进行生产。假定厂商生产 Q_3 的产量，则厂商会选择 SAC_3 曲线所代表的生产规模，以 OC_3 的平均成本进行生产。在长期生产中，厂商总是可以在每一生产量水平上找到相应的最优的生产规模进行生产。而在短期内，厂商做不到这一点。

由以上分析可见，沿着图中所有的 SAC 曲线的实现部分，厂商总是可以找到长期内生产某一产量的最低平均成本的。由于在长期内可供厂商选择的生产规模是很多的，在理论分析中，可以假定生产规模可以无限细分，从而可以有无数条 SAC 曲线，于是便得到图中的长期平均成本 LAC 曲线。显然，长期平均成本曲线是无数条短期平均成本曲线的包络线。

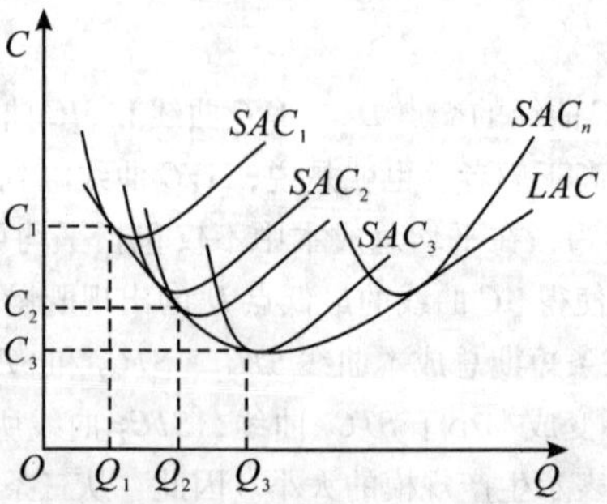

4. 如下图所示。

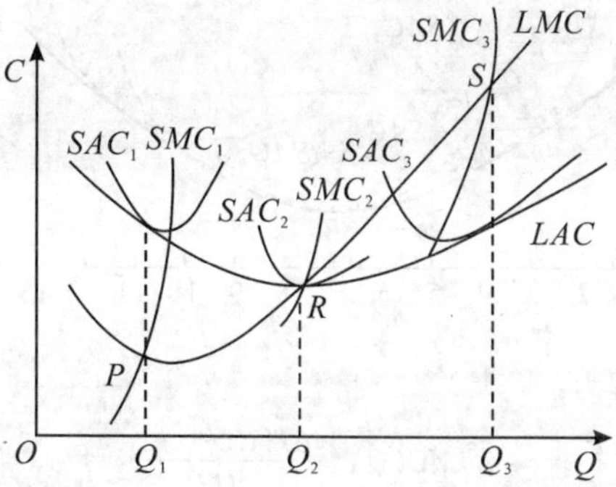

图中，在每一个产量水平，代表最优生产规模的 SAC 曲线都有一条相应的 SMC 曲线，每一条 SMC 曲线都过相应的 SAC 曲线的最低点。在 Q_1 的产量上，生产该产量的最优生产规模由 SAC_1 曲线和 SMC_1 曲线所代表，相应的短期边际成本由 P 点给出，PQ_1 既是最优的短期边际成本，又是长期边际成本，即有 $LMC = SMC_1 = PQ_1$。或者说，在 Q_1 的产量上，长期边际成本 LMC 等于最优生产规模的短期边际成本 SMC_1，它们都等于 PQ_1 的高度。同理，在 Q_2 的产量上，有 $LMC = SMC_2 = RQ_2$。在 Q_3 的产量上，有 $LMC = SMC_3 = SQ_3$。在生产规模可以无限细分的条件下，可以得到无数个类似于 P、R 和 S 的点，将这些点连接起来便得到一条光滑的长期边际成本 LMC 曲线。

5. 第一，成本论是脱离资本主义的本质而仅从技术方面考察厂商的成本，难以从成本论中认识到资本主义厂商的成本方面的特色。第二，成本论引入了“机会成本”这一有用的概念，它拓宽和深化了对消耗在一定生产活动中的经济资源成本的理解。以机会成本来估算生产中的各种成本，对于社会主义条件下的整个经济或单个部门、单个企业的资源的合理配置问题，不仅在经济理论的研究方面，而且在实际应用方面，都具有参考价值。第三，在长期平均成本 LAC 曲线的形状问题上，在西方经济学的分析中，它总是被假定为“U”形的，但事实上，在不少行业中的企业的长期平均成本 LAC 曲线并非是“U”形，而呈“L”形。

6. 所谓收益递减规律，是指在技术和其他生产要素的投入固定不变的条件下，连续地把某一生产要素的投入量增加到一定数量之后，总产量的增量即边际产量将会出现递减现象。收益递减，既可以指边际产量递减，也可以指平均产量递减，有时还指总产量递减，后者又称为绝对的收益递减。

收益递减只发生在可变要素的投入量超过一定限度以后，而在此之前，产量收益是递增的，也可能不变。如果可变要素的投入量超过了一定的限度，收益递减规律就会发生作用。这是因为在任何产品的生产过程中，可变生产要素与不变生产要素之间在数量上都存在一个最佳配合比例。开始时由于可变要素投入量濒于最佳组合比例所需要的数量，随着可变要素投入量的逐渐增加，可变要素和不变要素的配合比例越来越接近最佳比例，所以可变要素的边际产量呈递增的趋势。当达到最佳配合比例后，再增加可变要素的投入，可变要素的边际产量就呈递减趋势了。

7. 首先根据表格画出长期平均成本曲线（LAC），如下图所示。可以看到在 LAC 曲线的 B 点上，企业在产出最优率（B 点）运行它的最佳规模工厂。

当企业的产出为 1 或 2 时，选择 SAC_1；当产出为 3 时，选择 SAC_1 或 SAC_2；当产出为 4 或 5 时，选择 SAC_2；当产出为 6、7、8 时，选择 SAC_3；当产出为 9、10 时，选择 SAC_4；当产出为 11、12、13 时，选择 SAC_5。

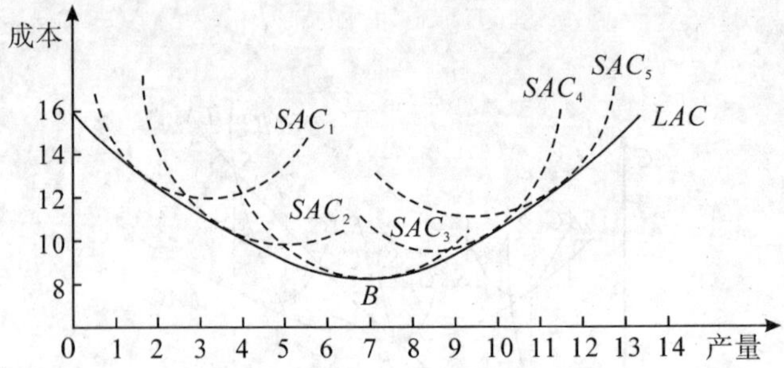

8. 边际成本曲线函数方程为：

$$MC(Q)=\frac{\mathrm{d}TVC\ (Q)}{\mathrm{d}Q}$$

此函数方程表明，在短期内的总成本中，由于一部分要素是固定不变的，所以，边际成本（*MC*）随着产量的变动，只取决于可变成本（*TVC*）的变动量。而可变要素的报酬随其数量的增加会有先递增后递减的变化。因此，*MC* 曲线会有先下降后上升的变化，平均成本（*AC*）曲线由于是平均固定成本（*AFC*）曲线与平均可变成本（*AVC*）曲线叠加的结果，其函数方程为：

$$AC(Q)=\frac{AFC(Q)}{Q}+\frac{AVC(Q)}{Q}$$

因此，*AC* 曲线必然是一条先下降后上升的"U"形曲线，但是它由下降到上升的转折点要晚于 *MC* 曲线。于是 *MC* 曲线必然会与 *AC* 曲线相交。根据两条曲线的不同性质可知，当 $MC<AC$ 时，每增加一单位产品，单位产品的平均成本比以前要小些，所以 *AC* 是下降的；当 $MC>AC$ 时，每增加一单位产品，单位产品的平均成本比以前要大些，所以 *AC* 是上升的。这样，*MC* 曲线只能在 *AC* 曲线最低点与之相交。

9. 规模报酬递增，是指产量增加的比例超过了要素投入量增加比例。例如，生产要素增加一倍，产量增加大于一倍。西方经济学把这种情况又称为规模经济。规模经济是指生产者采用一定生产规模而获得的经济利益。生产规模扩大后，厂商可以提高机器设备的利用率，可以提高劳动的专业化和分工的程度，可以相对地减少一般管理人员的比重和生产、购销的一般性费用的支出等，从而降低单位成本，提高生产效率，使产量增长曲线陡峭地向左上方倾斜。西方经济学家认为，一般而言，随着企业的生产规模的扩大，最初往往规模报酬递增，然后可能有一个规模报酬不变的阶段；如果厂商继续扩大生产规模，就会出现规模报酬递减。在长期内，追求利润最大化的厂商的主要任务是，通过生产规模的调整，尽可能使长期平均成本降低，享受规模经济所带来的利益，而避免由规模不经济遭受的损失。

七、论述题

1. 机会成本是经济分析中一个非常重要的概念，它是人们在决策时必须考虑到的一个重要的因素，可以被推广到任何有关人类行为的决策过程中去。它是以放弃用同样资源来生产其他产品或将同样资源投入另外一种用途时所能获得的收入来衡量的。

经济学要从机会成本的概念来分析厂商的生产成本，是因为经济学是从稀缺资源配置的代价而不是会计学的意义上来考察成本的概念。当一定量的经济资源投入产品 *A* 的生产中时，生产产品 *A* 的代价不仅包括这一定量的经济资源的耗费，而且必须包括没有用这些经济资源生产产品 *B* 可能获得的收益。因为如果用一定量经济资源所生产 *A* 获得的收益抵不上生产 *B* 获得的收益，资源就要从 *A*

转移到B。因此，从资源配置的角度来看，生产A的真正成本，不仅应该包括生产A的各种费用支出，而且应该包括放弃的另一种用途（生产B）可能获得的收入。

2. 西方经济学是从稀缺资源配置的角度来研究生产一定数量某种产品所必须支付的代价的。这意味着必须用“机会成本”的概念来研究厂商的生产成本。经济学上生产成本的概念与会计成本概念的区别，就在于后者不是从机会成本而是直接从各项费用的支出来统计成本的。从资源配置的角度来看，生产A的真正成本，不仅应该包括生产A的各种费用支出，而且应该包括放弃的另一种用途（生产B）可能获得的收入。经济学上成本概念与会计学上成本概念之间的关系，可以用下列公式来表示：

会计成本 = 显成本

生产成本 = 机会成本 = 显成本 + 隐成本

厂商在计算利润时，用总收益减去显成本，剩下的部分就是一般会计上的利润，但是，经济学上的成本概念与会计成本既然不一样，那么，经济学上的利润概念也就与会计利润不一样。因此，在西方经济学中，隐成本又被称为正常利润。如果将会计利润再减去隐成本，就是经济学中的利润概念，这种利润称为经济利润。经济学关于利润的概念与会计利润之间的区别和联系，可以用下面的公式来说明：

会计利润 = 总收益 − 显成本

正常利润 = 隐成本

经济利润 = 总收益 − 机会成本 = 总收益 − （显成本 + 正常利润）

3. 厂商的目标是追求利润最大化，这对19世纪资本主义以所有权和经营权合一的古典式企业制度来说是不成问题的。但是，伴随现代公司制企业的产生和发展，资本主义企业制度经历了由所有权与控制权合一的“企业主企业”到两权分离的“经理控制型”企业的演化。一些西方经济学家把大公司的控制权从企业的所有者股东手中转移到经理手中的现象称为“经理革命”。在“经理革命”的背景下，对现代公司制企业目标模式的分析，导致一些西方经济学家企图推翻古典经济学利润最大化的假说。这些假说被称为“经理型厂商理论”，其共同点是强调经理为了追求个人效用最大化目标，而有可能背离最大利润原则。

但是，如果过分估计经理在企业决策方面的作用，或者过分低估了利润在企业目标函数中的举足轻重的作用，都是不正确的。无论所有权和控制权如何分离，只要企业具有资本主义性质，经理只不过是资本家所雇用的高级劳动者，他必须为资本家赚得令人满意的利润。如果他做不到这一点，他的地位也就岌岌可危了，因为资本家可以用两种方法控制经理：用手投票（在董事会举手表决）和用脚投票（指股东因不满意企业经营而在股票市场上卖出该企业的股票）。而这个社会之所以被称为“资本主义”社会，就是因为决定生产和分配决策权的主要权力基础，既不是劳动者，也不是企业家才能，而是资本。而只要资本说了算，用利润目标分析企业的行为就具有广泛的实用性和现实基础。因此，利润最大化假说对企业行为分析仍有现实意义。

4. 消费者行为是指人们为满足自己的欲望，而利用物品效用的一种经济行为。消费者行为理论研究消费者在市场上如何作出购买决策进行购买活动。向商品市场提供产品的生产者称为“厂商”，厂商是指能够独立作出统一的经济决策的经济单位。其生产目的是实现利润最大化，或在既定的产量下实现成本最小化。其基本命题是：生产者用最小成本获得最大的产量。

区别：消费者行为理论研究消费者行为或消费决策，需要的前提假定主要有：①消费者行为是有理性的，即消费者总是通过深思熟虑来作出最优购买决策；②消费决策以正确而完备的信息为根据，即消费者能够知道自己对各种产品和劳务的偏好、商品和劳务满足自己需要的性能、价格和收入的变动情况等；③消费者行为的目的是用有限的收入获得欲望的最大满足，即效用最大化。解释消费者行为的理论基础是效用论。

厂商包括两部分内容：①从实物角度分析生产要素投入量和产出量之间的物质技术关系，称作生产理论；②从价值即货币形态角度分析对应产量变动所消耗的一定数量的生产要素的变动情况，称作成本理论。

联系：消费者理论和厂商理论是微观经济学中的重要部分，两者相对共生。消费者理论和生产者理论的建立以新古典理论中的“两分法”为前提，即认为消费者和厂商之间的界线是明确的，市场上明显地分为消费者——需求和生产者（厂商）——供给两个部分，两者的交换结果就是市场均衡。从这个角度讲，消费者理论和厂商理论是相互联系、共为一体的，同为新古典主义经济学的重要组成部分。同时两者都以经济人为基本假设前提进行分析。

5.（1）短期平均成本曲线呈“U”形，即最初阶段递减后又转入递增阶段。之所以产生这种现象是由于产量达到一定数量前，每增加一单位的可变要素所增加的产量超过先前每单位可变要素之平均产量。这表现为，平均可变成本随产量的增加而递减。当产量达到一定数量后，随着投入可变要素的增加，每增加一单位可变要素所增加的产量小于先前的可变要素的平均产量，即短期平均可变成本曲线自此点开始转入递增。

（2）长期平均成本曲线呈“U”形的原因在于，随着产量的扩大，使用的厂房设备等的规模扩大，因而产品的生产经历规模报酬递增阶段，这表现为产品的单位成本将随着产量的增加而递减。长期平均成本经历递减阶段之后，最好的资本设备和专业化的利益已全部被利用，这时可能进入报酬不变，即平均成本固定不变阶段，由于企业管理这个生产要素不会像其他要素那样增加，因而随着企业规模的扩大，管理的困难和成本将越来越大，若再增加产量，企业的长期平均成本最终将转为递增。

第六章　完全竞争市场

一、名词解释

1. 行业：为同一个商品市场生产和提供商品的所有的厂商的总体。

2. 完全竞争市场：符合市场上有大量卖者和买者、产品同质、资源完全自由流动和完全信息四个假定条件的市场。

3. 总收益：指按一定价格出售一定量产品时所获得的全部收入。

4. 平均收益：厂商在平均每一单位产品销售上所获得的收入。

5. 边际收益：厂商增加一单位产品销售所获得的收入增量。

6. 收支相抵点：厂商 *SAC* 曲线和 *SMC* 曲线的交点。此时平均收益等于平均成本，厂商的利润为零，但厂商的正常利润实现了，由于厂商既无利润，也无亏损，所以，该均衡点也被称为厂商的收支相抵点。

7. 停止营业点：厂商 *SAVC* 曲线和 *SMC* 曲线的交点。在这一点上，厂商生产和不生产的结果都一样，处于关闭企业的临界点。

8. 完全竞争厂商的短期供给曲线：用 *SMC* 曲线大于和等于 *SAVC* 曲线最低点的部分来表示。它是向右上方倾斜的，表示了商品价格和供给量之间同方向变化的关系。

9. 生产者剩余：厂商提供一定数量的某种产品时实际接受的总支付和愿意接受的最小总支付之间的差额。

10. 成本不变行业：是指该行业产量增加所引起的生产要素需求的增加，不对生产要素的价格发生影响。

11. 成本递增行业：是指该行业产量增加所引起的生产要素需求的增加，会导致生产要素的价格上升。

12. 成本递减行业：是指该行业产量增加所引起的生产要素需求的增加，会导致生产要素的价格下降。

13. 消费者统治：指在一个经济社会中消费者在商品生产这一最基本的经济问题上所起的决定性的作用，即生产者是根据消费者的意志来组织生产、提供产品的。

二、判断题

1. √

提示：从行业的角度来看，需求曲线的形状是遵循一般规律的，即向右下方倾斜。

2. ×

提示：如果有很大的进出障碍，并且在位厂商对价格有较强的控制力或影响力，尽管产品同质，也不一定是竞争市场，如原油生产、提炼行业。

3. ×

提示：完全竞争厂商面临的需求曲线是水平的，但行业的需求曲线仍然是向右下方倾斜的。

4. ×

提示：在要素市场完全竞争的条件下，长期内上述命题正确，但短期内厂商的利润率水平有很大差异。

5. ×

提示：$MR=MC$ 是必要条件，$\frac{dMC}{dQ}>\frac{dMR}{dQ}$ 是充分条件。

6. √

提示：完全竞争厂商的平均收益和边际收益是相等的，它们都等于商品的价格。

7. √

提示：完全竞争市场上的产品是同质的，每个厂商对产品的价格没有一点控制力，只能被动接受市场价格。

8. ×

提示：完全竞争厂商短期内不能调整所有生产要素，改变生产规模，经营结果可能获利，可能收支相抵，也可能亏损，但在长期内只能获得正常利润。

9. √

提示：此时厂商应停止生产。但若不得不选择继续生产时，此时的均衡产量是 $P=MR=MC$ 所对应的产量水平。

10. ×

提示：完全竞争厂商的短期供给曲线是用 *SMC* 曲线大于和等于 *SAVC* 曲线最低点的部分来表示。

11. ×

提示：收支相抵点是由平均成本曲线与短期边际成本曲线的交点决定的。

12. √

提示：在完全竞争市场上，所有产品是没有差别的，单个厂商没必要做广告。

13. ×

提示：完全竞争厂商是市场价格的被动接受者，单个生产者不可能控制商品的价格，不可能涨价，也没必要降价。

14. ✓

提示：行业供给曲线是由单个厂商的短期供给曲线水平相加而成的。

15. ×

提示：完全竞争厂商长期均衡的结果只有一种情况，即所有厂商都获得零利润，既不会有超额利润的存在，也不会有亏损的存在，所有厂商都收支相抵，只获得正常利润。

16. ✓

提示：完全竞争厂商长期均衡条件为：$MR=LMC=SMC=LAC=SAC=AR$，均衡点正好是 LAC 的最低点。

17. ✓

提示：由于行业规模经济，导致每个厂商的长期平均成本随产量增加而减少。

18. ×

提示：是由于产量增加引起生产要素需求的增加，并进一步导致生产要素价格的上升。

19. ✓

提示：完全竞争模型的长期均衡点出现在 LAC 的最低点，此时代表价格最低，产量最高，经济效率最大，资源配置最优。

20. ×

提示：对于短期内短缺经济的情况下，生产者有一定的控制能力。如垄断厂商可以影响或改变消费者的偏好。

三、单项选择题

题号	1	2	3	4	5	6	7	8	9	10
答案	A	A	A	C	D	B	B	B	D	D
题号	11	12	13	14	15	16	17	18	19	20
答案	C	B	C	C	C	D	B	C	D	B
题号	21	22	23	24	25					
答案	D	C	B	C	C					

四、多项选择题

题号	1	2	3	4	5	6	7	8	9	10
答案	ABCD	ABCD	ABCD	AB	ABC	AB	ABD	AD	AC	ABD
题号	11	12	13	14	15					
答案	ABCD	CD	BCD	BCD	ABD					

五、计算题

1.（1）因为 $STC=0.1Q^3-2Q^2+15Q+10$

所以 $SMC=\frac{dSTC}{dQ}=0.3Q^2-4Q+15$

根据完全竞争厂商实现利润最大化原则 $P=SMC$，且已知 $P=55$，于是有：

$0.3Q^2-4Q+15=55$

整理得：$0.3Q^2-4Q-40=0$

解得利润最大化的产量 $Q=20$（负值舍去）

以 $Q=20$ 代入利润等式有：

$$\begin{aligned} TR-STC &= PQ-STC \\ &= (55\times 20)-(0.1\times 20^3-2\times 20^2+15\times 20+10) \\ &= 1\,100-310=790 \end{aligned}$$

即厂商短期均衡的产量 $Q=20$，利润 $\pi=790$。

（2）当市场价格下降为 P 且小于平均可变成本 AVC 即 $P\leqslant AVC$ 时，厂商必须停产。而此时的价格 P 必定小于最小的可变平均成本 AVC。

根据题意，有：

$$AVC=\frac{TVC}{Q}=\frac{0.1Q^3-2Q^2+15Q}{Q}=0.1Q^2-2Q+15$$

令：$\frac{dAVC}{dQ}=0$，即有：$\frac{dAVC}{dQ}=0.2Q-2=0$

解得 $Q=10$

且 $\frac{d^2AVC}{dQ^2}=0.2>0$

故 $Q=10$ 时，$AVC(Q)$ 达最小值。

以 $Q=10$ 代入 $AVC(Q)$ 有：

最小的可变平均成本 $AVC=0.1\times 10^2-2\times 10+15=5$

于是，当市场价格 $P<5$ 时，厂商必须停产。

（3）根据完全厂商短期实现利润最大化原则 $P=SMC$，有：$0.3Q^2-4Q+15=P$

整理得 $0.3Q^2-4Q+(15-P)=0$

解得 $Q=\frac{4\pm\sqrt{16-1.2\times(15-P)}}{0.6}$

根据利润最大化的二阶条件 $MR'<MC'$ 的要求，取解为：

$$Q=\frac{4+\sqrt{1.2P-2}}{0.6}$$

考虑到该厂商在短期只有在 $P\geqslant 5$ 才生产，而 $P<5$ 时必定会停产，所以，该厂商的短期供给函数 $Q=f(P)$ 为：

$$\begin{cases} Q=\frac{4+\sqrt{1.2P-2}}{0.6}, & P\geqslant 5 \\ Q=0, & P<5 \end{cases}$$

2.（1）根据题意，有：

$LMC=\frac{\mathrm{d}LTC}{\mathrm{d}Q}=3Q^3-24Q+40$

且完全竞争厂商的 $P=MR$，根据已知条件 $P=100$，故有 $MR=100$。

由利润最大化的原则 $MR=LMC$，得：$3Q^2-24Q+40=100$

整理得 $Q^2-8Q-20=0$

解得 $Q=10$（负值舍去）

又因为平均成本函数 $AC(Q)=\frac{LTC(Q)}{Q}=Q^2-12Q+40$

所以，以 $Q=10$ 代入上式，得：

平均成本值 $AC=10^2-12\times10+40=20$

最后，利润 $=TR-TC=PQ-TC$

$=(100\times10)-(10^3-12\times10^2+40\times10)=1\,000-200=800$

因此，当市场价格 $P=100$ 时，厂商实现 $MR=LMC$ 时的产量 $Q=10$，平均成本 $AC=20$，利润 $\pi=800$。

（2）由已知的 LTC 函数，可得：

$LAC(Q)=\frac{LTC(Q)}{Q}=\frac{Q^3-12Q^2+40Q}{Q}=Q^2-12Q+40$

令 $\frac{\mathrm{d}LAC(Q)}{\mathrm{d}Q}=0$，即有：

$\frac{\mathrm{d}LAC(Q)}{\mathrm{d}Q}=2Q-12=0$，解得 $Q=6$

且 $\frac{\mathrm{d}^2LAC(Q)}{\mathrm{d}Q^2}=2>0$

所以 $Q=6$ 是长期平均成本最小化的解。

以 $Q=6$ 代入 $LAC(Q)$，得平均成本的最小值为：

$LAC=6^2-12\times6+40=4$

由于完全竞争行业长期均衡时的价格等于厂商的最小的长期平均成本，所以，该行业长期均衡时的价格 $P=4$，单个厂商的产量 $Q=6$。

（3）由于完全竞争的成本不变行业的长期供给曲线是一条水平线，且相应的市场长期均衡价格是固定的，它等于单个厂商的最低的长期平均成本，所以，本题的市场的长期均衡价格固定为 $P=4$。以 $P=4$ 代入市场需求函数 $Q=660-15P$，便可以得到市场的长期均衡数量为 $Q=660-15\times4=600$。

现已求得在市场实现长期均衡时，市场均衡数量 $Q=600$，单个厂商的均衡产量 $Q=6$，于是，行业长期均衡时的厂商数量 $=600\div6=100$（家）。

3.（1）在完全竞争市场长期均衡时有 $LS=D$，即有：

$5\,500+300P_e=8\,000-200P_e$

解得 $P_e=5$

以 $P_e=5$ 代入 LS 函数，得：$Q_e=5\,500+300\times5=7\,000$

或者，以 $P_e=5$ 代入 D 函数，得：

$Q_e=8\,000-200\times5=7\,000$

所以，市场的长期均衡价格和均衡产量分别为 $P_e=5$，$Q_e=7\,000$。

（2）同理，根据 $LS=D$，有：

$5\,500+300P_e=10\,000-200P_e$

解得 $P_e=9$

以 $P_e=9$ 代入 LS 函数，得：$Q_e=5\ 500+300\times9=8\ 200$

或者，以 $P_e=9$ 代入 D 函数，得：$Q_e=10\ 000-200\times9=8\ 200$

所以，市场的长期均衡价格和均衡数量分别为 $P_e=9$，$Q_e=8\ 200$。

(3) 比较 (1)、(2) 可得：对于完全竞争的成本递增行业而言，市场需求增加，会使市场的均衡价格上升，即由 $P_e=5$ 上升为 $P_e=9$；使市场的均衡数量也增加，即由 $Q_e=7\ 000$ 增加为 $Q_e=8\ 200$。也就是说，市场需求与均衡价格成同方向变动，与均衡数量也成同方向变动。

4. (1) 根据市场短期均衡的条件 $D=SS$，有：

$6\ 300-400P=3\ 000+150P$

解得 $P=6$

以 $P=6$ 代入市场需求函数，有：

$Q=6\ 300-400\times6=3\ 900$

或者，以 $P=6$ 代入短期市场供给函数，有：$Q=3\ 000+150\times6=3\ 900$。

(2) 因为该市场短期均衡时的价格 $P=6$，且由题意可知，单个企业在 LAV 曲线最低点的价格也为6，所以，由此可以判断该市场同时又处于长期均衡。因为由 (1) 可知市场长期均衡时的数量 $Q=3\ 900$，且由题意可知，在市场长期均衡时单个企业的产量为50，所以，由此可以求出长期均衡时行业内厂商的数量为：$3\ 900\div50=78$（家）。

(3) 根据市场短期均衡条件 $D'=SS'$，有：

$8\ 000-400P=4\ 700+150P$

解得 $P=6$

以 $P=6$ 代入市场需求函数，有：

$Q=8\ 000-400\times6=5\ 600$

或者，以 $P=6$ 代入市场短期供给函数，有：

$Q=4\ 700+150\times6=5\ 600$

所以，该市场在变化了的供求函数条件下的短期均衡价格和均衡数量分别为 $P=6$，$Q=5\ 600$。

(4) 与 (2) 中的分析类似，在市场需求函数和供给函数变化了后，该市场短期均衡的价格 $P=6$，且由题意可知，单个企业在 LAC 曲线最低点的价格也为 6，所以，由此可以判断该市场的短期均衡同时又是长期均衡。因为由 (3) 可知，供求函数变化后的市场长期均衡时的产量 $Q=5\ 600$，且由题意可知，在市场长期均衡时单个企业的产量为50，所以，由此可以求出市场长期均衡时行业内的厂商数量为：$5\ 600\div50=112$（家）。

(5) 由以上分析和计算过程可知：在该市场供求函数发生变化前后的市场长期均衡时的价格是不变的，均为 $P=6$，而且，单个企业在 LAC 曲线最低点的价格也是 6，于是，我们可以判断该行业属于成本不变行业。

(6) 由 (1)、(2) 可知，(1) 时的厂商数量为 78 家；由 (3)、(4) 可知，(3) 时的厂商数量为 112 家。因此，由 (1) 到 (3) 所增加的厂商数量为：$112-78=34$（家）。

5. (1) 由题意可得：$LAC=\dfrac{LTC}{Q}=Q^2-40Q+600$

$$LMC=\frac{\mathrm{d}TC}{\mathrm{d}Q}=3Q^2-80Q+600$$

由 $LAC=LMC$ 得以下方程：

$Q^2-40Q+600=3Q^2-80Q+600$

$Q^2-20Q=0$

解得 $Q=20$（负值舍去）

由于 $LAC=LMC$，LAC 达到极小值点，所以，以 $Q=20$ 代入 LAC 函数，便可得 LAC 曲线的最低点的价格为：$P=20^2-40\times20+600=200$。

因为成本不变行业的长期供给曲线是从相当于 LAC 曲线最低点的价格高度出发的一条水平线，故有该行业的长期供给曲线为 $P_s=200$。

（2）已知市场的需求函数为 $Q_d=13\ 000-5P$，又从（1）中得到行业长期均衡时的价格 $P=200$，所以，以 $P=200$ 代入市场需求函数，便可以得到行业长期均衡时的数量为：$Q=13\ 000-5\times200=12\ 000$。

又由于从（1）中可知行业长期均衡时单个厂商的产量 $Q=20$，所以，该行业实现长期均衡时的厂商数量为 $12\ 000\div20=600$（家）。

6.（1）由已知条件可得：

$LMC=\dfrac{dLTC}{dQ}=3Q^2-40Q+200$，且已知 $P=600$

根据完全竞争厂商利润最大化原则 $LMC=P$，有：

$3Q^2-40Q+200=600$

整理得 $3Q^2-40Q-400=0$

解得 $Q=20$（负值舍去）

由已知条件可得：$LAC=\dfrac{LTC}{Q}=Q^2-20Q+200$

以 $Q=20$ 代入 LAC 函数，得利润最大化时的长期平均成本为

$LAC=20^2-20\times20+200=200$

此外，利润最大化时的利润值为：$P\cdot Q-LTC$

$=(600\times20)-(20^3-20\times20^2+200\times20)$

$=12\ 000-4\ 000=8\ 000$

所以，该厂商实现利润最大化时的产量 $Q=20$，平均成本 $LAC=200$，利润为 8 000。

（2）令 $\dfrac{dLAC}{dQ}=0$，即有：

$\dfrac{dLAC}{dQ}=2Q-20=0$

解得 $Q=10$

且 $\dfrac{d^2LAC}{dQ^2}=2>0$

所以，当 $Q=10$ 时，LAC 曲线达最小值。

以 $Q=10$ 代入 LAC 函数，可得：最小的长期平均成本 $=10^2-20\times10+200=100$

综合（1）和（2）的计算结果，我们可以判断（1）中的行业未实现长期均衡。因为由（2）可知，当该行业实现长期均衡时，市场的均衡价格应等于单个厂商的 LAC 曲线最低点的高度，即应该有长期均衡价格 $P=100$，且单个厂商的长期均衡产量应该是 $Q=10$，且还应该有每个厂商的利润 $\pi=0$。而事实上，由（1）可知，该厂商实现利润最大化时的价格 $P=600$，产量 $Q=20$，$\pi=8\ 000$。显然，该厂商实现利润最大化时的价格、产量、利润都大于行业长期均衡时对单个厂商的要求，即价格 $600>100$，产量 $20>10$，利润 $8\ 000>0$。因此，（1）中的行业未处于长期均衡状态。

（3）由（2）已知，当该行业处于长期均衡时，单个厂商的产量 $Q=10$，价格等于最低的长期平

均成本，即有 $P=$ 最小的 $LAC=100$，利润 $\pi=0$。

（4）由以上分析可以判断：（1）中的厂商处于规模不经济阶段。其理由在于：（1）中单个厂商的产量 $Q=20$，价格 $P=600$，它们都分别大于行业长期均衡时单个厂商在 LAC 曲线最低点生产的产量 $Q=10$ 和面对的价格 $P=100$。换言之，（1）中的单个厂商利润最大化的产量和价格组合发生在 LAC 曲线最低点的右边，即 LAC 曲线处于上升段，所以，单个厂商处于规模不经济阶段。

7. 由于对完全竞争厂商来说，有 $P=AR=MR$

$AR=TR(Q)/Q=38, MR=dTR(Q)/dQ=38$

所以 $P=38$

根据完全竞争厂商利润最大化的原则 $MC=P$

$0.6Q-10=38$

$Q=80$ 即利润最大化时的产量

再根据总成本函数与边际成本函数之间的关系

$$STC(Q)=0.3Q^2-10Q+C$$
$$=0.3Q^2-10Q+TFC$$

以 $Q=20$ 时 $STC=260$ 代入上式，求 TFC，有：

$260=0.3\times400-10\times20+TFC$

$TFC=340$

于是，得到 STC 函数为：

$STC(Q)=0.3Q^2-10Q+340$

最后，以利润最大化的产量 80 代入利润函数，有：

$$\pi(Q)=TR(Q)-STC(Q)$$
$$=38Q-(0.3Q^2-10Q+340)$$
$$=38\times80-(0.3\times80^2-10\times80+340)$$
$$=3\ 040-1\ 460$$
$$=1\ 580$$

即利润最大化时，产量为 80，利润为 1 580。

六、简答题

1. 市场结构是指市场的垄断与竞争程度。一般根据以下四个标准划分市场结构：

（1）企业的数目。

（2）产品差别。

（3）单个企业对市场价格的控制程度。

（4）进入市场的难易程度。

2. 完全竞争市场是一种竞争不受任何干扰与限制，没有一点垄断的市场结构。这种市场一般具备四个条件：

（1）市场上有大量的买者和卖者。

（2）市场上每一个企业提供的产品是无差异的。

（3）所有生产要素可以自由流动。

（4）信息是完全的。

3. 市场上对某一个厂商的产品的需求状况，可以用该厂商所面临的需求曲线来表示，该曲线也被简称为厂商的需求曲线。在完全竞争市场上，由于厂商是既定市场价格的接受者，所以，完全竞争厂商的需求曲线是一条由既定市场价格水平出发的水平线。假定厂商的销售量等于厂商所面临的需求量。这样，完全竞争厂商的水平的需求曲线又可以表示为：在每一个销售量上，厂商的销售价格是固定不变的，于是，我们必然会有厂商的平均收益等于边际收益且等于既定的市场价格的结论，即必有 $AR=MR=P$。所以，完全竞争厂商的需求曲线、平均收益曲线和边际收益曲线是重叠的。

4. 对完全竞争厂商来说，有 $P=MR$，所以，完全竞争厂商的短期均衡条件又可以写成 $P=MC(Q)$。此式可以这样理解：在每一个给定的价格水平 P，完全竞争厂商应该选择最优的产量 Q，使得 $P=MC(Q)$ 成立，从而实现最大的利润。这意味着在 P 和厂商的最优产量 Q 之间存在着一一对应的关系，而厂商的 SMC 曲线恰好准确地表明了这种商品的价格和厂商的短期供给量之间的关系。但厂商只有在 $P\geqslant AVC$ 时，才会进行生产，而在 $P<AVC$ 时，厂商会停止生产。所以，厂商的短期供给曲线应该用 SMC 曲线上大于和等于 AVC 曲线最低点的部分来表示。

5. 在完全竞争条件下，每个厂商按照市场决定的价格能卖出愿意卖出的任何数量的产品，故单个厂商的需求曲线是一条水平线，即不管产销量如何变动，单位产品的价格始终不变，因此，MR（每增加一单位商品的销售量所带来总收益的增加量）恒等于固定不变的出售价格（P），由于利润极大化原则是 $MC=MR$，而在此时 $MR=P$，所以利润极大化原则在完全竞争条件下可表达为 $MC=P$。

6. 不能。在长期中，厂商数目是可以变动的，当市场需求持续性扩大时，不仅该行业中原有厂商生产规模可扩大，而且厂商会增加。完全竞争行业达到长期均衡状态时，与厂商均衡供给量（从而行业供给量）相对应的成本不是边际成本，而是厂商的长期平均曲线之最低点的平均成本，行业长期供给曲线是由市场需求扩大（或缩减）引起的行业供求平衡时各厂商 LAC 曲线之最低点的轨迹，因而不能再是厂商供给曲线的水平相加。根据行业需求和生产变动时产品成本变动的不同情况，行业长期供给曲线的形状可能为水平直线、向右上方倾斜和向右下方倾斜三种不同情况。

7. 因为在理论上完全竞争本身假定生产者和消费者具有完全的信息或知识，无须做广告。厂商做广告只会增大产品的成本，使所获利润减少甚至亏损。完全竞争厂商仅是价格的接受者，他能按市场决定的价格卖出他愿意出卖的任何数量的产品，故厂商不愿做广告。

8. 如果企业和行业都处于长期均衡状态，即 $P=SMC=LMC=SAC=LAC$，则企业必然处于短期均衡状态，因为企业短期均衡的条件是 $P=SMC$。如果所有的企业都处于长期均衡状态，产品的价格和产量不再发生变动，那么该行业也就处于短期均衡状态。但当行业和企业处于短期均衡状态时，行业和企业不一定处于长期均衡状态。因为如上所述，$P=SMC$，不一定有 $P=SMC=LMC=SAC=LAC$。

9. 如果行业中每个企业都处于长期均衡状态，则 $P=SMC=LMC$。但是整个行业处于长期均衡状态的话，则不但要求 $P=SMC=LMC$，还要求 $P=SMC=LMC=SAC=LAC$。$P=SMC=LMC$ 时，不一定就是 $P=SMC=LMC=SAC=LAC$。可见，即使每个企业都处于长期均衡状态，整个行业还不一定处于长期均衡状态。但 $P=SMC=LMC=SAC=LAC$ 时，必定有 $P=SMC=LMC$，即如果整个行业处于长期均衡状态，则行业中的每个企业必定处于长期均衡状态。

七、论述题

1. 在短期，完全竞争厂商是在既定的生产规模下，随着市场价格的变化通过对产量的调整来实现 $MR=SMC$ 的利润最大化条件。

在完全竞争市场上，单个厂商是市场价格的接受者，那么市场价格可能高也可能低，不同的市场价格水平将直接影响厂商的短期均衡的盈亏状况。在不同的市场价格的条件下，厂商的盈亏状况共可以分为以下五种情况，如下图所示。

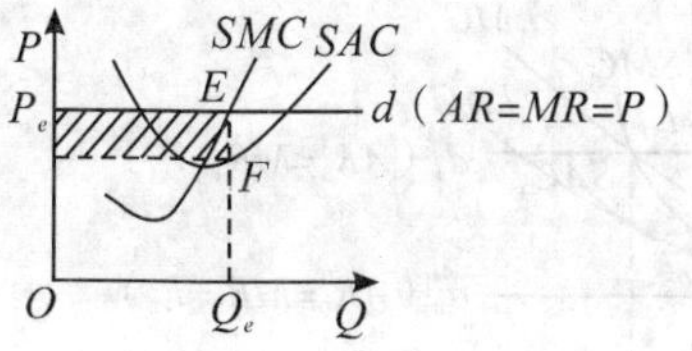

（a）盈利

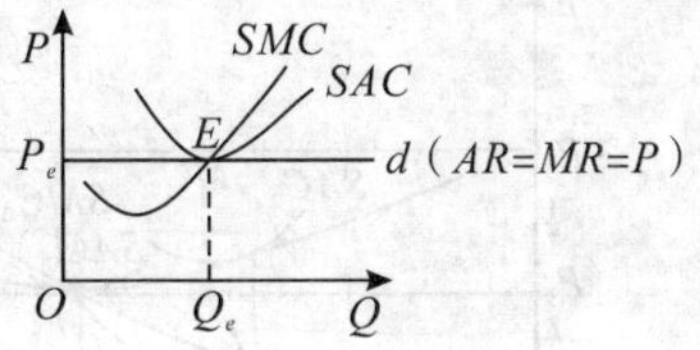

（b）收支相抵

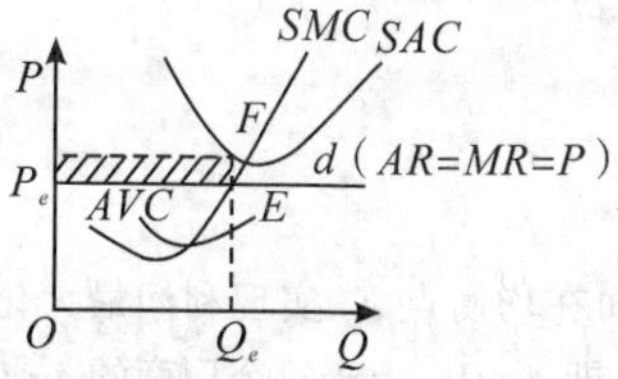

（c）亏损（继续生产）

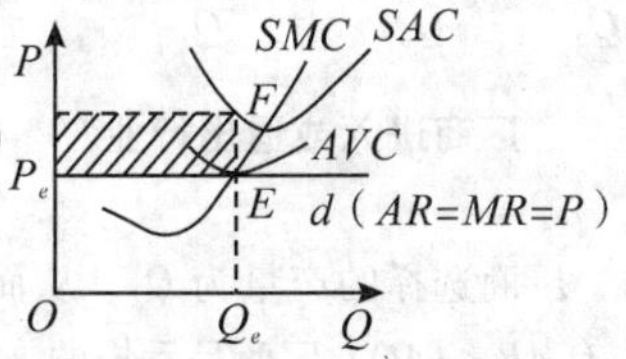

（d）亏损（停产临界）

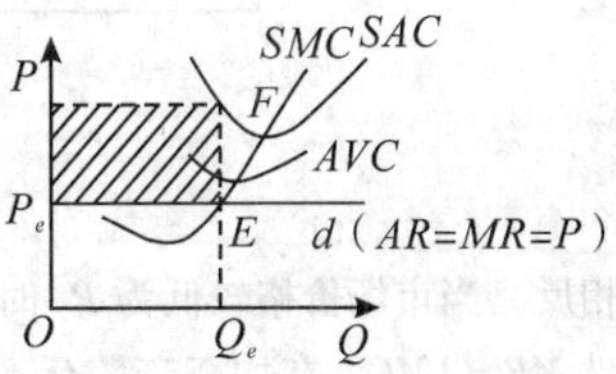

（e）亏损（不生产）

第一种情况，如图（a）所示。当市场价格为 P_e 时，厂商的需求曲线为 d，利润最大化的均衡点为 E，这时平均收益大于平均总成本。利润相当于图中阴影部分的面积，厂商是获利的。

第二种情况，如图（b）所示。厂商的需求曲线 d 相切于 SAC 曲线的最低点，这一点是 SAC 曲线与 SMC 曲线的交点。这一点恰好也是 $MR = SMC$ 的利润最大化的均衡点 E。这时的平均收益等于平均成本。厂商既无利润，又无亏损。这点也称为厂商的收支相抵点。

第三种情况，如图（c）所示。由均衡点 E 和均衡产量 Q_e 可知，厂商的平均收益小于平均成本，厂商是亏损的，其亏损量相当于图中的阴影部分的面积。但由于在 Q_e 的产量上，厂商的平均收益 AR 大于平均可变成本 AVC，所以，厂商虽然亏损，但仍然继续生产。

第四种情况，如图（d）所示。厂商的需求曲线 d 相切于 AVC 曲线的最低点，这一点是 AVC 曲线和 SMC 曲线的交点。这一点恰好也是 $MR = SMC$ 的利润最大化的均衡点。在均衡产量 Q_e 上，厂商是亏损的，其亏损相当于图中的阴影部分的面积。在这一均衡点上，厂商处于关闭企业的临界点，所以，该均衡点也被称作停止营业点或关闭点。

第五种情况，如图（e）所示。在均衡产量 Q_e 上，厂商的亏损量相当于阴影部分的面积。此时，厂商的平均收益 AR 小于平均可变成本 AVC，厂商将停止生产。

所以，完全竞争厂商的短期均衡条件是：$MR = SMC$，其中，$AR = MR = P$。

2. 要点如下：

（1）在长期，完全竞争厂商是通过对全部生产要素的调整，来实现 $MR = LMC$ 的利润最大化的均衡条件的。在这里，厂商在长期内对全部生产要素的调整表现为两个方面：一方面表现为自由地进入或退出一个行业；另一方面表现为对最优生产规模的选择。下面用图加以说明。

（2）关于进入或退出一个行业。

在图中，当市场价格较高为 P_1 时，厂商选择的产量为 Q_1，从而在均衡点 E_1 实现利润最大化的均衡条件 $MR = LMC$。在均衡产量 Q_1，有 $AR > LAC$，厂商获得最大的利润，即 $\pi > 0$。由于每个厂商的 $\pi > 0$，于是就有新的厂商进入到该行业的生产中来，导致市场供给增加，市场价格 P_1 下降，直至市场价格下降至使得单个厂商的利润消失，即 $\pi = 0$ 为止，从而实现长期均衡。如图所示，完全竞争厂商的长期均衡点 E_0 发生在长期平均成本 LAC 曲线的最低点，市场的长期均衡价格 P_0 也等于 LAC 曲线最低点的高度。

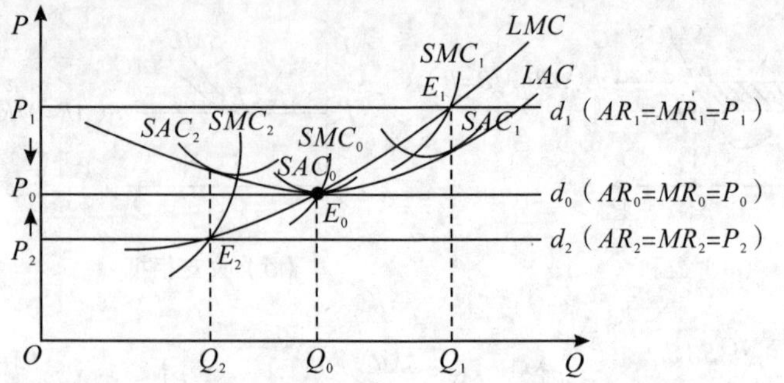

厂商进入或退出行业

相反，当市场价格较低为 P_2 时，厂商选择的产量为 Q_2，从而在均衡点 E_2 实现利润最大化的均衡条件 $MR=LMC$。在均衡产量 Q_2，有 $AR<LAC$，厂商是亏损的，即 $\pi<0$。由于每个厂商的 $\pi<0$，于是，行业内原有厂商的一部分就会退出该行业的生产，导致市场供给减少，市场价格 P_2 开始上升，直至市场价格上升到使得单个厂商的亏损消失，即 $\pi=0$ 为止，从而在长期平均成本 LAC 曲线的最低点 E_0 实现长期均衡。

（3）关于对最优生产规模的选择。

通过在（2）中的分析，我们已经知道，当市场价格分别为 P_1、P_2 和 P_0 时，相应的利润最大化的产量分别是 Q_1、Q_2 和 Q_0。接下来的问题是，当厂商将长期利润最大化的产量分别确定为 Q_1、Q_2 和 Q_0 以后，他必须为每一个利润最大化的产量选择一个最优的规模，以确实保证每一产量的生产成本是最低的。于是，如图所示，当厂商利润最大化的产量为 Q_1 时，他选择的最优生产规模用 SAC_1 曲线和 SMC_1 曲线表示；当厂商利润最大化的产量为 Q_2 时，他选择的最优生产规模用 SAC_2 曲线和 SMC_2 曲线表示；当厂商实现长期均衡且产量为 Q_0 时，他选择的最优生产规模用 SAC_0 曲线和 SMC_0 曲线表示。在图中，我们只标出了3个产量水平 Q_1、Q_2 和 Q_0，实际上，在任何一个利润最大化的产量水平上，都必然对应一个生产该产量水平的最优规模。这就是说，在每一个产量水平上对最优生产规模的选择，是该厂商实现利润最大化进而实现长期均衡的一个必要条件。

综上所述，完全竞争厂商的长期均衡发生在 LAC 曲线的最低点。此时，厂商的生产成本降到了长期平均成本的最低点，商品的价格也处于最低的长期平均成本。由此，完全竞争厂商长期均衡的条件是：$MR=LMC=SMC=LAC=SAC$，其中，$MR=AR=P$。此时，单个厂商的利润为零。

3. 因为在完全竞争的长期均衡点上，消费者的效用达到最大化，生产者的利润达到最大化，消费者和生产者之间交易的收益实现了最大化。这种交易收益是消费者剩余加生产者剩余的总和。

如下图所示，在竞争均衡点 E 时，需求量等于供给量。价格等于消费者的边际利益和生产者的边际成本。消费者在需求曲线的所有点上是有效率的。我们通过说明最优预算配置如何随一种物品价格的变动而变动推导出了消费者的需求曲线，因此，消费者可以在沿着他们需求曲线的所有点上得到他们资源的最高价值。生产者在供给曲线的所有点上是有效率的。我们通过找出每种价格利润最大化时的产量推导出了企业的供给曲线，因此，企业在它们供给曲线的所有点上从自己的资源中得到了最大价值。

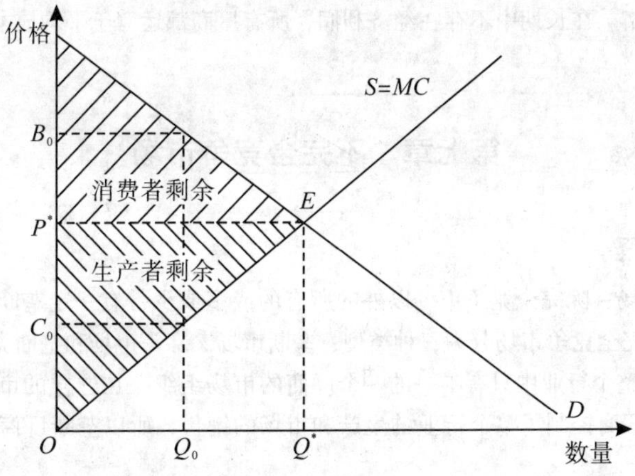

在数量 Q^* 和价格 P^* 时资源得到有效利用，边际利益等于边际成本，而且生产者剩余和消费者剩余之和面积最大。如果产量是 Q_0，边际成本是 C_0，边际利益是 B_0，生产者可以以低于消费者愿意支付的价格的成本多供给物品，而且，每个人都可以从增加产量中获益。如果产量高于 Q^*，边际成本大于边际利益，生产者多供给物品的成本高于消费者愿意支付的价格，而且，通过减少产量，每个人都可以获益。

4. 完全竞争市场结构必须满足四个基本条件：

（1）市场上存在大量的买者和卖者，每一个行为者只占极微小的市场份额，他们可以增减消费量或产量，但没有谁能够独自影响市场价格。市场上的所有人都只是根据自己的利益独自决定如何行动，这些行动汇集起来共同决定了市场价格。但对单个的参与者来说，他只是一个价格接受者。

（2）市场上的商品是同质的，即在同一市场上所有的生产者都是提供完全一样的商品，不仅商品的质量相同，甚至外观、销售条件等都是一样的。因而，产品具有完全相互替代性，消费者对购买哪一个厂商的商品不存在偏好，唯一影响消费者选择的因素是价格。卖者也不会有任何垄断条件，如果哪个厂商提价，他的产品就会卖不出去，而且他也没有必要降价，因为单个厂商总是可以按照既定的价格将产品卖出去，实现自己那一份相对微不足道的市场份额。

（3）所有生产要素都可以自由流动。每个厂商都可以依照自己的意愿自由进入或退出某个行业，不存在任何障碍。缺乏效率的企业将会被市场淘汰，取而代之的是适应竞争的企业。

（4）买卖双方都能得到有关现在和将来市场情况的全部信息，不存在供求以外的因素对价格和市场竞争的影响。

可见，完全竞争的市场类型在理论上要求满足非常苛刻的条件。但作为一种理想模型，对它的理论分析结果却是非常有意义的。当然，在现实中也有一些近似于完全竞争市场的例子，经济学家经常列举的有小麦、大米等一些农产品市场。

完全竞争市场的理论意义主要包括：

（1）如果上述条件都满足，那么必然产生的结果是：市场价格完全由整个行业的供求关系即市场机制所决定；但对个别的市场参与者来说，可能的价格只有一个，那就是市场价格。

（2）完全竞争市场理论为经济学比较分析实际部门的特征提供了标准，这一理论分析模式说明了非完全竞争市场中各个变量之间的关系，为认识实际提供了极其有用的基本思想、理论与分析工具。

（3）完全竞争市场在纯理论形式上是一切可能的市场中最佳的。从长期来看，厂商给社会提供的是尽可能低的价格和尽可能高的产量。商品的价格等于生产商品的平均成本和边际成本，因而消费者只需支付最低价格。在长期中不存在经济利润，所有厂商都运营于平均成本最低点，资源得到最充分配置。

第七章　不完全竞争市场

一、名词解释

1. 不完全竞争市场：除完全竞争市场以外的所有的或多或少带有一定垄断因素的市场都被称为不完全竞争市场。不完全竞争市场分为三种类型：垄断市场、寡头市场和垄断竞争市场。

2. 垄断市场：指整个行业中只有唯一的一个厂商的市场组织。在这样的市场中，排除了任何的竞争因素，独家垄断厂商控制了整个行业的生产和市场的销售，所以垄断厂商可以控制和操纵市场的价格。

3. 垄断竞争市场：是指市场中有许多厂商生产和销售有差别的同种产品。垄断竞争市场的条件具体有三条：第一，在生产集团中有大量的企业生产有差别的同种产品，这些产品彼此之间都是非常接近的替代品；第二，一个生产集团的企业数量非常多，以至于每个厂商都认为自己的行为影响很小，不会引起竞争对手的注意和反应，也不会受到竞争对手的报复；第三，厂商的生产规模比较小，因此进入和退出一个生产集团比较容易。

4. 自然垄断：有些行业的生产具有这样的特点：生产的规模经济效应需要在一个很大的产量范围和相应的巨大的资本设备的生产运行水平上才能得到充分的体现，以至于整个行业的产量只有由一个企业来生产时才有可能达到这样的生产规模。而且，只要发挥这一企业在这一生产规模上的生产能力，就可以满足整个市场对该种产品的需求。在这类产品的生产中，行业内总会有某个厂商凭借其雄厚的经济实力和其他优势最先达到这一生产规模，从而垄断了整个行业的生产和销售，这就是自然垄断。

5. 一级价格歧视：指厂商对每一单位产品都按消费者所愿意支付的最高价格出售，又被称为完全价格歧视。一级价格歧视下的资源配置是有效率的，尽管此时垄断厂商剥夺了全部的消费者剩余。

6. 二级价格歧视：指对不同的消费数量段制定不同的价格。实行二级价格歧视，垄断厂商利润增加，部分消费者剩余被垄断者占有。

7. 三级价格歧视：指垄断厂商对同一种产品在不同的市场上（或对不同的消费群）收取不同的价格。

8. 非价格竞争：指在垄断竞争市场上，由于每一个厂商生产的产品都是有差别的，所以，垄断竞争厂商往往通过改进产品品质、精心设计商标和包装、改善售后服务及广告宣传等手段，来扩大自己产品的市场销售份额。

9. 垄断竞争厂商的需求曲线：垄断竞争厂商所面临的需求曲线有两种，通常被区分为 d 需求曲线和 D 需求曲线。d 需求曲线表示在垄断竞争生产集团中的某个厂商改变产品价格，而其他厂商的产品价格都保持不变时，该厂商的产品价格和销售量之间的关系。D 需求曲线表示在垄断竞争生产集团的某个厂商改变产品价格，而且集团内的其他所有厂商也使产品价格发生相同变化时，该厂商的产品价格和销售量之间的关系。d 需求曲线的弹性大于 D 需求曲线，即前者较之于后者更平坦一些。

10. 古诺模型：古诺模型是由法国经济学家古诺于 1838 年提出的。古诺模型是一个只有两个寡头厂商的简单模型，该模型也被称为“双头模型”。古诺模型的结论是：在均衡状态中，A、B 两个厂商的产量都为市场总容量的 $\frac{1}{3}$，即每个厂商的产量为 $\frac{1}{3}Q$，行业的总产量为 $\frac{2}{3}Q$。古诺模型的结论很容易推广到三个或三个以上的寡头厂商的情况中去，即每个寡头厂商的均衡产量 $=1/(M+1)\times$ 市场容量，行业的均衡产量 $=M/(M+1)\times$ 市场容量（M 为寡头厂商的数量）。

11. 占优策略均衡：无论其他参与者采取什么策略，某参与者采取该策略都是最优的，则该策略就是他的占优策略。由博弈中的所有参与者的占优策略组合所构成的均衡就是占优策略均衡。

12. 纳什均衡：在一个纳什均衡里，如果其他参与者不改变策略，任何一个参与者都不会单独改变自已的策略。占优策略均衡是比纳什均衡更强的一个博弈均衡概念。占优策略均衡要求任何一个参与者对于其他参与者的任何策略来说，其最优策略是唯一的。而纳什均衡只要求任何一个参与者在其他参与者的策略选择给定的条件下，其选择的策略是最优的。因此，占优策略均衡一定是纳什均衡，而纳什均衡不一定是占优策略均衡。

二、判断题

1. ✓

提示：产品差别是划分市场结构的一个标准。产品差别引起垄断，产品差别越高的市场，垄断程度越高。

2. ×

提示：在垄断竞争市场上，厂商所面临的需求曲线有两种，即 d 需求曲线和 D 需求曲线，两种曲线都是向右下方倾斜的，厂商不再是价格的被动接受者。

3. ×

提示：在垄断竞争条件下，厂商所面临的 d 需求曲线在所有价格水平下都更具有弹性。

4. ×

提示：在垄断市场上，一家企业就是整个行业。因此，整个行业的需求曲线也就是企业的需求曲线，该曲线由于需求量与价格成反方向变动而向右下方倾斜。

5. ×

提示：他必须按照边际收益等于边际成本进行定价。

6. ×

提示：垄断者的经营可以在一定程度上通过产量的控制以控制价格进而实现更多的垄断利润，但其不可能在短期内改变市场需求曲线和生产规模，因此，厂商可能亏损。

7. ×

提示：垄断竞争与完全竞争的主要区别在于垄断竞争市场厂商面临的需求曲线是向下倾斜的。

8. ✓

提示：在非完全竞争市场上，当销量增加时，产品的价格会下降，产品的价格等于平均收益，因此平均收益下降。当平均量下降时，边际量是小于平均量的，因此边际收益此时小于平均收益。

9. ×

提示：短期和长期均衡都要求厂商按照 $MR=MC$ 生产。

10. ×

提示：垄断企业在短期内无法调整全部生产要素，因此不一定能实现利润最大化。但在长期中，企业可以调整全部生产要素，以实现利润最大化和超额利润。

11. ✓

提示：这是由厂商所面临的需求曲线的特性及均衡的必要条件决定的。

12. ×

提示：完全价格歧视也称为一级价格歧视，厂商对每一单位产品都按消费者所愿意支付的最高价格出售；对不同市场的不同消费者实行不同的价格是三级价格歧视。

13. ✓

提示：在短期中，两种市场的均衡条件都是 $MR=MC$。

14. ×

提示：垄断竞争市场的长期均衡条件是：$MR=MC$；$AR=AC$，$MR=MC=AR=AC$ 是完全竞争市场的长期均衡条件。

15. ✓

提示：在完全竞争市场实现长期均衡时，长期平均成本处于最低点；而在垄断竞争市场的长期均衡点，长期平均成本并没有位于长期平均成本曲线的最低点。

16. ×

提示：占优策略均衡是比纳什均衡更强的一个博弈均衡概念。占优策略均衡要求任何一个参与者对于其他参与者的任何策略来说，其最优策略是唯一的。而纳什均衡只要求任何一个参与者在其他参与者的策略选择给定的条件下，其选择的策略是最优的。因此，占优策略均衡一定是纳什均衡，而纳什均衡不一定是占优策略均衡。

17. ✓

提示：古诺均衡是指任何一方所选择的产量正好等于对方所预期的产量，则当对方选择某一产量时，古诺均衡的产量将是厂商的最优选择，因此，古诺均衡就是一种纳什均衡。

18. ✓

提示：古诺均衡下每个寡头厂商的均衡产量是市场总容量的$\frac{1}{3}$，勾结时，两个寡头的产量之和是市场总容量的$\frac{1}{2}$，若两个寡头势力相当，每个厂商分得的产量都是市场总容量的$\frac{1}{4}$。

19. ×

提示：该假设认为，当一家寡头厂商提高价格时，其竞争对手为了增加自己的销量并不提高价格；当一家寡头厂商降低价格时，其竞争对手为了不减少销量，也降低价格。

20. ×

提示：垄断竞争市场长期均衡处的 MC 小于 P 决定了垄断竞争市场的效率低于完全竞争市场。

21. ✓

提示：西方经济学家认为，一个行业在长期均衡时是否实现了 $P=LMC$，也是判断该行业是否实现了有效的资源配置的一个条件。在完全竞争市场中，$P=LMC$，它表明资源得到了有效的配置。

22. ✓

提示：在不完全竞争条件下，竞争程度越高，长期均衡时的均衡价格越低，均衡产量越高，它的经济效率越高；垄断程度越高，长期均衡时的均衡价格越高，均衡产量越低，经济效率越低。

三、单项选择题

题号	1	2	3	4	5	6	7	8	9	10
答案	A	A	D	A	C	D	B	A	D	A

（续上表）

题号	11	12	13	14	15	16	17	18	19	20
答案	A	C	D	C	D	B	B	B	C	D
题号	21	22	23	24	25	26	27	28	29	30
答案	B	B	C	C	A	B	C	A	D	A

四、多项选择题

题号	1	2	3	4	5	6	7	8	9	10
答案	BCD	AC	BCE	AD	AC	BDE	ABE	ABC	ACD	BCE
题号	11	12	13	14	15					
答案	ABDE	BCE	ACDE	BCDE	ABE					

五、计算题

1. 因为 $SMC=0.3Q^2-12Q+140$，$TR=PQ=150Q-3.25Q^2$，则 $MR=150-6.5Q$。

根据垄断厂商短期利润最大化的原则 $MR=SMC$，有：

$0.3Q^2-12Q+140=150-6.5Q$

整理得 $3Q^2-55Q-100=0$。解得 $Q=20$。

以 $Q=20$ 代入反需求函数得

$P=150-3.25Q=150-3.25\times20=85$

所以，该垄断厂商的短期均衡产量为 $Q=20$，均衡价格为 $P=85$。

2.（1）由题意可得：$MC=1.2Q+3$。

$TR=P(Q)\cdot Q=(8-0.4Q)\times Q=8Q-0.4Q^2$，则 $MR=8-0.8Q$，于是，根据利润最大化原则 $MR=MC$，有：$8-0.8Q=1.2Q+3$，解得 $Q=2.5$。

以 $Q=2.5$ 代入反需求函数 $P=8-0.4Q$，得：$P=8-0.4\times2.5=7$

以 $Q=2.5$ 和 $P=7$ 代入利润等式，有：$\pi=TR-TC=P\cdot Q-TC$

$$=(7\times2.5)-(0.6\times2.5^2+3\times2.5+2)$$

$$=17.5-13.25=4.25$$

所以，当该垄断厂商实现利润最大化时，其产量 $Q=2.5$，价格 $P=7$，收益 $TR=17.5$，利润 $\pi=4.25$。

（2）由已知条件可得总收益函数为 $TR=P(Q)\cdot Q=(8-0.4Q)\cdot Q=8Q-0.4Q^2$。为了使利润最大，需满足 $\frac{dTR}{dQ}=8-0.8Q=0$，解得 $Q=10$。

且 $\frac{d^3TR}{dQ^2}=-0.8<0$，所以，当 $Q=10$ 时，TR 值达最大值。

以 $Q=10$ 代入反需求函数 $P=8-0.4Q$，得 $P=8-0.4\times10=4$。

以 $Q=10$，$P=4$ 代入利润等式，有：$\pi = TR - TC = PQ - TC$

$$= 4 \times 10 - (0.6 \times 10^2 + 3 \times 10 + 2)$$

$$= 40 - 92 = -52$$

所以，当该垄断厂商实现收益最大化时，其产量 $Q=10$，价格 $P=4$，收益 $TR=40$，利润 $\pi=-52$，即该厂商的亏损量为52。

（3）通过比较（1）和（2）可知：将该垄断厂商实现利润最大化的结果与实现收益最大化的结果相比较，该厂商实现利润最大化时的产量较低（因为 $2.25<10$），价格较高（因为 $7>4$），收益较少（因为 $17.5<40$），利润较大（因为 $4.25>-52$）。显然，理性的垄断厂商总是以利润最大化作为生产目标，而不是将收益最大化作为生产目标。追求利润最大化的垄断厂商总是以较高的垄断价格和较低的产量来获得最大的利润。

3.（1）由第一个市场的需求函数 $Q_1 = 12 - 0.1P_1$ 可知，该市场的反需求函数为 $P_1 = 120 - 10Q_1$，边际收益函数为 $MR_1 = 120 - 20Q_1$。

同理，由第二个市场的需求函数 $Q_2 = 20 - 0.4P_2$ 可知，该市场的反需求函数为 $P_2 = 50 - 2.5Q_2$，边际收益函数为 $MR_2 = 50 - 5Q_2$。

而且，市场需求函数 $Q = Q_1 + Q_2 = (12 - 0.1P) + (20 - 0.4P) = 32 - 0.5P$，且市场反需求函数为 $P = 64 - 2Q$，市场的边际收益函数为 $MR = 64 - 4Q$。

此外，厂商生产的边际成本函数 $MC = \frac{dTC}{dQ} = 2Q + 40$。

该厂商实行三级价格歧视时利润最大化的原则可以写为 $MR_1 = MR_2 = MC$。

于是，关于第一个市场：根据 $MR_1 = MC$，有：$120 - 20Q_1 = 2Q + 40$，且 $Q = Q_1 + Q_2$，因此 $22Q_1 + 2Q_2 = 80$。

关于第二个市场：根据 $MR_2 = MC$，有：$50 - 5Q_2 = 2Q + 40$，且 $Q = Q_1 + Q_2$，因此 $2Q_1 + 7Q_2 = 10$。

由以上关于 Q_1、Q_2 的两个方程可得，厂商在两个市场上的销售量分别为：$Q_1 = 3.6$，$Q_2 = 0.4$；价格分别为：$P_1 = 84$，$P_2 = 49$。在实行三级价格歧视的时候，厂商的总利润为：

$$\pi = (TR_1 + TR_2) - TC$$

$$= P_1Q_1 + P_2Q_2 - (Q_1 + Q_2)^2 - 40(Q_1 + Q_2)$$

$$= 84 \times 3.6 + 49 \times 0.4 - 4^2 - 40 \times 4 = 146$$

（2）当该厂商在两个市场实行统一的价格时，根据利润最大化的原则 $MR = MC$，有：

$64 - 4Q = 2Q + 40$，解得 $Q = 4$。

将 $Q=4$ 代入市场反需求函数 $P = 64 - 2Q$，得 $P = 56$。

于是，厂商的利润为 $\pi = PQ - TC = (56 \times 4) - (4^2 + 40 \times 4) = 48$。

所以，当该垄断厂商在两个市场上实行统一的价格时，其追求利润最大化的销售量为 $Q=4$，价格为 $P=56$，总的利润为 $\pi=48$。

（3）比较以上（1）和（2）的结果，可以清楚地看到，将该垄断厂商实行三级价格歧视和在两个市场实行统一定价的两种做法相比较，其在两个市场制定不同的价格实行三级价格歧视时所获得的利润大于在两个市场实行统一定价时所获得的利润（因为 $146>48$）。这一结果表明，进行三级价格歧视要比统一定价更为有利可图。

4.（1）由于在垄断竞争厂商利润最大化的长期均衡时 $P = LAC$，且 $MR = LMC$。

由题意可得：$LAC = \frac{LTC}{Q} = 0.0025Q^2 - 0.5Q + 384$

$TR = P(Q) \cdot Q = AQ - 0.1Q^2$，$MR = \frac{dTR}{dQ} = A - 0.2Q$

$LMC=\frac{dTC}{dQ}=0.0075Q^2-Q+384$

根据 $P=LAC$ 得到方程①：$A-0.1Q=0.0025Q^2-0.5Q+384$

根据 $MR=LMC$ 得到方程②：$A-0.2Q=0.0075Q^2-Q+384$

方程② - 方程①，得 $Q=0$（舍去），$Q=80$。

因为 $P=LAC$，将 $Q=80$ 代入 LAC 方程得到：$P=LAC=360$。

（2）根据 $Q=80$，$P=360=A-0.1Q$，得到 $A=368$。

5.（1）根据需求的价格点弹性的几何意义，可得 A 点的需求的价格弹性为 $e_d=-\frac{dQ}{dP}\times\frac{P}{Q}=-\frac{1}{-\frac{3}{15}}\times\frac{2}{5}=2$，根据公式 $MR=P(1-\frac{1}{e_d})$，则 A 点的 MR 值为 $MR=2\times(1-\frac{1}{2})=1$。

（2）同理，根据需求的价格点弹性的几何意义，可得 B 点的需求的价格弹性为 $e_d=-\frac{dQ}{dp}\cdot\frac{P}{Q}=-\frac{1}{斜率}\times\frac{P}{Q}=-\frac{1}{-\frac{3}{15}}\times\frac{1}{10}=0.5$，根据公式 $MR=P(1-\frac{1}{e_d})$，则 B 点的 MR 值为 $MR=2\times(1-\frac{1}{0.5})=-2$。

6. 本题的作图结果如下图所示。

（1）长期的均衡点为 E 点，因为长期均衡条件为 $MR=LMC$。由 E 点出发，均衡点为 P_0，均衡数量为 Q_0。

（2）长期均衡时代表最优生产规模的 SAC 曲线和 LAC 曲线如图所示。在 Q_0 的产量上，SAC 曲线和 LAC 曲线相切；SMC 曲线和 LMC 曲线相交，且同时与 MR 曲线相交。

（3）长期均衡时的利润量如图中阴影部分的面积所示，即 $\pi=[AR(Q_0)-SAC(Q_0)]\cdot Q_0$。

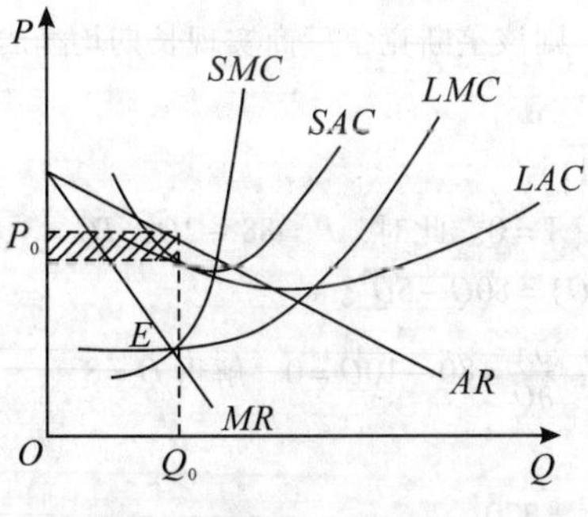

7. 由题意得：

$\pi=P\cdot Q-TC=(100-2Q+2\sqrt{A})\cdot Q-(3Q^2+20Q+A)=80Q-5Q^2+2\sqrt{A}Q-A$

然后分别对 Q、A 求偏导数，则利润最大化的一阶条件如下：

$$\frac{\partial\pi}{\partial Q}=80-10Q+2\sqrt{A}=0 \quad ①$$

$$\frac{\partial\pi}{\partial A}=\frac{1}{\sqrt{A}}Q-1=0 \quad ②$$

由②得 $\sqrt{A}=Q$，代入①得 $80-10Q+2Q=0$，解得 $Q=10$，$A=100$。

将 $Q=10$，$A=100$ 代入反需求函数，得 $P=100-2\times10+2\sqrt{A}=100$。

所以，该垄断厂商实现利润最大化时的产量 $Q=10$，价格 $P=100$，广告支出 $A=100$。

8.（1）由题意得：$LAC=\frac{LTC}{Q}=0.001Q^2-0.51Q+200$。

$LMC=\frac{\partial LTC}{\partial Q}=0.003Q^2-1.02Q+200$。

根据份额需求 D，我们得到其相对应的反需求函数为 $P=238-0.5Q$。

在垄断竞争厂商利润最大化的长期均衡时，D 曲线与 LAC 曲线相交（因为 $\pi=0$），即 $LAC=P$，有 $0.001Q^2-0.51Q+200=238-0.5Q$，解得 $Q=200$（负值舍去）。

将 $Q=200$ 代入份额需求函数，得 $P=238-0.5\times200=138$，所以，该垄断厂商实现利润最大化长期均衡时的产量 $Q=200$，价格 $P=138$。

（2）将 $Q=200$ 代入长期边际成本 LMC 函数，得 $LMC=0.003Q^2-1.02Q+200=0.003\times200^2-1.02\times200+200=116$。

因为厂商实现长期利润最大化时必有 $MR=LMC$，所以，亦有 $MR=116$。

根据公式 $MR=P(1-\frac{1}{e_d})$，即 $116=138\times(1-\frac{1}{e_d})$，解得 $e_d\approx6$。

所以，厂商长期均衡时主观需求 d 曲线上的需求的价格点弹性 $e_d\approx6$。

（3）令该厂商的线性的主观需求 d 曲线的函数形式为 $P=A-BQ$，其中，A 表示该线性需求 d 曲线的纵截距，B 表示斜率。

根据线性需求曲线的点弹性的几何意义，有 $e_d=\frac{P}{A-P}$，其中，P 表示线性需求 d 曲线上某一点所对的价格水平。

在该厂商实现长期均衡时，由 $e_d=\frac{P}{A-P}$，得 $6=\frac{138}{A-138}$，解得 $A=161$。

另外，根据几何意义，在该厂商实现长期均衡时，线性主观需求 d 曲线的斜率的绝对值可以表示为 $B=\frac{A-P}{Q}=\frac{161-138}{200}=0.115$，则该垄断竞争厂商实现长期均衡时的线性主观需求函数为 $P=A-BQ=161-0.115Q$，或者 $Q=\frac{161-P}{0.115}$。

9.（1）在无广告的情况下，$A=0$。此时，$P=88-2Q$，$TC=3Q^2+8Q$，厂商的利润为：$\pi=P\cdot Q-TC=(88-2Q)\times Q-(3Q^2+8Q)=80Q-5Q^2$。

利润最大化的一阶条件如下：$\frac{\partial\pi}{\partial Q}=80-10Q=0$，解得 $Q=8$。

$P=88-2Q=88-2\times8=72$。

$\pi=80Q-5Q^2=80\times8-5\times8^2=320$。

所以，在无广告的情况下，该厂商实现利润最大化时的产量 $Q=8$，价格 $P=72$，利润 $\pi=320$。

（2）在有广告的情况下，$P=88-2Q+2\sqrt{A}$，$TC=3Q^2+8Q+A$，厂商的利润为：

$\pi=P\cdot Q-TC=(88-2Q+2\sqrt{A})\times Q-(3Q^2+8Q+A)=80Q-5Q^2+2\sqrt{A}Q-A$

分别对 Q、A 求偏导数，则利润最大化的一阶条件如下：

$$\frac{\partial\pi}{\partial q}=80-10Q+2\sqrt{A}=0 \qquad ①$$

$$\frac{\partial\pi}{\partial A}=\frac{1}{\sqrt{A}}Q-1 \qquad ②$$

由②得$\sqrt{A}=Q$，代入①得$80-10Q+2Q=0$，解得$Q=10$，$A=100$。

将$Q=10$，$A=100$代入反需求函数，得$P=100-2Q+2\sqrt{A}=100-2\times10+2\times10=100$。

$\pi=80Q-5Q^2+2\sqrt{A}Q-A=80\times10-5\times10^2+2\times\sqrt{100}\times10-100=400$。

所以，该厂商实现利润最大化时的产量$Q=10$，价格$P=100$，利润$\pi=400$。

(3) 通过（1）与（2）的比较，我们可以发现当厂商有广告支出时，产品的价格将上升，产量也将增加，同时利润也会上升。

10. (1) 寡头垄断。

(2) 由于需求曲线是折曲的，边际收益曲线也分为两段：

$MR_1=25-0.5Q$（$0\leqslant Q\leqslant20$）；$MR_2=35-1.5Q$（$Q>20$）

当产量为20时，边际收益曲线出现一个断层，边际收益的取值为：$5\leqslant MR_0\leqslant15$。

由于$MC_1=5+0.5Q$，根据厂商利润最大原则$MR=MC$，MC_1曲线必须与MR曲线相交，即MC_1要么交于MR_1段，要么交于MR_2段，或者交于边际收益曲线折曲段MR_0。

假设两线相交于MR_1段，即$MC_1=MR_1$，$5+0.5Q=25-0.5Q$（$0\leqslant Q\leqslant20$），求得$Q=20$，满足Q的取值范围，且该点位于边际收益曲线的折曲点，MC_1曲线是否与MR_2相交不需要验证。因此，公司的最优产量为20。

价格$P=25-0.25\times20=20$

利润$\pi=PQ-TC_1=400-200-5\times20-0.25\times400=0$。

(3) 由于$MC_2=3+0.5Q$，假设边际收益与边际成本曲线相交于MR_1段，即$MC_2=MR_1$，$3+0.5Q=25-0.5Q$（$0\leqslant Q\leqslant20$），得$Q=22$，超过了Q的取值范围，该值不可取。假设边际收益与边际成本曲线相交于MR_2段，即$MC_2=MR_2$，$3+0.5Q=35-1.5Q$（$Q>20$），求得$Q=16$，也超出了Q的取值范围，该值仍不可取。假设边际收益与边际成本曲线相交于边际收益曲线折曲段MR_0，此处$Q=20$，$MC_2=13$，由于$5\leqslant MR_0\leqslant15$，因此，满足要求，即$Q=20$，价格$P=25-0.25\times20=20$。

因此，厂商的最优产量和最优价格仍为20。

六、简答题

1. 市场结构是指市场的垄断与竞争程度。其划分标准主要有三个：

(1) 行业的市场集中程度。市场集中程度是指大企业在市场上的控制程度，用市场占有额来表示。

(2) 行业的进入限制。进入限制可分为自然原因和法律原因。自然原因是指资源控制与规模经济。如果某个企业控制了某个行业的关键资源，其他企业无法得到这种资源，就不能进入该行业。立法限制主要采取三种形式：特许经营、许可证制度和专利制。

(3) 产品差别。产品差别包括同一种产品在质量、牌号、包装等方面的差别。产品差别越大，则垄断程度越高。

2. 在垄断市场上，每一单位产品的价格等于平均收益。当销量增加时，产品的价格将下降，由于不仅新增的销量价格降了，而且原来的销量价格也一起下降了，因此，新增的收益将要小于价格，即边际收益小于价格，因此边际收益小于平均收益。

3. 垄断竞争厂商的需求曲线被分为d需求曲线和D需求曲线两种。d需求曲线表示单个垄断竞争厂商单独改变价格时所预期的市场对自己产品的需求量。D需求曲线表示每个垄断竞争厂商在每一市场价格水平所面临的市场需求量。当市场价格上升或下降时，d需求曲线的位置会分别沿着D需求曲线向上或向下平移。d需求曲线和D需求曲线相交表示垄断竞争市场的供求相等状态。

4. 这是因为，只要 $MR > MC$，垄断厂商增加一单位产量所得到的收益增量就会大于其所付出的成本增量，这时厂商增加产量是有利的。随着产量的增加，MR 会下降，而 MC 会上升，两者之间的差距逐步缩小，最后达到 $MR = MC$ 的均衡点，厂商也由此得到了产量增加的全部好处。而当 $MR < MC$ 时，情况正好与上面相反。所以，垄断厂商的利润在 $MR = MC$ 处达到最大值。

5. 在垄断市场上，企业可以通过对产量和价格的控制来实现利润最大化。企业根据 $MR = MC$ 决定最优产量，这种产量决定后，短期中将难以根据市场需求进行调整。因此，当市场供大于求，市场价格较低，且低于最优产量所对应的平均成本时，厂商将会亏损；反之则盈利，获得超额利润。当市场价格等于厂商在最优产量时的平均成本，厂商的超额利润为零，但仍可获得正常利润。

6. 两个市场的异同点如下：

同：市场都有无数的买者和卖者，市场可以自由进入，厂商都面临着激烈的竞争。

异：完全竞争市场中产品都是同质的，厂商被动接受价格，厂商所面临的需求曲线是水平的；垄断竞争市场的产品是异质的，厂商有控制价格的权利，当一家厂商提价时，其他厂商不会跟着提价，但当一家厂商降价时，其他厂商会跟着降价。

7. 一级价格差别是指垄断厂商确切地知道消费者的支付意愿，他对每个消费者所索取的价格高到使他们几乎要拒绝购买，但又不会拒绝购买的程度。二级价格差别是指垄断厂商把商品购买量划分为两个或两个以上的等级，对不同等级的购买量索取不同的价格。三级价格差别是指垄断厂商对同一种产品在不同的市场上（或对不同的消费群）收取不同的价格。

8. 古诺模型又称双头模型，由法国经济学家古诺于 1838 年提出。该模型主要说明：假定两个寡头厂商的任何一方都是消极地以自己的产量去适应对方已确定的产量，那么，最终双方的产量会相等，每个厂商的产量都等于市场总容量的 1/3。

9. 由于带有垄断性质的厂商的需求曲线是向右下方倾斜的，在短期均衡状态下，有可能出现一个价格水平对应几个不同的产量水平；也有可能出现一个产量水平对应几个不同的价格水平的情况。所以，垄断厂商不存在具有规律性的供给曲线。

10. 垄断市场的主要条件是：第一，市场上只有唯一的一个厂商生产和销售商品；第二，该厂商提供的商品没有任何相近的替代品；第三，其他厂商加入该行业极为困难或不可能。在垄断市场条件下，垄断厂商可以控制和操纵市场。

垄断形成的主要原因有：独家厂商控制了生产某种商品的全部或基本资源的供给；独家厂商拥有生产某种产品的专利权；政府的特许和自然垄断等。

寡头市场是少数几家厂商控制整个市场的产品生产和销售的市场组织。寡头市场的成因和垄断市场是相似的，只是程度上有所差别。

11. 垄断竞争厂商的产品之间有较大的替代性，因而其需求的价格弹性较高，需求曲线接近于水平线。当垄断竞争厂商提高价格时，如其他厂商不跟着提价，他的销售市场会缩小，使利润反而减少；反之，当垄断竞争厂商降价时，其他的厂商也跟着降价，他的销售量只会稍有增加，因此，垄断竞争厂商之间一般不愿意进行价格竞争，而宁肯进行非价格竞争（包括改进品质、包装、商标、做广告等）。

12. 在寡头行业已经形成各寡头厂商认可的价格以后，如果某个寡头厂商提高价格，别的寡头厂商不会随之提高价格，该寡头厂商产品的需求量将大幅度下降，因此该寡头厂商的需求曲线的弹性较大。如果该寡头厂商降低价格，别的寡头厂商将随之降低价格，该寡头厂商产品需求曲线的弹性较小。因此，该寡头厂商产品的需求呈下降幅度较小，寡头厂商产品的需求曲线为折曲线。

七、论述题

1. （1）需求曲线、平均收益曲线及边际收益的形状和位置不同。在完全竞争市场中，三条线均为水平线，且三线合一。在垄断竞争市场中，三条线是向右下方倾斜的，且边际收益曲线在平均收益曲线的下方。

（2）长期均衡条件不同。完全竞争市场的长期均衡条件为 $MR=MC=AR=AC$；垄断竞争市场的长期均衡条件为 $MR=MC$，$AR=AC$。

（3）长期均衡时的长期平均成本不同。完全竞争市场的长期均衡中，长期平均成本处于最低点；而在垄断竞争市场中，长期均衡时产量所对应的长期平均成本并不是处于最低点，此时，资源存在浪费。

（4）价格不同。完全竞争市场中的价格相对较低。

（5）产量不同。完全竞争市场中的产量相对较高。

2. 经济效率是指利用经济资源的有效性。

通过对不同市场条件下厂商的需求曲线的形状及其在长期均衡时与长期平均成本 LAC 曲线的关系的分析，比较不同类型厂商的长期均衡价格水平和长期均衡产量水平，可以得出结论：完全竞争市场的经济效率最高，垄断竞争市场较高，寡头市场较低，垄断市场最低。

一个行业在长期均衡时是否实现了价格等于长期边际成本，也是判断该行业是否实现了有效的资源配置的一个条件。完全竞争厂商在长期均衡时实现了 $P=LMC$，而其他类型市场的厂商的长期均衡时都是 $P>LMC$，这意味着这些行业的商品供给不足。

此外，对不同市场的经济效率的比较还涉及以下四个方面：关于垄断市场与技术进步的关系；关于规模经济；关于产品的差异；关于广告支出。

3. 垄断厂商短期均衡的形成及其条件：垄断厂商为了获得最大的利润，也必须遵循 $MR=MC$ 的原则，在短期内，垄断厂商在既定的生产规模下通过对产量和价格的同时调整来实现 $MR=SMC$。

如图（a）所示，图中的 SMC 曲线和 SAC 曲线代表垄断厂商的既定生产规模，d 曲线和 MR 曲线代表垄断厂商的需求和收益状况。垄断厂商根据 $MR=SMC$ 的利润最大化的均衡条件，将产量和价格分别调整到 Q_1 和 P_1 的水平。垄断厂商短期均衡的条件是 $MR=SMC$。

垄断厂商长期均衡的形成及其条件：垄断厂商通过对生产规模的调整，从而实现最大利润。

如图（b）所示，图中的 d 曲线和 MR 曲线分别表示垄断厂商面临的市场需求曲线和边际收益曲线，LAC 曲线和 LMC 曲线分别为垄断厂商的长期平均成本曲线和长期边际成本曲线。假定开始时垄断厂商是在由 SAC_1 曲线和 SMC_1 曲线所代表的生产规模上进行生产，在短期内，垄断厂商只能按 $MR=SMC$ 的原则，将产量和价格分别调整到 Q_1 和 P_1，垄断厂商获得利润为 HP_1AB 的面积。

在长期内，垄断厂商通过对生产规模的调整，进一步增大利润。按照 $MR=LMC$ 的长期均衡原则决定均衡价格和均衡产量分别为 P_2 和 Q_2，所选择的生产规模由 SAC_2 和 SMC_2 曲线所代表。此时的利润较大，为 IP_2FG 的面积。

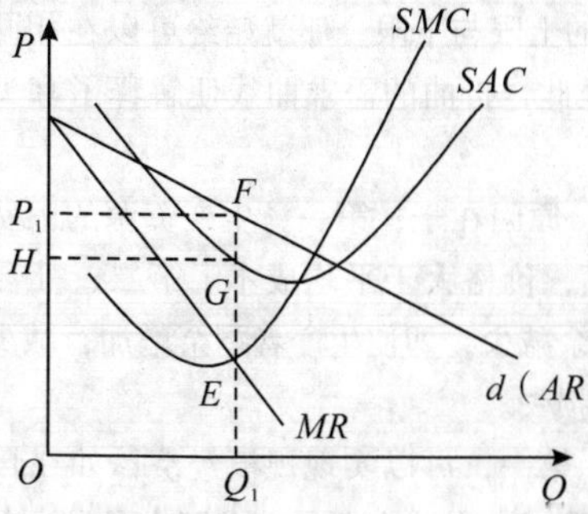

（a）

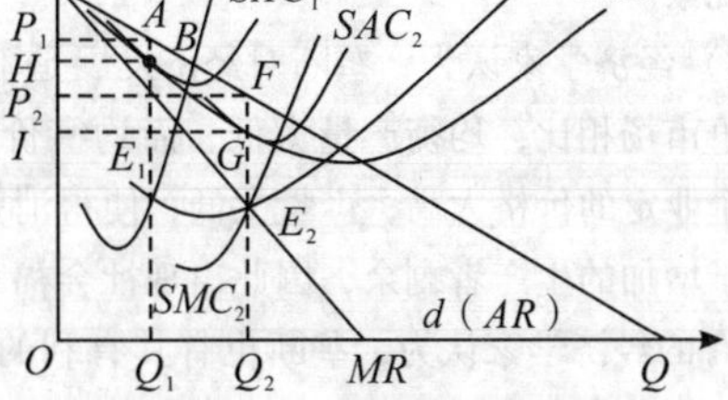

（b）

4.（1）在分析寡头市场的厂商行为的模型时，必须首先掌握每一个模型的假设条件。古诺模型假设是：第一，两个寡头厂商都是对方行为的消极的追随者，也就是说，每一个厂商都是在对方确定了利润最大化的产量的前提下，再根据留给自己的市场需求份额来决定自己的利润最大化的产量；第二，市场的需求曲线是线性的，而且两个厂商都准确地知道市场的需求状况；第三，两个厂商生产和销售相同的产品，且生产成本为零，于是，它们所追求的利润最大化目标也就成了追求收益最大化的目标。

（2）在（1）中的假设条件下，古诺模型的分析所得的结论为：令市场容量或机会产量为 Q，则每个寡头厂商的均衡产量为$\frac{1}{3}Q$，行业的均衡总产量为$\frac{2}{3}Q$。如果将以上结论推广到 m 个寡头厂商的场合，则每个寡头厂商的均衡产量为$\frac{1}{m+1}Q$，行业的均衡总产量为$\frac{m}{m+1}Q$。

（3）关于古诺模型的计算题中，关键要很好地理解并运用每一个寡头厂商的反应函数：首先，从每个寡头厂商的各自追求自己利润最大化的行为模型中求出每个厂商的反应函数。所谓反应函数就是每一个厂商的最优产量都是其他厂商的产量函数，即 $Q_i = f(Q_j)$，i，$j = 1$，2，…，i，$i \neq j$。然后，将所有厂商的反应函数联立成立一个方程组，并求解多个厂商的产量。最后，所求出的多个厂商的产量就是古诺模型的均衡解，它一定满足（2）中关于古诺模型一般解的要求。在整个古诺模型的求解过程中，始终体现了该模型对于单个厂商的行为假设：每一个厂商都是消极地以自己的产量去适应对方已确定的利润最大化的产量。

5.（1）折曲的需求曲线模型主要是用来解释寡头市场上价格的刚性的。该模型的基本假设条件是：若行业中的一个寡头厂商提高价格，则其他厂商都不会跟着提价，这便使得单独提价的厂商的销售量大幅度地减少；相反，若行业中的一个寡头厂商降低价格，则其他的厂商都会将价格降到同一水平，这便使得首先单独降价的厂商的销售量的增加幅度是有限的。

（2）由以上（1）的假设条件，便可以推导出单个寡头厂商弯折的需求曲线：在这条折曲的需求曲线上，对应于单个厂商的单独提价部分，是该厂商的主观的 d 需求曲线的一部分；对应于单个厂商首先降价而后其他厂商都降价的部分，则是该厂商的实际需求份额 D 曲线。于是，在 d 需求曲线和 D 需求曲线的交接处存在一个折点，这便形成了一条弯折的需求曲线。在折点以上的部分是 d 需求曲线，其较平坦即弹性较大；在折点以下的部分是 D 需求曲线，其较陡峭即弹性较小。

（3）与（2）中的折曲的需求曲线相适应，得到间断的边际收益 MR 曲线。换言之，在需求曲线的折点所对应的产量上，边际收益 MR 曲线是间断的，MR 值存在一个在上限与下限之间的波动范围。

（4）正是由于（3），所以在需求曲线的折点所对应的产量上，只要边际成本 MC 曲线的位置移动的范围在边际收益 MR 曲线的间断范围内，厂商始终可以实现 $MR = MC$ 的利润最大化的目标。这也就是说，如果厂商是在生产过程中因技术、成本等因素导致边际成本 MC 发生变化，但只要这种变化使得 MC 曲线的波动不超出间断的边际收益 MR 曲线的上限与下限，那就始终可以在相同的产量和相同的价格水平上实现 $MR = MC$ 的利润最大化原则。至此，折曲的需求曲线便解释了寡头市场上的价格刚性现象。

6.（1）经济学家认为，垄断对经济发展是不利的，原因在于：第一，生产资源的浪费。因为它与完全竞争市场相比，均衡产量太低，而均衡价格太高，价格大于平均成本。第二，社会福利的损失。垄断企业定的价格太高，产量太低，使得消费者剩余减少，即使生产者剩余增加，减少的消费者剩余仍大于增加的生产者剩余，因此出现社会福利的净损失。

（2）有的经济学家认为，垄断也有其有利的一面：第一，可以实现规模经济，如在自然垄断行业；第二，可以集中雄厚的资金和人力实现技术进步；第三，有些企业尽管在国内是垄断的，有效率损失，但在国际上是有竞争力的，因此垄断的存在有利于企业增强国际竞争力。

第八章　生产要素价格的决定（需求方面）

一、名词解释

1. 边际产品：在原有生产规模的基础上，增加一单位某种要素的投入所带来的产量增量。

2. 边际产品价值：在生产过程中增加一单位某种要素的使用给厂商带来的额外收益，相当于要素的边际产量和产品价格的乘积。

3. 边际收益产品：在卖方垄断条件下厂商使用要素的边际收益，其值等于要素的边际产量与产品边际收益的乘积。

4. 边际要素成本：厂商增加一单位要素的使用所导致的成本增量。

5. 完全竞争厂商：同时处于完全竞争产品市场和完全竞争要素市场中的厂商称为完全竞争厂商。

6. 卖方垄断厂商：厂商在产品市场上（作为产品的卖方）是垄断者，但在要素市场上（作为要素的买方）是完全竞争者。

7. 买方垄断厂商：厂商在要素市场上（作为要素的买方）是垄断者，但在产品市场上（作为产品的卖方）是完全竞争者。

8. 边际生产率分配论：该理论认为，其他条件不变，一种要素的价格取决于其边际生产力。以完全竞争厂商为例，厂商要想实现利润的最大化，其最优的劳动使用量必须满足 $VMP_L = P \times MP_L = W$ 的条件，故有 $W/P = MP_L$，即工人的实际工资最终取决于劳动的边际产量。同理可以得到，资本和土地的价格也取决于其边际产量的多寡。因此，看上去，每一种生产要素的报酬都将等于其在生产过程中所作出的贡献（即各自的边际生产率）。

9. 厂商确定要素需求量的原则：为实现利润最大化的目标，厂商必须在要素的边际收益和要素的边际成本相等的地方确定其要素需求量。就完全竞争厂商来讲，其要素使用原则可表示为 $VMP = W$，这里的 VMP 可以是任意一种要素的边际收益即边际产品价值，W 则为相应要素的市场价格。就卖方垄断厂商而言，要素使用原则可表示为 $MRP = W$；而买方垄断厂商的要素使用原则则可表示为 $VMP = MFC$。虽然形式不同，但其实质都是一样的。

10. 要素需求曲线：与产品市场由个别需求曲线导出市场需求曲线时的做法类似，在由个别厂商的要素需求曲线得到市场的要素需求曲线的时候，也可以用水平加总的办法。但考虑到不同厂商的行为的相关性（当所有厂商根据要素价格的变化同时调整其要素需求量时，它们的 VMP 线不是相互独立的），市场的要素需求曲线不能直接由各厂商的 VMP 线水平相加得到。因此，必须先对个别厂商的 VMP 作调整，得到行业调整线后再水平相加。

二、判断题

题号	1	2	3	4	5	6	7	8	9	10
答案	✓	×	✓	✓	✓	×	✓	✓	×	✓
题号	11	12	13	14	15	16	17	18	19	20
答案	×	×	✓	✓	✓	×	✓	✓	✓	✓

三、单项选择题

题号	1	2	3	4	5	6	7	8	9	10
答案	B	A	C	B	B	C	C	D	A	B
题号	11	12	13	14	15	16	17	18	19	20
答案	D	B	B	E	C	C	D	C	A	A
题号	21	22	23	24	25	26				
答案	A	A	A	A	A	A				

四、多项选择题

题号	1	2	3	4	5	6	7	8	9	10
答案	ABC	ABCD	ABCD	AB	ABC	ABCD	AB	ABCD	BCD	BCD
题号	11	12	13	14	15					
答案	AC	BCD	BCD	AB	AB					

五、计算题

1. $Q=-0.01L^3+L^2+36L \Rightarrow \left\{\begin{array}{l} MP_L=-0.03L^2+2L+36 \\ P=0.1,\ W=4.80 \\ P\times MP_L=VMP_L=W \end{array}\right\} \Rightarrow -0.003L^2+0.2L-1.2=0$

解方程，得 $L_1=\frac{20}{3}$，$L_2=60$。

当 $L=\frac{20}{3}$ 时，$dMP_L/dL>0$；当 $L=60$ 时，$dMP_L/dL<0$。故最优解为 $L=60$。

也就是说，厂商每天要雇用 60 小时的劳动才能得到最大利润。

2. 由 $Q=A+aL-bL^2$，可得 $MP_L=a-2bL$。

又知厂商利润最大化的要素使用量必须满足 $P\cdot MP_L=VMP_L=W$，则有

$P\cdot(a-2bL)=W$

易得 $L=a/2b-W/2bP$，此即该厂商的劳动需求函数。

3. 由题知 $Q=-0.01L^3+L^2+38L$，$W=5$，$P=0.1$，则劳动的边际产品价值为 $VMP_L=P\times MP_L=P\times dQ/dL=0.10\times(-0.01L^3+L^2+38L)=0.10\times(-0.03L^2+2L+38)$。根据完全竞争厂商的利润最大化要求，边际产品价值 VMP_L 等于工资 W，有 $0.10\times(-0.03L^2+2L+38)=5$，化简后得方程 $0.03L^2-2L+12=0$，解之得 $L_1=\frac{20}{3}$，$L_2=60$。当 $L_1=\frac{20}{3}$ 时，利润为最小（$dMP_L/dL=1.6>0$），故略去。当 $L_2=60$ 时，利润为最大（$dMP_L/dL=-1.6<0$），故厂商每天要雇用 60 小时的劳动。

4. 由题设得下表：

劳动日数（L）	产出数量（Q）	P	$MP_L=\Delta Q/\Delta L$	$VMP_L=P\cdot MP_L$	W
3	6	5	—	—	10
4	11	5	5	25	10
5	15	5	4	20	10
6	18	5	3	15	10
7	20	5	2	10	10
8	21	5	1	5	10

由表中可看出，当 $L=7$ 时，边际产品价值与工资恰好相等，均等于 0。故厂商应雇用 7 个劳动力。

5. 由题设 $Q=100-P$，即 $P=100-Q$ 及 $Q=4L$ 得 $TR=PQ=(100-4L)\times 4L=400L-16L^2$。由 $L=0.5W-20$，即 $W=2(L+20)$ 得 $TC=WL=2(L+20)L=2L^2+40L$，则 $MFC_L=\mathrm{d}TC/\mathrm{d}L=4L+40$。根据利润最大化要求，$MRP_L=MFC_L$，即 $400-32L=4L+40$。可得 $L=10$，$Q=4L=4\times 10=40$，$W=2(20+L)=2\times(20+10)=60$，$P=100-Q=100-40=60$。故该厂商获得最大利润的产量为 40，在此产量下，$L=10$，$P=60$，$W=60$。

6. 根据 $VMP_L=MFC_L$，不难求出利润极大的 L、Q 和 W。由 $Q=6L+3L^2-0.02L^3$，得 $MP_L=\mathrm{d}Q/\mathrm{d}L=6+6L-0.06L^2$。于是 $VMP_L=P\cdot MP_L=2\times(6+6L-0.06L^2)=12+12L-0.12L^2$。由 $C_1=W\cdot L=60L+3L^2$ 得 $MFC_L=60+60L$。又根据 $VMP_L=MFC_L$，得 $12+12L-0.12L^2=60+6L$，化简得 $0.12L^2-6L+48=0$，求得 $L_1=10$（舍去），$L_2=40$。故而求得利润最大化时 $L=40$，$Q=6\times 40+3\times 40^2-0.02\times 40^3=3\ 760$，$W=60+3\times 40=180$。

六、简答题

1. 厂商通过购买生产要素进行生产并从中获得收益，部分地取决于消费者对其所生产的产品的需求。也就是说，厂商对生产要素的需求是从消费者对产品的直接需求中派生出来的，因而叫派生需求。

2. 对生产要素的需求有共同性的特点，即对生产要素的需求是共同的、相互依赖的需求。有这个特点是技术上的原因，即生产要素往往不是单独发生作用。这种共同性给经济分析带来一种后果，即对某种生产要素的分析，不仅取决于该生产要素的价格，而且也取决于其他生产要素的价格，因此，严格来说，生产要素理论应当是关于多种生产要素共同使用的理论。

3. 因为要素的价格和使用量是决定消费者收入水平的重要因素，所以要素价格理论在西方经济学中又被看成是所谓的分配理论。

4. 使用劳动的“边际成本”为劳动价格，即工资；使用资本的“边际成本”为资本价格，即利息，或称利率；使用企业家这种要素资源的“边际成本”为“企业家价格”，即利润；使用土地资源的“边际成本”为土地价格，即地租。

5. 生产要素需求是相互依赖的。生产要靠集体劳动。如果我们想做出漂亮的鞋子，只有鞋机是没有用的，还需要熟练的工人；而只有技术的工人也不能单独做出鞋子，还需要有机器的帮助才能将鞋子做出来。也就是说，只有将机器和工人配置在一起，鞋子才能做出来。某种要素比如工人，其生产率要能够发挥出来，离不开与之匹配的良好机器。我们不能说某一种生产要素单独创造了产出，而应该说产出是由不同生产要素相互作用做出的。有位西方经济学家有个深刻而形象的比喻：劳动是产品之父，而土地则是产品之母。我们不能说生出一只小狗是母狗重要还是公狗重要，同样也不能说多种要素中究竟哪种要素单独创造了多少产出，这些要素对产品的生成作用是相互凝结在一起的。

6. 因为土地、劳动和资本品在生产中存在相互依赖性，使得要素市场的经济学分析远较产品市场分析复杂，也使收入的分配成为一个非常复杂的问题。

7. 如果范围仅局限于产品市场，那么对价格决定的论述是不完全的。首先，在推导产品需求曲线时，假定消费者的收入水平既定，但并未说明收入水平是如何决定的；其次，在推导产品供给曲线时，假定生产要素的价格为既定，但并未说明要素价格是如何决定的。由于消费者的收入水平在很大程度上取决于其拥有的要素价格和使用量，故价格理论的上述两点不完全性可以概括为它缺乏对要素价格和使用量决定的解释。为了弥补这个不足，需要研究要素市场。

8. 这是因为在企业的要素需求和产品供给之间存在着一定的关系：如要减少对要素的需求，则产品供给常常就不得不减少；反之，如要增加对产品的供给，则要素的需求常常又不得不增加。两者之间的关系就是所谓的生产函数。

9. 产品市场使用的成本是产量的函数，而在要素市场中，成本是要素的函数。正是由于这一不同，才引起边际成本在两种情况下的不同表现形式：产品市场中边际成本是指增加一单位产品所增加的成本，是所谓产品的边际成本；而在要素市场中，边际成本是指增加一单位要素所增加的成本，是所谓要素使用的边际成本。

七、论述题

1. 生产要素理论有助于增进对产品市场产量和价格决定的理解。产品需求曲线的确定有赖于消费者的收入，而消费者的收入又决定于消费者拥有的要素的价格和数量。产品供给曲线的推导也必须以既定的要素价格和成本状况为前提。要素理论提供关于要素价格决定的解释，同时也间接地对消费者的收入水平和厂商的成本状况作了说明。

作为完整的市场体系的重要组成部分，要素理论提供了对要素市场的运行状况和均衡结果的描述和解释。对要素市场的考察将丰富我们对作为要素需求者的厂商以及作为要素所有者的消费者或家庭的行为的理解，同时也为全面和准确地评价市场体系的运转效率、为理解一定时期的收入分配格局提供了理论背景或理论基础。

2. 一般来说，厂商要实现利润的最大化，其选择的最优的要素投入量就必须保证使用要素的边际收益和边际成本相等。在不同的厂商那里，这一原则又有不同的表现形式。

完全竞争厂商的要素使用原则：在完全竞争的条件下，厂商使用要素的边际收益等于要素的边际产量乘以产品的价格，此即要素的边际产品价值 VMP；厂商使用要素的边际成本则等于要素的市场价格 W。因此，完全竞争厂商使用要素的原则可表述为 $VMP=W$。满足此条件的要素量即最优要素使用量。

卖方垄断厂商的要素使用原则：在产品市场上，买方垄断厂商表现为一个“价格制定者”，其产品价格将随着产量的变化而变化，因此该类厂商使用要素的边际收益要用要素的边际产量乘以产品的边际收益来表示，此即边际收益产品 MRP；作为要素市场上的完全竞争者，厂商使用要素的边际成本依然等于要素的市场价格 W。因此，卖方垄断厂商的要素使用原则可表述为 $MRP=W$。

买方垄断厂商的要素使用原则：作为产品市场上的完全竞争者，卖方垄断厂商使用要素的边际收益为要素的边际产品价值 VMP；作为要素市场上的买方垄断者，该类厂商面临向右上方倾斜的要素供给曲线，从而使其使用要素的边际成本 MFC 不再等于要素价格，而是等于要素的边际产量和产品边际成本的乘积，其值一般要比要素价格更高。因此，买方垄断厂商使用要素的原则就可表述为 $MFC = VMP$。

3. 追求最大利润的厂商，其要素使用原则与利润最大化产量原则是一致的。

就完全竞争厂商来说，其最优要素使用量必须满足 $P \times MP = VMP = W$ 的条件。由于 W/MP 其实就相当于产品的边际成本 MC，因此上述要素使用原则实际上就可写为 $P = MC$，而这恰恰就是完全竞争厂商确定利润最大化产量的原则。

就卖方垄断厂商和买方垄断厂商来讲也是如此。卖方垄断厂商使用要素的原则为 $MRP = W$，而 MRP 又等于 $MR \cdot MP$，所以有 $MR = W/MP = MC$，这正是产品市场上的垄断者实现利润最大化产量所必须满足的条件。买方垄断厂商使用要素的原则为 $VMP = MFC$，其中，$VMP = P \cdot MP$，$MFC = MC \cdot MP$，两边同时消去一个 MP，即得 $P = MC$，这也正好就是作为产品市场上一个完全竞争者的买方垄断厂商赖以确定其最大利润产量的依据。

4. 完全竞争厂商和卖方垄断厂商都存在要素需求曲线，但对于买方垄断厂商来说，要素的需求曲线不存在。

买方垄断厂商的要素使用原则为 $MFC = VMP$，在图（a）中，厂商在 E 点实现均衡，最优的要素使用量为 L_0，相应的要素价格为 W_0。在此图中，不存在第二个能使厂商获得最大利润的价格和数量的组合，因此也不存在厂商的要素需求曲线。当要素供给曲线发生变动时，边际要素成本曲线 MFC 亦发生变化，从而能得到新的均衡点，但这仍不足以说明该类厂商存在要素需求曲线。如图（b）所示，最初要素供给曲线和边际要素成本曲线分别为 $W_0(L)$ 和 MFC_0，此时最优的要素使用量为 L_0，要素价格为 W_0；当要素供给曲线移至 $W_1(L)$ 时，边际要素成本线也移至 MFC_1，此时最优的要素使用量为 L_1，而要素价格依然为 W_0。现在，同一个要素价格对应两个要素需求量，因此说买方垄断厂商不存在要素需求曲线。

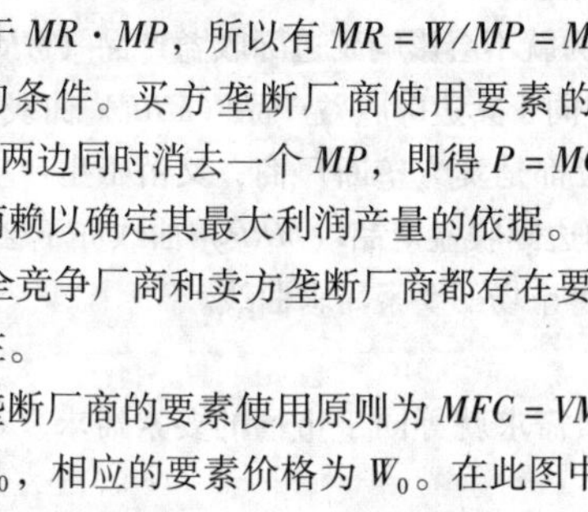

(a)

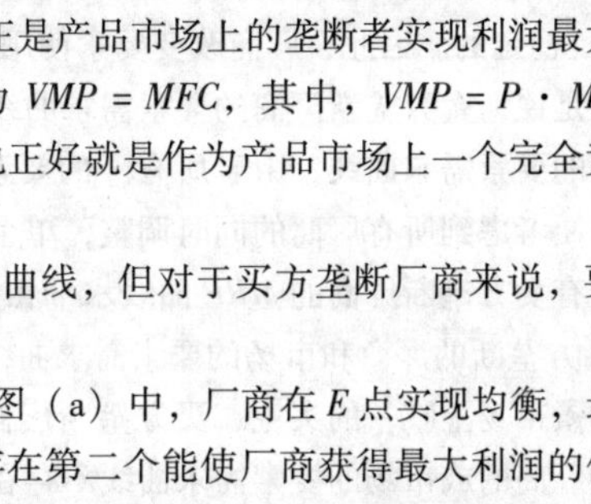

(b)

5. (1) 完全竞争的厂商和市场的要素需求曲线。

①不存在行业调整的情况：完全竞争厂商使用要素的原则为 $VMP = W$，而 $VMP = P \cdot MP$。当不存在行业调整时，单个厂商将根据要素价格的变化沿着其边际产品价值曲线选择最优的要素使用量。由于单个厂商生产规模的变化不会对产品价格 P 造成影响，又由于只使用一种生产要素，故 MP 曲线也是稳定的。因此，厂商改变要素使用量的行为就不会影响到边际产品价值曲线的位置。也就是说，完全竞争厂商的要素需求曲线就是其边际产品价值 VMP 线。

当不存在行业调整时，也就无所谓有市场的要素需求曲线。

②存在行业调整的情况：当存在行业调整时，由于所有厂商均会根据要素价格的变化改变其要素使用量，从而改变其产量规模，因此产品价格也会发生变化。产品价格的变化又会改变每一个厂商的边际产品价值曲线的位置。因此，厂商的要素需求曲线不再等于其边际产品价值线，而是一条较该曲线更为陡峭的行业调整线。

将所有厂商的行业调整线水平加总，即得市场的要素需求曲线。

（2）卖方垄断的厂商和市场的要素需求曲线。

①厂商的要素需求曲线：卖方垄断厂商的要素使用原则为 $MRP=W$，而 $MRP=MR \cdot MP$。当要素价格发生变化时，厂商会沿着其既定的边际收益产品（MRP）曲线改变其要素使用量。由于厂商是卖方垄断者，从而产量规模的变化不会影响到 MR 线的稳定性，又由于只考虑使用一种生产要素，故 MP 曲线也是稳定的。因此，厂商改变要素使用量的行为就不会影响到边际收益产品（MRP）曲线的位置。也就是说，卖方垄断厂商的要素需求曲线总是等同于其边际收益产品（MRP）曲线。

②市场的要素需求曲线：由于所有·的要素需求者都是卖方垄断厂商，又由于生产中只使用一种要素，即便考虑到所有厂商的同时调整，单个厂商的边际收益产品（MRP）曲线亦不会发生变化。因此，将所有卖方垄断厂商的 MRP 曲线水平相加，即得市场的要素需求曲线。

（3）买方垄断的厂商和市场的要素需求曲线。

作为要素市场上唯一的买主，买方垄断厂商的要素需求就等同于市场的要素需求。在买方垄断的市场上，厂商的或市场的要素需求曲线不存在。

第九章　生产要素价格的决定（供给方面）

一、名词解释

1. 要素供给及要素供给者：要素供给是指在各种价格水平下，生产要素所有者愿意并且能够提供的生产要素的数量。要素供给者既包括生产者也包括消费者，生产者是中间要素的提供者，消费者是原始要素的提供者。对中间要素的供给要根据生产者利润最大化的行为来讨论，对原始要素的供给要根据消费者效用最大化的行为来讨论。其中，前者与一般产品的供给一样，后者要从消费者的效用最大化行为出发，建立要素供给量与要素价格之间的关系。

2. 要素供给的原则：指消费者效用水平最大化的条件。可以从两个方面得出结论，以基数效用论为基础得出的条件是：要素供给的边际效用等于自用资源的边际效用，在完全竞争条件下公式为：$W \cdot \mathrm{d}U/\mathrm{d}Y=\mathrm{d}U/\mathrm{d}l$，即 $W=MU_l/MU_Y$；在非完全竞争下公式为：$\mathrm{d}U/\mathrm{d}Y \cdot \mathrm{d}Y/\mathrm{d}L=\mathrm{d}U/\mathrm{d}l$，即 $MU_l/MU_Y=\mathrm{d}Y/\mathrm{d}L$。以序数效用论为基础得出的条件是：无差异曲线的斜率等于预算线的斜率，即 $\mathrm{d}Y/\mathrm{d}l=-W$。

3. 要素供给曲线：生产要素的供给表现为各种要素所有者在不同要素价格下愿意而且能够供给的要素数量。生产要素供给曲线反映的是要素供给量与要素价格之间的关系。它是由价格扩展线推导而来的。要素供给曲线的形状一般是向右上方倾斜的，也可以是垂直的或向右下方倾斜的，其形状究竟如何取决于消费者效用函数的特点。

4. 劳动供给曲线：劳动供给问题是消费者如何决定其全部资源在闲暇和劳动供给两种用途上的分配问题。劳动供给曲线反映的是劳动要素供给量与其价格（工资）之间的关系。与一般供给曲线不同，单个消费者的劳动供给曲线有一段“向后弯曲”的部分：当工资较低时，随着工资的上升，消费者为较高的工资吸引将增加劳动供给量，这时，劳动供给曲线同一般供给曲线一样向右上方倾斜；当工资增加到一定程度后，再增加工资，劳动供给量会减少，这时，劳动供给曲线开始向后弯曲。将所有单个消费者的劳动供给曲线水平相加，可以得到市场的劳动供给曲线，它同一般的供给曲线一样，是向右上方倾斜的。

5. 工资率变动的替代效应：指当工资率提高时，消费者放弃劳动享受闲暇的代价较大，消费者就会增加劳动时间替代闲暇时间。

6. 工资率变动的收入效应：指当工资率提高到一定程度后，由于收入上升，它可能减少劳动的时间而增加闲暇的时间。

7. 土地供给曲线：土地供给问题是土地所有者如何将既定数量的土地资源在保留自用和供给市场两种用途上进行分配以获得最大效用的问题。假定土地只有供给市场一种用途，而没有自用用途，则土地供给曲线是垂直的。这个结论不仅适用于土地，而且也适用于任何其他要素。

8. 租金、准租金和经济租金：租金是一般化的地租，指供给数量不变的一般资源的服务价格。准租金是对供给量暂时固定的生产要素的支付，即固定生产要素的收益，它是固定总成本与经济利润之和。如果从要素收入中减去一部分收入后并不影响要素供给，则这部分要素收入就是经济租金，它的几何解释类似于生产者剩余，即要素价格以下、要素供给曲线以上的区域。

9. 资本供给曲线：资本供给问题同土地和劳动的供给问题一样，涉及的是既定资本资源如何在资本供给和自用两种用途之间的分配问题。如果假定资本的自用价值等于零，则既定资本资源的供给也是固定的，其供给曲线为一条垂直线。

10. 最优资本拥有量：指长期消费决策。由于资本数量是可变的，所以资本供给问题不单单是最优资本量的供给问题，还有如何确定最优的资本拥有量的问题。最优资本拥有量问题实际上就是确定最优储蓄量的问题，可以归结为既定收入在消费和储蓄之间进行分配的问题，也可以看成是在现在消费和未来消费之间进行选择的问题。这就是消费者的长期消费决策问题。由消费者的长期消费决策可以推导出其储蓄或贷款供给曲线，也就是最优资本拥有曲线，它反映的是利率与最优资本拥有量之间的关系，其形状与劳动供给曲线相同：随着利率的上升，人们的储蓄会增加，曲线向右上方倾斜；当利率很高时，曲线又出现向后弯曲的现象。

11. 要素市场均衡：指工资、地租、利息的决定。要素的市场需求曲线同商品的需求曲线一样，也是向右下方倾斜的；劳动要素的市场供给曲线是向右上方倾斜的；土地、资本要素的供给曲线均是垂直的。把各要素的市场需求曲线与市场供给曲线综合起来，二者的交点处所决定的即各生产要素的价格：工资、地租、利息。

12. 欧拉定理：指产量分配净尽定理。在完全竞争条件下，如果规模报酬不变，则全部产品正好足够分配给各个生产要素，不多也不少。假如社会只使用劳动和资本两种生产要素，则 $Q = L \cdot MP_L + K \cdot MP_K$。欧拉定理只有在规模报酬不变的条件下才是适用的。在规模报酬递增的情况下，产量会不够分配给各个生产要素，即 $Q < L \cdot MP_L + K \cdot MP_K$。在规模报酬递减的情况下，产量在分配给各个生产要素之后又会有剩余，即 $Q > L \cdot MP_L + K \cdot MP_K$。

13. 洛伦兹曲线和基尼系数：它们均是反映收入分配的不平等程度的。洛伦兹曲线是人口累计百分比和收入累计百分比对应关系的几何图形，其弯曲程度越大，表明收入分配越不平等；弯曲程度越小，表明收入分配越平等。若洛伦兹曲线与绝对平等线（45°线）之间的面积为“不平等面积”A，洛伦兹曲线与绝对不平等线之间的面积为 B，$A+B$ 为“完全不平等面积”，则不平等面积与完全不平等面积之比就是基尼系数，即 $G = A/(A+B)$。基尼系数越大，收入分配越不平等；反之亦然。

二、判断题

1. ×

提示：生产要素的供给者既包括消费者，同时还包括生产者。消费者是原始要素的供给者，生产者是中间要素的供给者。

2. ×

提示：在不完全竞争市场中，要素供给的边际效用应等于收入的边际效用与要素供给的边际收入的乘积。只有在完全竞争市场中，上述说法才正确。

3. ×

提示：要素供给曲线反映的是要素的供给量与要素价格之间的关系。

4. ×

提示：根据效用函数的不同特点，要素供给曲线可以是向右上方倾斜的，也可以是向右下方倾斜的，还可以是垂直的。

5. √

提示：当假定一种资源只有一种用途时，则其价格无论怎样变化，供给量都是不变的，因此其供给曲线是垂直的。

6. √

提示：工资率的替代效应和收入效应的共同作用使得劳动供给曲线向右上方倾斜，在工资率达到一定程度时，它具有一段向后弯曲的部分。但一些西方经济学家认为，从短期看，劳动供给曲线会呈向后弯曲。但从长期看，由于青年人逐渐加入劳动者行列，以及较低工资的工人总是愿意调整职业，用同样的劳动时间得到更高的工资，所以劳动的市场供给曲线是向右上方倾斜的。向后弯曲的劳动供给曲线只适用于高度发达和高度富裕的国家，在低收入工人占多数的国家是不会出现向后弯曲的劳动供给曲线的。

7. √

提示：一般来讲，在工资率较低的情况下，随着工资的提高，替代效应大于收入效应，因而劳动供给的增加量大于其减少量；在工资率较高的情况下，随着工资率的提高，替代效应小于收入效应，因而劳动供给的增加量小于其减少量。这样，假定工人原来的工资水平较低，随着工资率的提高，劳动供给会增加，劳动供给曲线向右上方倾斜；工资率提高到一定程度以后再继续提高，劳动供给就会减少，劳动供给曲线向左上方倾斜，即向后弯曲。

8. ×

提示：源泉的供求是指买和卖生产服务的“载体”；服务的供求则指买和卖生产服务本身而非其“载体”。有些生产要素的源泉及其服务都可以在市场上交易，如土地和资本；有些生产要素则不能，如劳动。劳动服务可以买卖，但是劳动服务的源泉（即人类自身）却不能买卖，至少现在的文明社会是这样。

9. ×

提示：洛伦兹曲线的弯曲程度反映收入分配的不平等程度，弯曲程度越大，表明收入分配程度越不平等。

10. ×

提示：要素供给曲线可以是向右上方倾斜的，也可以是垂直的，甚至可以向右下方倾斜。其形状取决于无差异曲线的形状及初始状态的情况。

11. ×

提示：闲暇时间包括除了必须睡眠时间和劳动供给之外的全部活动时间。

12. √

提示：将所有单个消费者的劳动供给曲线水平相加，即可得到整个市场的劳动供给曲线。尽管许多单个消费者的劳动供给曲线可能会向后弯曲，但劳动的供给曲线却不一定如此。因为，在较高的工资水平上，现有的工人也许提供较少的劳动，但高工资也会吸引新的工人进来，因此，总的市场劳动供给一般还是会随着工资的上升而增加，从而市场劳动供给曲线仍然向右上方倾斜。

13. √

提示：就一般的正常商品而言，替代效应和收入效应共同作用使其需求曲线向右下方倾斜。因为把工资看成是闲暇的价格，因而劳动的供给曲线可以用闲暇的需求量随闲暇价格而变化的关系闲暇需求曲线来说明。由于闲暇商品与众不同，闲暇的价格即工资的上升会大大增加实际收入，因此，闲暇价格变化的收入效应较大。由于收入效应，闲暇的需求量与闲暇价格变化方向相同。只有在较高的工资水平上，工资上涨的收入效应才超过替代效应，于是，劳动的供给曲线只有在较高的工资水平上才开始向后弯曲。

14. √

提示：在短期内，土地的自然供给固定不变。在长期内，经济因素会通过影响出生率和死亡率来改变劳动的自然供给。这里一般假定土地的自然供给不变来考察土地市场供给情况。

15. ×

提示：之所以土地供给曲线垂直，并不是因为其自然供给固定不变，而是因为假定土地只有一种用途，即生产性用途，而没有自用用途。

16. √

提示：地租是垂直的土地供给曲线与土地需求曲线的交点所决定的土地服务价格，由于土地供给曲线垂直且固定不变，所以，地租完全由土地需求曲线决定，与土地供给曲线无关。

17. ×

提示：准租金为固定总成本与经济利润之和。当经济利润为0时，准租金等于固定总成本；当厂商出现亏损时，准租金也可能小于固定总成本。

18. ×

提示：经济租金大小取决于要素供给曲线的形状，供给曲线越陡峭，经济租金越大；当供给曲线垂直时，全部要素收入均变为经济租金，恰好等于租金或地租。

19. √

提示：资本作为生产要素和投入，其数量可以改变，即可以通过人们的经济活动创造出来，其目的是以此获得更多的商品和劳务。

20. ×

提示：资本不同于普通的消费品，也不同于单纯的储蓄。其生产出来作为投入要素是为了生产更多的商品和劳务，是在生产过程中形成的；而储蓄被贷出获得增值，可能不是被用于生产过程。

三、单项选择题

题号	1	2	3	4	5	6	7	8	9	10
答案	C	A	B	A	C	B	D	D	D	B

（续上表）

题号	11	12	13	14	15	16	17	18	19	20
答案	A	B	C	C	A	B	A	A	A	C
题号	21	22	23	24	25	26				
答案	D	B	C	D	A	C				

四、多项选择题

题号	1	2	3	4	5	6	7	8	9	10
答案	ABE	ABCE	ABCDE	ABC	ABCD	BCD	ABC	AC	ABCD	ABC
题号	11	12	13							
答案	ABC	BC	AC							

五、计算题

1. （1）当劳动市场均衡时，$S_L = D_L$ $\therefore 100W = 60\ 000 - 100W$，得 $W = 300$（美元）。

（2）当政府对工人提供的每单位劳动课以 10 美元的税时，劳动供给曲线变为：

$S_L' = 100(W - 10) = 100W - 1\ 000$

令 $S_L' = DL$，即 $100W - 1\ 000 = 60\ 000 - 100W$，得 $W = 305$（美元）。

（3）由上可知，原来的均衡工资为 300 美元，新的均衡工资为 305 美元，因此，政府征收的 10 美元的税，厂商和工人各支付 5 美元。

（4）在新的工资水平上，就业量为 $D_L = 60\ 000 - 100 \times 305 = 29\ 500$（人）。

所以，政府征收到的总税收额为 $10 \times 29\ 500 = 295\ 000$（美元）。

2. （1）当均衡时有 $D_L = S_L$，因此，$-10W + 150 = 20W$。

所以工资的均衡水平 $W = 150/30 = 5$（元），劳动的均衡水平 $Q_L = D_L = S_L = 20 \times 5 = 100$（人）。

（2）当政府宣布法定最低工资为 6 元/日，则此时的劳动需求 $D_L = -10 \times 6 + 150 = 90$（人）。

由于这时的劳动供给 $S_L = 20 \times 6 = 120$，所以失业人数为 $S_L - D_L = 120 - 90 = 30$（人）。

3. （1）在完全竞争市场上，$P = SMC = 18$。

（2）总利润 $\pi = TR - TC = P \cdot Q - SAC \cdot Q = (P - SAC)Q = (18 - 14) \times 7\ 000 = 28\ 000$（元）。

准租金 $R = TR - TVC = P \cdot Q - AVC \cdot Q = (P - AVC)Q = (18 - 10) \times 7\ 000 = 56\ 000$（元）。

4. 由题意：$P = 10$，$Q = 100$，$AVC = 5$，$AFC = 4$。

得准租金 $R = TR - TVC = P \cdot Q - AVC \cdot Q = (P - AVC)Q = (10 - 5) \times 100 = 500$（元）

经济利润 $\pi = TR - TC = TR - (TVC + TFC) = P \cdot Q - (AVC + AFC) \cdot Q$

$= (P - AVC - AFC) \cdot Q = (10 - 5 - 4) \times 100 = 100$（元）

可见，准租金和经济利润是不相等的。

5. 方法一：设劳动者的时间资源总量为 L，则其劳动时间为 $L - l$，令工资率为 W，则收入 $Y = W(L - l)$，所以其效用函数变为 $U = lY + l = lW(L - l) + l = lLW - l^2W + l$。

按照消费者效用最大化原则，对效用函数求导得：

$U_l{'}=WL-2Wl+1$，令 $U_l{'}=0$，即 $WL-2Wl+1=0$，得 $l=(WL+1)/2W$

此时，对效用函数二次求导 $U_l''=-2W$，由 W 的经济意义可知其大于 0，所以 $U_l''<0$ 时，$l=(WL+1)/2W$ 时效用最大，该消费者的劳动供给函数为：

$$S_L=L-[(WL+1)/2W]$$
$$=(WL-1)/2W$$
$$=0.5L-\frac{1}{2W}$$

由劳动供给函数可知，该消费者的劳动供给曲线为斜率为正的直线，所以该劳动者的劳动供给曲线是向右上方倾斜的。

方法二：设该消费者拥有的固定时间为 T，其中的一部分 l 留作自用即闲暇，其余部分 $L=T-l$ 为工作时间，工资率用 r 表示，则收入 $Y=rL$，因而有效用函数 $U=lY+l=(T-L)rL+(T-L)=TrL-rL^2+T-L$

令$\frac{dU}{dL}=rT-2rL-1=0$

得 $2rL=rT-1$

因此，$L=\frac{T}{2}-\frac{1}{2r}$，此即劳动供给曲线，在此劳动供给曲线中，$T$ 为正值，因此当工资率 r 上升时，工作时间 L 会增加，即劳动供给曲线是向右上方倾斜的，这一点可从 L 对 r 的一阶导数大于 0 中看出。

6. （1）因产品和劳动市场均为完全竞争，故均衡时有 $W=VMP_L=P\cdot MP_L=75\times(-3L^2+40L+72)=75\times(-3\times12^2+40\times12+72)=9\,000$（美元），即每个农业工人的年工资为 9 000 美元。

（2）由题设可知，总收益 $TR=P\cdot Q=75\times(-12^3+20\times12^2+72\times12)=151\,200$（美元）。

故总地租 $R=151\,200-12\,000-3\,000-12\times9\,000-5\,000-3\,200=20\,000$（美元），于是，每亩支付地租为$\frac{R}{250}=\frac{20\,000}{250}=80$（美元）。

7. 甲、乙、丙、丁四人的收入已经按从小到大的顺序排序，因而洛伦兹曲线如下图所示。

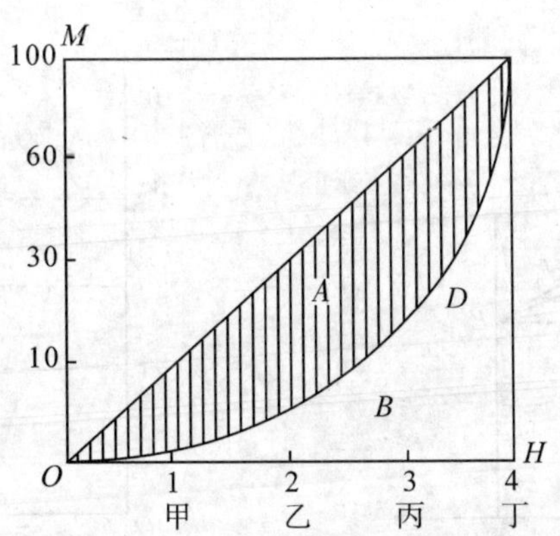

基尼系数为：

$$g=\frac{\text{绝对平均线与洛伦兹曲线围成的面积}}{\text{绝对平均线以下部分的面积}}=\frac{A}{D}$$

$$=1-\frac{\text{洛伦兹曲线以下的面积}}{\text{绝对平均线以下部分的面积}}=1-\frac{B}{D}$$

$$=1-\frac{10\times\frac{25}{2}+(10+30)\times\frac{25}{2}+(30+60)\times\frac{25}{2}+(60+100)\times\frac{25}{2}}{100\times\frac{100}{2}}$$

$$=0.75$$

六、简答题

1. 消费者的要素供给原则，即要使效用最大化。可以从以下两个方面得出结论：

以基数效用论为基础得出的条件是：作为“要素供给”的资源的边际效用与作为“保留自用”的资源的边际效用相等。“要素供给”的资源的边际效用是间接效用，要素的供给通过收入而与效用相联系。它等于要素供给的边际收入和收入的边际效用的乘积，即 $dU/dL = dU/dY \cdot dY/dL$，在完全竞争条件下，由于 $dY/dL = W$，所以上式可简化为 $dU/dL = dU/dY \cdot W$，即 $MU_L = MU_Y \cdot W$。而自用资源的效用是直接的，它的边际效用就是效用增量与自用资源增量之比的极限值 dU/dl。因此，效用最大化的条件可表示为：在完全竞争条件下的公式为 $W \cdot dU/dY = dU/dl$，即 $W = MU_l/MU_Y$；在非完全竞争下公式为 $dU/dY \cdot dY/dL = dU/dl$，即 $MU_l/MU_Y = dY/dL$。

以序数效用论为基础得出的条件是：无差异曲线的斜率等于预算线的斜率，即 $dY/dl = -W$。

2. 生产要素的供给表现为各种要素所有者在不同要素价格下愿意而且能够供给的要素数量。生产要素供给曲线反映的是要素供给量与要素价格之间的关系。它是由价格扩展线推导而来的。要素供给曲线的形状一般是向右上方倾斜的，也可以是垂直的或向右下方倾斜的，其形状究竟如何取决于消费者效用函数的特点。

消费者的要素供给量等于资源总量与最优自用资源的差，即 $L-l^*$，式中，L 为固定不变，l^* 则取决于无差异曲线与预算线的切点 G^* 的位置，在给定偏好不变的情况下（以及非要素收入 Y 不变的条件下），这又取决于预算线的斜率，或者说是要素价格 W。因为预算线的斜率是要素价格的相反数。在消费者的初始非要素收入、初始资源数量以及偏好为既定的条件下给定一个价格，就有一个要素供给量。

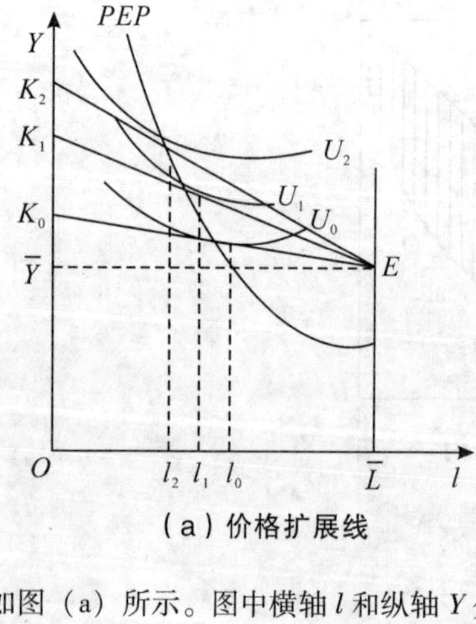

（a）价格扩展线

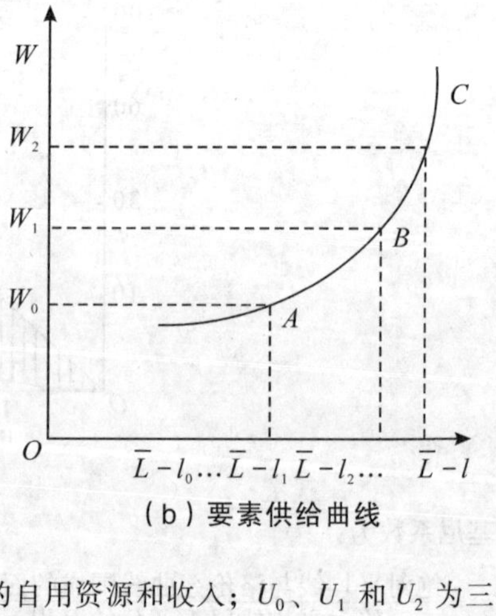

（b）要素供给曲线

如图（a）所示。图中横轴 l 和纵轴 Y 分别为消费者的自用资源和收入；U_0、U_1 和 U_2 为三条无差异曲线，E 为消费者的初始状态。如果要素价格为 W_0，则将全部资源都作为要素供给时，全部的收入等于 $K_0 = L \cdot W_0 + Y$。于是，预算线则为 EK_0。如果要素价格上升，如上升到 W_1 和 W_2，相应的预算线为 EK_1 和 EK_2。可见，随着要素价格的上升，预算线将绕着初始状态 E 顺时针方向旋转；反之亦然。随着预算线绕着初始状态 E 顺时针方向旋转，它与既定的无差异曲线簇的切点也不断变化，所有这些切点集合成的曲线为价格扩展线 PEP。从价格扩展线 PEP 得到要素供给曲线的方法如下：给定要素的价格 W_0，由图中可知预算线为 EK_0，从而最优自用资源量为 l_0，于是要素的供给量为 $(L-l_0)$，于是得到要素供给曲线上的一点（W_0，$L-l_0$），即图（b）中的点 A；设要素价格上升到 W_1 和 W_2，同样地，可得到另外两点（W_1，$L-l_1$）、（W_2，$L-l_2$），即图（b）中的点 B 和 C。重复以上做法可得到其他的点，将所有这些点连接起来即可得到要素的供给曲线。

3. 劳动供给曲线表明的是劳动供给量与劳动价格之间的关系，劳动的供给曲线是向后弯曲的，它表示劳动的供给量起初随工资率的提高而增加，而工资率提高到一定程度后，供给量会随 W 提高而减少，从而使供给曲线呈后弯曲形状。劳动供给可看成是闲暇需求的反面，劳动供给的增加就是闲暇需求的减少，并且劳动价格（工资）就是闲暇的机会成本或价格。从替代效应上看，工资上升总会导致闲暇需求量的减少，即劳动供给增加。但从收入效应来看，工资上升时，对闲暇的需求也会随之增加。当工资较低时，替代效应大于收入效应，故闲暇的需求量会随着工资的上升而下降，即劳动供给增加，但工资较高时，则工资上涨引起的整个劳动收入的增量很大，收入效应可能大于替代效应，因而，劳动供给会减少，引起劳动供给曲线后弯。

4. 土地供给曲线垂直，即土地使用的价格（租金）变化不会影响土地供给量，并不是因为自然赋予的土地量是固定不变的，而是因为假定土地只有一种生产性用途，而没有自由用途。事实上，任何一种资源，如果只能用于一种用途，而无其他用途，即在该用途上机会成本为零，则即使该资源价格下降，它也不会转移到其他方面，即供给量不会减少，从而供给曲线垂直。如果土地对其他所有者确有某些消费性用途（如打猎、作网球场），则土地供给曲线就可能不垂直，从而会略微向右上倾斜。

5. 地租：指土地价格，是当土地供给固定时的土地服务价格，它只与固定不变的土地有关。租金、准租金、经济租金是从地租衍生出来的相关概念。

租金：是指那些具有固定不变的资源的相应价格。

准租金：是指对供应量暂时固定的生产要素的支付，也即固定生产要素的收益，可以表示成固定总成本和经济利润之和，当经济利润为 0 时，准租金等于固定总成本。

经济租金：是指从要素的所有收入中减去那部分不会影响要素总供给的要素收入的一部分要素收入，它类似于生产者剩余，等于要素收入和其机会成本之间的差额。

6. 资本供给问题同土地和劳动的供给问题一样，涉及的是既定资本资源如何在资本供给和自用两种用途之间的分配问题。如果假定资本的自用价值等于零，则既定资本资源的供给也是固定的，其供给曲线为一条垂直线。

由于资本数量是可变的，所以资本供给问题不单单是最优资本量的供给问题，还有如何确定最优的资本拥有量的问题。最优资本拥有量问题实际上就是确定最优储蓄量的问题，可以归结为既定收入在消费和储蓄之间进行分配的问题，也可以看成是在现在消费和未来消费之间进行选择的问题。这就是消费者的长期消费决策问题。由消费者的长期消费决策可以推导出其储蓄或贷款供给曲线，也就是最优资本拥有曲线，它反映的是利率与最优资本拥有量之间的关系，其形状与劳动供给曲线相同：随着利率的上升，人们的储蓄会增加，曲线向右上方倾斜；当利率很高时，曲线又出现向后弯曲的现象。

7. 这句话不对。根据西方经济学的理论，地租产生的根本原因在于土地的稀少，供给不能增加。

如果给定了不变的土地供给，则地租产生的直接原因就是对土地的需求曲线右移。土地需求曲线右移是因为土地的边际生产力提高或土地产品（如粮食）的需求增加从而使粮价提高。如果假定技术不变，则地租就随土地产品价格的上升而产生，且随着产品价格的上涨而不断上涨。因此，即使是劣等土地，也会产生地租。

8. 第一，根据西方经济学的要素理论，要素所有者是按照要素贡献的大小得到要素的报酬的，这就从根本上否定了在资本主义社会中存在着剥削。除此之外，西方经济学的要素理论还存在一些具体的缺陷。第二，西方经济学的要素理论是建立在边际生产力的基础之上。然而，在许多情况下，边际生产力却难以成立。例如，资本代表一组形状不同、功能各异的实物，缺乏一个共同的衡量单位，因此，资本的边际生产力无法成立。第三，西方经济学的要素供给理论并不是一个完整的理论，因为其只给出了在一定的社会条件下，各种人群或阶级得到不同收入的理由，而没有说明这一定的社会条件得以形成的原因。

9. 所谓劳动的供给曲线，是指在其他条件不变的情况下，某一特定时期劳动者在各种可能的工资率下愿意而且能够提供的劳动时间。

就单个劳动者而言，一般情况下，在工资率较低的阶段，劳动供给随工资率的上升而上升，即劳动的供给曲线向右上方倾斜。但是，当工资率上升到一定阶段以后，工作较少的时间就可以维持较好的生活水平，劳动供给量随工资率的上升而下降，即劳动的供给曲线开始向左上方倾斜，所以，随着工资率的提高，单个劳动者的劳动供给曲线将呈现向后弯曲的形状。

10. 洛伦兹曲线是由美国统计学家洛伦兹于 1905 年提出的，旨在用以比较和分析一个国家在不同时代，或者不同国家在同一时代的收入与财富的平等情况。洛伦兹把社会人口按收入由低到高分为 10 个等级，每个等级有 10% 的人口；再将这 10% 的人口的收入除以国民收入，得出每一等级人口收入在国民收入中所占的比重；然后，以累计的人口百分比为横轴，以累计的国民收入百分比为纵轴，画出一个正方形图；最后，根据一国每一等级人口的收入在国民收入中所占比重的具体数字，描绘出一条实际收入分配曲线，这就是洛伦兹曲线。结论如下：

（1）洛伦兹曲线的弯曲程度反映了分配的不平等程度，洛伦兹曲线弯曲程度越大，表明收入分配越不平等；反之，洛伦兹曲线弯曲程度越小，表明收入分配越平等。

（2）如果任一人口的百分比均等于其收入的百分比，即人口累计百分比等于收入累计百分比，这时洛伦兹曲线为正方形对角线，这是完全平等的收入分配。

（3）如果所有收入都集中在一个人手中，其余人口一无所有，显然，这时洛伦兹曲线为图中对角线下三角形的两个直角边，这是完全不平等的收入分配。

基尼系数是由意大利统计学家基尼根据洛伦兹曲线计算出的一个反映一个国家贫富差距的指标。把洛伦兹曲线图中洛伦兹曲线与完全平等曲线之间的的面积用 A 表示，将洛伦兹曲线与完全不平等曲线之间的面积用 B 来表示，那么基尼系数就可以表示为：$G = A/(A+B)$。基尼系数通常是大于 0 而小于 1 的，基尼系数越小，表明收入分配越平等；反之，表明收入分配越不平等。经济学家根据一些国家经济发展的经验，认为基尼系数的高低同经济发展的水平相关。

七、论述题

1. 美国经济学家克拉克系统地阐述了边际生产力论，为现代经济学中的分配理论奠定了基础。他还提出静态分析与动态分析的差别，这一区分大大丰富了现代经济学的分析工具。克拉克以边际生产力论来分析和论证工资与利息，他的边际生产力论是“生产要素论”、“边际效用论”和“报酬递减规律”理论的混合。克拉克断言：不仅土地报酬是递减的，而且劳动力和资本的报酬也是递减的。此外，他还强调“最后生产力”决定工资和利息。

克拉克的边际生产力论可简略概括为以下三点：

（1）在静态条件下，自由竞争（生产要素无阻碍地流动）将使工资趋向劳动力要素的边际生产力（他称之为“最后生产力”），利息则趋向于资本要素的生产力。

（2）由于资本和劳动力的边际生产力递减，因此，劳动力（或资本）在资本（或劳动力）不变时逐渐增加，导致工资（或利息）下降。

（3）在静态条件下，资本边际生产力决定的利息乘以资本要素的总收入，劳动力的边际生产力决定的工资乘以劳动量等于劳动力要素的总收入，两种要素收入之和等于两种要素在一起所得到的收入总和。

克拉克还认为，产品的价值是由社会来决定的，因此，财富的分配状况自然也会影响商品的价值，而商品的价值和价格是没有区别的。克拉克认为，价值里面完全没有劳动的因素，价值是市场上双方竞争并达到均衡时的结果。换言之，克拉克认为价值并不是自然的或者先定的，而是随着市场上买卖双方情况的变化而不断变化的，由于价格和价值是一致的，我们又无法直接去观察或者测量到价值，那么只能将商品的价格作为价值。

2. 要素市场与产品市场在许多方面是相似的，都分为完全竞争市场和不完全竞争市场两种市场结构，其价格都是由供给和需求双方的相互作用决定的，并以此协调经济资源的有效配置。但要素市场与产品也有差别，主要表现在以下三点：①供求主体不同；②需求性质不同；③需求特点不同。

3.（1）就微观经济学来说，产品市场理论和要素市场理论在分析方法上有相同点。第一，对市场参与者的行为分析是相似的。消费者在产品市场上购买时是为了效用最大化，在要素市场上供给生产要素也是以效用最大化为目标；生产者在产品市场上的产品供给和要素市场上的要素购买都是为了利润最大化。第二，在两个市场上，价格的决定是相似的，即价格都是通过供给的均衡来实现的。

（2）尽管两者有上述共同点，但同时也有一些区别：第一，在要素市场上，要素的需求来源于厂商，并且是为了获得最大理论，因此是“间接”需求；而在产品市场上，产品的需求来源于消费者，是直接需求。第二，产品市场上的需求曲线来源于消费者的效用函数，由于假设来源于对消费者心理的描述，因而难以得到有力的证明；要素市场上的需求曲线来源于生产者的利润函数，容易得到证明。

4. 土地价格一般由两部分组成：一部分是土地本身的经济关系引出的价格，这部分价格可以叫土地资本化的价格，或者称之为土地资源价格；另一部分是在土地开发过程中，投入的活劳动和物化劳动形成的价值所决定的价格，这部分叫土地资产或土地资本。土地本身的价格或称土地资源价格是地租的资本化，是土地所有权在经济上实现的形式。这两部分价格之和便构成现实的土地价格。

租金是支付给一种只有单一用途的生产要素的报酬。当土地只有一种用途时，其供应就完全缺乏弹性。对土地的需求价格不论上升或下降都不会使土地供给增加或减少。由此可见，是房屋的价格上涨导致了土地价格的上涨，而不是土地价格的上涨导致了房屋价格的上涨。这个结论只适用于土地完全缺乏弹性的情况下，如果土地还有别的用途，别的用途的需求也会把土地的租金提高，使建造房屋必须支付更高的费用，从而对房屋价格的上涨起到了推动的作用。

5.（1）造成这种差异的主要原因是：在某些具体行业或具体地区内劳动需求大于劳动供给，而在其他行业或地区则存在劳动供给大于劳动需求的情况。这实际上是由劳动力供给的结构性问题及劳动力流动问题造成的。对于某些行业，由于劳动力供给严重不足，而此时需求却很大，这就会造成高工资，而有的行业则会出现相反的情况，从而造成了低工资。这样就是形成不同行业之间相同质量的劳动的工资率存在很大差异的重要原因。

（2）解决方法：对劳动力的培训和教育进行指导。对某些培训和教育进行鼓励，对其他某些培训和教育进行适当的限制可以引导劳动者选择合适的行业，从而使各个行业的劳动力供给与需求达到相对的均衡。政府也可以对失业人员和其他人进行培训，从而提高他们的综合能力，使他们能胜任一些工作，这也可以缓解某些行业的高工资现象。同时，由于我国的户籍制度及其他一些规定，对劳动力的流动造成一定障碍。这就会造成不同地区之间相同质量的劳动的工资率存在很大的差异。可能在某个地区劳动力供给大于劳动力需求，而在另外的某些地区存在劳动力需求大于劳动力供给的现象，如果劳动力的流动比较自由，则会大大缓解这种情况。为此，政府应该对某些限制劳动力自由流动的政策法规进行适当的修改，从而缓解地区间工资率的差异问题。当然还有其他原因造成了我国不同行业或不同地区之间，相同质量的劳动的工资率存在很大的差异。例如，劳动力的供求信息不通畅，各地区或行业处在不同的发展阶段等都会造成工资率的差异问题。

6. 西方经济学家认为，地租是土地要素的价格。它是由土地的供求的均衡点所决定的均衡价格。但由于土地有限，供给弹性为零，所以土地的供给曲线是一条垂直线，地租实际是由土地的需求曲线，即土地的边际收益产量（MRP）曲线决定的。因为 $MRP=MP\cdot MR$，假定 MP（边际实物量）不变，在人口增加而对农产品需求增大的情况下，农产品价格上升，导致 MR 上升，以致 MRP 曲线的位置会上移，从而地租增加。如下图所示，横轴 X 代表土地，纵轴 Y 代表地租，SS' 为土地的供给曲线，DD' 为人口未增加前的土地需求曲线（MRP 曲线），人口增加后，由于对农产品需求增加，价格上涨，以致 DD' 上移至 D_1D_1'，相应地，使地租（土地的均衡价格）由 OP 上升到 OP'，即增加了四边形 $P'E'EP$ 的地租量。

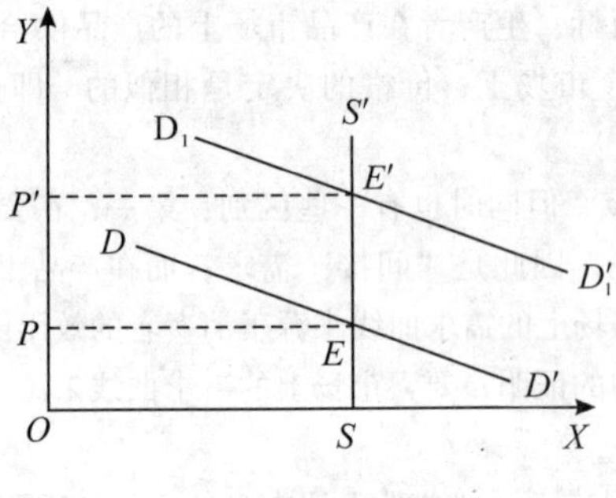

第十章　一般均衡论和福利经济学

一、名词解释

1. 一般均衡：在一个经济体系中，所有市场的供给和需求同时达到均衡的状态。

2. 局部均衡：不考虑各个市场之间的相互依赖关系，一种产品或要素得到均衡的状况。

3. 帕累托最优状态：如果对于某种既定的资源配置状态，任何改变都不可能使至少一个人的状况变好而又不使任何人的状况变坏，则称这种资源配置状态为帕累托最优状态。

4. 产品的边际转换率：生产可能性曲线的斜率的绝对值。

5. 社会福利函数：社会所有个人的效用水平的函数，即 $W=W(U_A,\ U_B)$。

6. 效用可能性曲线：消费者所有最优效用水平组合的集合。

7. 阿罗不可能性定理：在非独裁的情况下，不可能存在有适用于所有个人偏好类型的社会福利函数。

8. 生产可能性曲线：最优产出量集合的几何表示。

9. 实证经济学：研究实际经济体系是怎样运行的，对经济行为作出有关的假设，根据假设分析和陈述经济行为及其后果，并试图对结论进行检验。

10. 规范经济学：从一定的社会价值判断标准出发，根据这些标准，对一个经济体系的运行进行评价，同时进一步说明一个经济体系应当怎样运行，并为此提出相应的经济政策。

二、判断题

1. ×

提示：契约曲线是无差异曲线之间切点的轨迹，其上任一点都是交换的均衡点。如果交换过程不是完全竞争的，那么很可能交换契约并不在契约曲线上达到。因此，契约曲线上的点并不代表所有可能出现的交换契约。

2. ✓

提示：根据生产的帕累托最优条件可以得到上述结论。而厂商生产不同的产品与此是没有关系的。

3. ×

提示：该经济完全可能位于其转换曲线或生产可能性曲线上，因而所有的生产有效性条件都满足了。如果边际转换率不等于边际替代率，那么通过产品产量的不同组合，将会有一个帕累托改进。但是，虽然这些生产出来的产品的产量不符合帕累托最优条件要求，但它们仍然是有效率地生产出来的。

4. ×

提示：在初始位置，交换双方必定有各自的无差异曲线。任何一方都不可能同意进行结果是使自己位于比初始位置所在无差异曲线更低的无差异曲线上的那种交易。因此，对交换双方来说，只有那段位于或高于原先所在无差异曲线的契约曲线才是通过自由交换可能达到的交换契约所在。

5. ×

提示：在长期均衡中，完全竞争的确达到了帕累托最优状态，但是完全竞争的长期均衡对帕累托最优来说并非是必要的，因为在计划经济中，满足所有帕累托最优条件是可能的。而且，即使完全竞争对于帕累托最优是充分的，但它对福利最大化并不充分，因为均衡状态在收入分配方面可能是很不公平的，而福利最大化必须兼顾效率和公平两个方面。

6. ×

提示：当仅存在生产的外部经济时，$MSC < MPC = P = MPB = MSB$，这个经济生产的商品量太少，以致不能达到帕累托最优状态。当仅存在消费的外部经济时，$MSB > MPB = MPC = MSC$，这时，消费的商品量太少，以致不能达到帕累托最优状态。当仅存在生产的外部不经济时，$MSC > MPC = P = MPB = MSB$，这个经济生产的商品量太多，不能达到帕累托最优状态。在仅存在消费的外部不经济时，$MSB < MPB = MPC = MSB$，这时，消费的商品量过大，也不能达到帕累托最优状态。

7. ✓

提示：如果 X 是具有两种商品、两个人的简单经济中的一个公共产品，则当 $MRT_{XY} = MRS_{XY}^{A} = MRS_{XY}^{B}$时，该经济处于均衡状态。然而，由于消费者 A 和 B 能同时享受每一单位的公共商品 X，帕累托最优要求 $MRT_{XY} = MRS_{XY}^{A} + MRS_{XY}^{B}$。因此，完全竞争导致公共产品的生产不足和消费不足，并没有达到帕累托最优状态。

8. ×

提示：因为局部均衡分析是在单一的、独立的市场中分析经济主体的经济行为。

9. ✓

10. ✓

提示：可以根据瓦尔拉斯定律的有关内容得到该结论。

11. ×

提示：瓦尔拉斯未能证明出一般均衡的存在性。

12. ×

提示：因为契约曲线是无差异曲线之间切点的轨迹，其上任何一点都是交换的均衡点，是帕累托最优状态下的契约。所以，契约曲线不能显示所有进行互利贸易的配置点。

13. ✓

提示：如果对于某种既定的资源配置状态，所有的帕累托改进均不存在，则这种资源配置状态为帕累托最优状态。帕累托最优状态又被称为帕累托效率，满足帕累托最优状态就是具有经济效率的。

14. ×

提示：阿罗不可能性定理认为，在非独裁的情况下，不可能存在有适用于所有个人偏好类型的社会福利函数。

15. ×

提示：社会福利函数是社会所有个人的效用水平的函数。

16. ✓

提示：生产可能性曲线是最优产出量集合的几何表示。

三、单项选择题

题号	1	2	3	4	5	6	7	8	9	10
答案	C	A	D	D	A	D	C	B	D	D
题号	11	12	13	14	15	16	17	18	19	20
答案	C	B	B	B	D	D	B	C	D	D
题号	21	22	23	24	25					
答案	A	A	B	C	C					

四、多项选择题

题号	1	2	3	4	5	6	7	8	9	10
答案	BC	ABCD	AC	CD	ABD	BC	ABD	ACD	ABCD	ABCD
题号	11	12	13	14	15					
答案	ABC	ABD	BCD	ABC	ABCD					

五、计算题

1. 以两个消费者、两种商品的简单经济为例。假设这两个消费者的效用函数分别为 $u_A = u_A(q_{A1}, q_{A2})$，$u_B = u_B(q_{B1}, q_{B2})$，这两种商品的既有总量为 q_1 和 q_2。在由两个消费者、两种商品组成的简单经济中，$q_{A1} + q_{A2} = q_1$，$q_{B1} + q_{B2} = q_2$。我们知道，如果某经济社会使某个或某些消费者的效用得以增加的任何可能的交换形式都将导致至少其他某一消费者效用的减少，那么该经济社会各个成员持有的商品组合已达到了交换的帕累托最优状态的要求。对两种商品、两个消费者的简单经济，给定消费者 B 的效用水平 u_B，我们希望极大化 u_A，为此可构造拉格朗日函数为：

$$Z = u_A(q_{A1}, q_{A2}) + \lambda[u_B(q_1 - q_{A1}, q_2 - q_{A2})]$$

取一阶偏导数并令其为零

$$\frac{\partial Z}{\partial q_{A1}} = \frac{\partial u_A}{\partial q_{A1}} - \lambda \frac{\partial u_B}{\partial q_{A1}} = 0 \quad ①$$

$$\frac{\partial Z}{\partial q_{A2}} = \frac{\partial u_A}{\partial q_{A2}} - \lambda \frac{\partial u_B}{\partial q_{A2}} = 0 \quad ②$$

由①/②可得：$\dfrac{\partial u_A / \partial q_{A1}}{\partial u_A / \partial q_{A2}} = \dfrac{\partial u_B / \partial q_{A1}}{\partial u_B / \partial q_{A2}}$

即 $MRS_{12}^A = MRS_{12}^B$

这说明在交换领域达到帕累托最优状态所要求的必要条件是：交换结束后，这两种商品的边际替代率对 A 与 B 相同。

2. (1) 由题设 $Q = 0.5L$，可得：$L = 2Q$

该生产者的利润函数为

$\pi = TR - TC = PQ - WL$

$= (100 - 4Q)Q - (2 + 2L)L$

$= (100 - 4Q)Q - (2 + 2 \times 2Q) \times 2Q$

$= 96Q - 12Q^2$

为使其利润最大化，取利润函数的一阶导数并令其为零，

即 $\mathrm{d}\pi/\mathrm{d}Q = 96 - 24Q = 0$

于是 $Q = 96 \div 24 = 4$，$L = 2Q = 2 \times 4 = 8$

$P = 100 - 4Q = 100 - 4 \times 4 = 84$

$W = 2 + 2L = 2 + 2 \times 8 = 18$

(2) 若该垄断生产者满足帕累托最优条件，则意味着 $MPP = W/P$，即 $P = W/MPP = MC$

而 $TC = WL = W \times 2Q = 2WQ$

则 $MC = \mathrm{d}TC/\mathrm{d}Q = 2W = 2(2 + 2L) = 2(2 + 2 \times 2Q) = 4 + 8Q$

而 $MC = P$，即 $4 + 8Q = 100 - 4Q$

可得：$Q = 8$，$L = 2Q = 2 \times 8 = 16$

$P = 100 - 4Q = 100 - 4 \times 8 = 68$

$W = 2 + 2L = 2 + 2 \times 16 = 34$

3. 根据 $Z_1 = 2P_1{}^2 + 22P_1 - 13P_1P_2 - 64P_2 + 20P_2{}^2 + 48 = 0$ ①

$$Z_2 = P_1 - 2P_2 + 2 = 0 \quad ②$$

将②代入①，得 $P_2{}^2 - 5P_2 + 6 = 0$

解得：$P_{21} = 3$，$P_{22} = 2$

$P_{11}=4$，$P_{12}=2$

所以存在两个均衡解（P_{11}，P_{21}）=(4,3)及(P_{12},P_{22})=（2，2）。

4.（1）社会福利 $W(U_A, U_B)=U_A+U_B$

当 $U_A=100$，$U_B=0$ 时，社会福利最大为 $W=100$。

（2）若社会福利 $W(U_A,U_B)=\min(U_A,U_B)$

当 $U_A=U_B=33.33$ 时，社会福利最大为 $W=33.33$。

（3）若社会福利函数 $W(U_A,U_B)=U_A^{0.5}U_B^{0.5}$

当 $U_A=25$，$U_B=50$ 时，社会福利最大为 $W=35$。

六、简答题

1. 一般均衡是将所有相互联系的各个市场看成一个整体来加以研究，每一商品的供给和需求不仅取决于该商品本身的价格，而且也取决于所有其他商品（如替代品和互补品）的价格。每一商品的价格都不能单独决定，而必须和其他商品价格联合着决定。只有当整个经济的价格体系恰好是所有的商品都供求相等时，市场才达到一般均衡。

2. 第一，局部均衡主要是分析研究单个产品或要素市场（是把所考虑的某个市场从相互联系的构成整个经济体系的市场全体中“取出来”单独加以研究），该市场商品的需求和供给仅仅被看成是其本身价格的函数，其他商品的价格则被假定为不变，而这些不变价格的高低只影响所研究商品的供求曲线的位置，这样，该市场的需求和供给曲线共同决定了市场的均衡价格和均衡数量。

第二，一般均衡是将所有相互联系的各个市场看成一个整体来加以研究，每一商品的供给和需求不仅取决于该商品本身的价格，而且也取决于所有其他商品（如替代品和互补品）的价格。每一商品的价格都不能单独决定，而必须和其他商品价格联合着决定。只有当整个经济的价格体系恰好是所有的商品都供求相等时，市场才达到一般均衡。

3. 瓦尔拉斯假定，在市场上存在一位“拍卖人”，该拍卖人的任务是寻找并确定能使市场供求抑制的均衡价格。它寻找均衡价格的方法是：“拍卖人”随意报出一组价格，家户和厂商根据该价格申报自己的需求和供给。如果所有市场供求均一致，则它就将该组价格固定下来，家户和厂商就在此组价格上成交；如果供求不一致，则家户和厂商可以抽回自己的申报，而不必在错误的价格上进行交易。拍卖者则修正自己的价格，报出另一组价格，一直到找到均衡价格为止，这一过程叫“试探过程”。但我们知道，这一假设条件在资本主义的现实经济生活中根本就不存在。其原因之一在于：在拍卖人最终喊出能使市场供求相等的价格以前，当他喊出能使供求逐步趋向于相等的调节价格时，参与交易的人只能报出他们愿意购买和销售的数量，但不能据此而进行实际的交易。这一限制是必要的，因为一般均衡理论要求一切市场在同一时间达到供求相等的均衡状态，如果容许参与交易的人在非均衡价格下进行交易，那就不能保证一切市场在同一时间达到均衡状态，从而也就不能保证一般均衡的实现。

4. 福利经济学是微观经济学论证“看不见的手”原理的最后一个环节，其目的在于说明完全竞争模型可以导致帕累托状态，而这一状态对整个社会来说又是资源配置的最优状态。福利经济学属于规范经济学的范畴，福利经济学从微观经济主体的行为及其相互联系的角度出发，考察一个社会全体成员的经济福利问题。具体来说，从生产资源有效率的配置和国民收入在社会成员之间的分配这两个方面来研究一个国家实现最大社会经济福利所需具备的条件和国家为了增进社会福利应有的政策措施。

5. 帕累托最优状态是用于判断市场机制运行效率的一般标准。帕累托最优状态或市场机制有效率的运行结果是指这样一种状态：不可能存在资源的重新配置使得在经济社会中其他成员的境况不改变的条件下改善某些成员的境况。理解“境况变好”对于使用帕累托标准判断经济运行的效率是重要的。一般来说，一个人的行为，特别是交换行为可以显示出变好还是变坏。

实现帕累托最优状态需要满足一系列重要的必要条件：①任意两个消费者对任意两种商品进行交换时其边际替代率都相同；②任何两个厂商使用一种生产要素生产同一种产品的边际产量都相等，两种生产要素生产同一种商品的边际技术替代率都相等，任意两个厂商使用既定生产要素生产任意两种产品的边际产品转换率相等；③消费者对任意两种产品的边际替代率都等于生产者对这两种产品的转换率。

6.（1）交换的最优只是说明消费者是最有效率的；生产的最优只能说明生产是最有效率的。两者的简单并列，只是说明消费和生产分开来看时各自独立地达到了最优，但并不能说明当交换和生产综合起来看时也达到了最优。

（2）交换和生产的最优是要将交换和生产两个方面综合起来，讨论交换和生产的帕累托最优条件。

7.（1）生产可能性曲线向右下方倾斜是因为，在最优产出组合中，两种最优产出的变化方向是相反的：一种产出的增加必然伴随着另一种产出的减少。

（2）生产可能性曲线向右上方凸出是因为要素的边际报酬递减。

8.（1）根据阿罗不可能性定理，在非独裁的情况下，不可能存在有适用于所有个人偏好类型的社会福利函数。

（2）阿罗不可能性定理意味着，不能从不同个人的偏好当中合理地形成所谓的社会偏好，即一般意义上的社会福利函数并不存在。这表明，西方经济学没有能彻底地解决资源配置问题。

9.（1）当两个生产者边际技术替代率不相等时，要求分配未达到帕累托最优，于是他们会进行自愿和互利的交易。

（2）生产者甲的边际技术替代率为3，生产者乙的为2。这意味着甲愿意放弃不多于3单位的K来交换1单位的L，因此，若甲能用少于3单位的K交换到1单位的L就增加了自己的福利；另外，乙愿意放弃1单位的L来交换不少于2单位的K，因此，若乙能用1单位的L交换到2单位以上的K就增加了自己的福利。因此，若甲用2.5单位的K交换到1单位的L，而乙用1单位的L交换2.5单位的K，则两个人的福利都增加，这是一种可能的交易。

七、论述题

1. 一般来说，我们总是假定消费者追求效用的最大化，而厂商追求利润的最大化。这样，通过一系列的数学证明可以说明在完全竞争条件下，能够实现帕累托最优状态的三个条件。现作如下说明：

（1）在完全竞争条件下，同一种商品的价格对于所有消费者来说都是相同的。那么，消费者为了追求效用最大化，就一定会使其消费的任何两种商品之间的边际替代率相等，同时，每一消费者所购买的任何两种商品的数量必然使其边际替代率等于消费品市场上这两种商品的价格之比。因此，对所有消费者来说，任何两种商品之间的边际替代率相等。

（2）在完全竞争条件下，每种生产要素的价格对于所有生产者来说都是相同的。那么，生产者为了追求利润最大化，就一定会使其使用的任何两种生产要素之间的边际技术替代率相等，同时，每一生产者所使用的任何两种生产要素的数量必然使其边际替代率等于生产要素市场上这两种生产要素的价格之比。因此，对所有厂商来说，任何两种生产要素之间的边际技术替代率相等。

（3）在完全竞争条件下，任何两种产品生产的边际转换率为这两种商品的边际成本之比。同时，每一个消费者对于任何两种商品的边际替代率等于其价格之比，又由于任何商品的价格等于其边际成本，因此，对于任何两种商品来说，其生产的边际转换率一定等于任何消费者对这两种商品的边际替代率。

由以上三点可看出，完全竞争完全可以达到帕累托最优状态所要求的三个条件。所以，完全竞争市场可以实现帕累托最优状态。

2.（1）一般均衡论，特别是有关一般均衡论的数学模型，只是从数量上分析市场经济体系内各种有关经济变量之间的数量关系，而不涉及经济变量质的分析。因此，它只能是一种对经济现实表面现象的描述。再加上经济现象错综复杂，且这些现象又都处于不断的变动之中，因此，瓦尔拉斯模型以完全竞争市场和消费者偏好不变、生产系数不变为前提，而且不考虑时间因素的推移而发生的变化过程，无疑存在严重的局限性和不现实性。尽管当代一些西方经济学家用现代复杂的数学工具证明了至少存在一系列会在一个大系统中同时使所有市场出清的价格，但由于是在严格的假定前提下作出的证明，因此，一般均衡理论及其数学模型很少具有实际意义。

（2）一般均衡理论把均衡作为分析的出发点，从而把均衡视为资本主义市场经济的常态，这也是与资本主义市场经济发展的历史和现实不符合的。尽管资本主义市场经济通过其矛盾的冲突、经济危机的震荡，可以使其经济达到某种均衡，但这毕竟是暂时的和非常态的。

（3）瓦尔拉斯一般均衡理论的假设条件过于苛刻，在资本主义现实经济生活中往往并不存在。如很难找到一个市场符合完全竞争的假定；大多数市场中也没有瓦尔拉斯设想的拍卖者；同时，不存在规模报酬递增的假设明显地违反主要由于规模报酬递增而导致的经济规模日益扩大的现实情况，如此等等。由于许多假定不符合事实，许多西方经济学家也承认一般均衡理论好像一座富丽堂皇的宫殿，它虽然能满足人们的幻想，却很少具有应用的价值。

3.（1）如果商品 X 的市场供给增加，按局部均衡分析，则其价格 P_x 下降，供给量 Q_x 增加。由于在实际生活中，各个部门、各个商场是相互依存、相互制约的，X 商品市场的变化会对经济的其余部分产生影响，这种影响越大，就越不适用于局部均衡分析。因此，需用一般均衡分析来考察商品市场的变化与经济其他部门的相互影响。由于商品 X 的价格 P_x 下降，人们会提高对其互补品的需求，降低对其替代品的需求。这样，互补品的价格和数量将上升，而替代品的价格和数量将下降（如果供给曲线呈正向倾斜）。

（2）在商品市场中的上述变化也会影响到生产要素市场。因为它导致了生产 X 商品和其互补品的生产要素的需求增加。因此又引起了生产商品 X 和其互补品的要素价格和数量的上升。它同时又导致了商品 X 的替代品的需求下降，因此又引起生产商品 X 的替代品的生产要素的价格和数量下降。这些变化被替代生产要素价格的相对变化所削弱。

（3）由于（2）中所述的变化，不同生产要素的收入及收入的分配也发生变化。商品 X 及其互补品的投入要素的所有者因对其要素需求的增加，其收入便随要素价格的上升而获增加。商品 X 的替代品的投入要素的所有者因对其要素需求的减少，其收入便随要素价格的下降而减少。这些变化转而又或多或少地影响包括商品 X 在内的所有最终商品的需求，这样，所有生产要素的派生需求都受到影响。这一过程一直持续到所有的商品市场和生产要素市场又同时重新稳定，整个经济又一次进入全面均衡状态。

4. 西方学者认为，效率与公平这两个目标有时是相互促进的。但是，在很多情况下，这两个目标却是相互矛盾的：一方面，为了提高效率，有时必须忍受更大程度的不平等；另一方面，为了增进公平，有时又必须牺牲更多的效率。如何在效率与公平之间进行权衡，找到二者在不同条件下的最优组合，是经济学需要解决的一个重大现实问题。

大体来说，西方学者较为普遍的一个思路是“效率优先，兼顾公平”。

①效率优先。就是在决定收入分配的问题上，首先考虑效率，把效率当做决定收入分配的第一位要素。在保证效率的基础上，再考虑兼顾公平的问题。

②兼顾公平。效率优先不是不要平等，而是在坚持效率优先的条件下，还必须兼顾公平。因此需要做好以下四方面工作：减少和消除不合理的收入；促进机会均等；限制某些行业、某些个人的垄断性收入；实现生存权利和消灭贫穷。

5. 完全竞争市场的一般均衡得到资源的帕累托最优配置和净社会福利最大化。传统微观经济学认为政府只是充当守夜人的角色，在市场机制这只“看不见的手”引导下，经济人的自利行为可以有效增进社会利益。但是在许多情况下，某些因素使市场均衡的结果不能导致资源的配置达到帕累托最优，也就是市场失灵。

大致有六个方面的因素导致了资源的配置不能使整个社会的福利达到最大，其中前四个因素导致了“市场失灵”：

（1）不完全竞争的市场。满足帕累托最优的三个必要条件的前提是完全竞争的市场。但这其实与现实不符，因为很难找到完全符合完全竞争假设的市场，如果厂商或生产要素供给者具有一定的市场垄断能力，就会产生帕累托无效率。具有垄断势力的厂商会在边际成本低于价格但等于边际收益的产量水平上生产，这意味着以较高的价格出售较少的产出，最终会使产品之间的边际转换率和消费者对这两种商品的边际替代率不相等，一种产品生产太多，另一种产品生产太少，就会导致资源非有效配置。同样的情况也适用于要素供给者。此外，垄断还造成社会福利净损失。

（2）外部性。价格体系有效运作的原因是市场价格能准确传递生产者和消费者的信息，当具有外部性时，市场价格就不能准确地反映消费者和生产者活动的后果。外部性是指不通过价格机制或不通过供求关系而直接影响他人的经济环境或经济利益，对他人有影响，而又没有承担这种影响的责任。私人边际成本与社会边际成本不同，经济人的自利行为的理性选择是依据私人边际成本，所以会产生外部不经济。此外，外部性的存在会导致资源配置无效率。

（3）公共产品。以国防、路灯等为代表的公共产品的消费具有非竞争性和非排他性的特点，因而在消费上会产生“搭便车”现象：自己不负担公共物品的生产成本，由别人生产出来，自己免费享用。市场不会有效率地提供公共产品，资源配置无效率。

（4）不完全信息。不完全信息是指买卖双方掌握的关于商品价格和质量的信息是不完全的。有时信息还是不对称的，一方掌握的信息，另一方不掌握。此外，不完全信息也会使资源配置发生扭曲。

（5）帕累托最优的实现没有考虑现实中存在的政府，只考虑存在许多的生产者与消费者，但现实世界中的经济活动从未把政府完全排除在外。

（6）帕累托最优回避了收入分配问题。帕累托最优的理论核心是：如果资源配置的任何改变已经不能在无损于任何一个人的福利的情况下增加另一个人的福利，那么原来的资源配置状态就是最优的。这实际上意味着，每一种初始状态的收入分配都有一个不同的相应的帕累托最优，或意味着如果富人更富而穷人没有更穷就是帕累托的福利改进。从这个角度讲，它只注重效率，不注重公平。

第十一章　博弈论初步

一、名词解释

1. 纳什均衡：是参与人的一种策略组合，在该策略组合上，任何参与人单独改变策略都不会得到好处。

2. 博弈论：是研究在策略性环境中策略性决策和采用策略性行为的科学。

3. 优势策略：是指在某个博弈中，如果不管其他局中人选择什么策略，一个局中人的某种策略选择给他带来的支付始终高于其他策略选择，或者至少不低于其他策略选择，这个策略就称为优势策略。只要这个局中人是一个理性的局中人，那么他必定愿意选择这个策略。

4. 策略型行动：是指在博弈的过程中，一些局中人为达到某种影响对手的行为的目的，如诱使对手采取对自己有利的行动选择，或阻止对手采取对自己不利的行动选择，往往会采取某种相应的行动，这称之为策略性行动。

二、判断题

1. ×

提示：当纯策略博弈的纳什均衡为有限时，相应的混合策略博弈的纳什均衡既可能是有限的，也可能是无限的。例如，在只包括 A 与 B 的二人同时博弈中，混合策略纳什均衡的“集合”可以是单位平面、三条线段、两条线段、一条线段、三个点、两个点和一个点，其中，前四种情况就意味着存在无限多个纳什均衡。

2. ×

提示：在只有两个参与人（如 A 和 B），且每个参与人都只有两个策略可供选择的情况下，纯策略的纳什均衡最多可有四个。例如，当 A 与 B 的支付矩阵可分别表示如下时，总的支付矩阵中所有四个单元格的两个数字均有下划线，从而，总共有四个纳什均衡。

$$A\text{ 的支付矩阵}=\begin{bmatrix} a_{11} & a_{12} \\ a_{21} & a_{22} \end{bmatrix} \qquad B\text{ 的支付矩阵}=\begin{bmatrix} b_{11} & b_{12} \\ b_{21} & b_{22} \end{bmatrix}$$

3. ×。提示：一些博弈存在先动优势，先行动一方有利可图。

4. √。提示：同时决策博弈的“同时”并不是物理概念上的时间，它的决断标准是局中人在决策时是否知道对手的决策和行动，若不知道，则是同时决策博弈；若知道，则看成是序贯决策博弈。

5. √。提示：这是序贯决策博弈的定义。

6. √。提示：在一些序贯决策博弈里，若出现局中人利益一致的情况，博弈会打造“双赢”。

三、计算题

1. 解答：

$$\begin{aligned}
EA &= 3p_1q_1+9p_1(1-q_1)+7(1-p_1)q_1+2(1-p_1)(1-q_1)\\
&= 3p_1q_1+9p_1-9p_1q_1+7q_1-7p_1q_1+2-2q_1-2p_1+2p_1q_1\\
&= 7p_1-11p_1q_1+5q_1+2\\
&= p_1(7-11q_1)+5q_1+2
\end{aligned}$$

$$\begin{aligned}
EB &= 6p_1q_1+2p_1(1-q_1)+3(1-p_1)q_1+8(1-p_1)(1-q_1)\\
&= 6p_1q_1+2p_1-2p_1q_1+3q_1-3p_1q_1+8-8q_1-8p_1+8p_1q_1\\
&= 9p_1q_1+8-5q_1-6p_1\\
&= q_1(9p_1-5)-6p_1+8
\end{aligned}$$

其次，分别计算 A 和 B 的条件混合策略。

$$p_1=\begin{cases} 1 & q_1<7/11 \\ [0,\ 1] & q_1=7/11 \\ 0 & q_1>7/11 \end{cases}$$

$$q_1 = \begin{cases} 1 & p_1 < 5/9 \\ [0,\ 1] & p_1 = 5/9 \\ 0 & p_1 > 5/9 \end{cases}$$

最后，混合策略纳什均衡参见下图中的点 e。

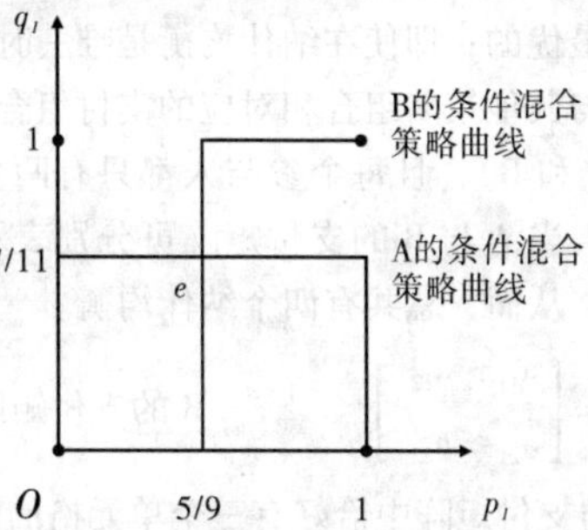

2. 博弈的纳什均衡有两个，分别是（M，L）和（T，R）。

3. (1) 用比较优势下划线可得博弈的纳什均衡两个，分别是（D，L）和（U，R）；

(2) 博弈的混合策略纳什均衡是博弈方 1 以 2/3 和 1/3 随机选择 U 和 D；博弈方 2 则以 2/3 和 1/3 随机选择 L 和 R。

4. 纳什均衡和逆向归纳策略都是同一个，即与支付向量（1，3）相应的策略组合（决策 1，决策 3）。

5. 首先考虑第 9 999 步 A 的决策。此时，A 肯定会结束博弈，结束博弈 A 可以得到支付 9 999，否则只能得到 0。于是，我们可以把该博弈中最后一条水平线段删除；其次考虑第 9 998 步 B 的决策。此时，B 也肯定会结束博弈，结束博弈 B 可以得到 9 998，否则只能得到 0。于是，我们可以把该博弈中倒数第二条水平线段（以及它后面的最后一条垂直线段）也删除。这样倒推下来的结果是，任何一个人在轮到自己决策时都会决定结束博弈。因此，整个博弈的结果是：在第 1 步，A 就决定结束博弈，于是，A 得到 1，B 得到 0。

6. (1) 当第二个支付向量不变，仍然为（0，0）时，有两个纳什均衡，即（足球，足球）和（芭蕾，芭蕾），逆向归纳策略为（足球，足球）。

(2) 将第二个支付向量由（0，0）改为（0，1.5）后，纳什均衡和逆向归纳法策略都是（芭蕾，芭蕾）。

(3) 如果将第二个支付向量改为（0，1），则纳什均衡仍然为（足球，足球）和（芭蕾，芭蕾），但逆向归纳法失效。当男方选择芭蕾时，女方也选择芭蕾，从而，男方可得到支付 1，但是，当男方选择足球时，女方既可以选择足球，也可以选择芭蕾；如果女方选择足球，则男方可以得到更大的 2；如果女方选择芭蕾；则男方只能得到更小的 0。

7. 先分析厂商 2，假设 $P(Q_1+Q_2)=a-b(Q_1+Q_2)$，$MC_2=MC_1=0$，没有固定成本，厂商 2 的利润函数为：$\pi2=[a-b\ (Q_1+Q_2)]\ Q_2$，利润最大化的一阶条件为：$a-bQ_1-2bQ_2=0$ 即：$Q_2=(a-bQ_1)\ /2b$。再分析厂商 1，由于完全信息，厂商 1 的利润函数为：$\pi1=[a-b\ (Q_1+Q_2)]\ Q_1$，将 $Q_2=(a-bQ_1)/2b$ 代入上式得：$\pi1=(a/2)Q_1-(b/2)Q_{12}$。利润最大化的一阶条件为：$a/2-bQ_1=0$。$Q1=a/2b$，$Q_2=a/4b$。

8. (1) 博弈树（略）；(2) 用划线法很容易找到两个纯策略纳什均衡（高档，低档）和（低档，高档）。（3）混合策略的纳什均衡，两个企业都以2/3和1/3随机决定生产高档还是低档空调。

四、简答题

1.（1）所谓纳什均衡，是参与人的一种策略组合，在该策略组合上，任何参与人单独改变策略都不会得到好处。

（2）不一定。纳什均衡可能是最优的，也可能不是最优的。例如，在存在多个纳什均衡的情况下，其中有一些纳什均衡就不是最优的；即使在纳什均衡是唯一时，它也可能不是最优的——因为与它相对应的支付组合可能会小于与其他策略组合相对应的支付组合。

2. 在只有两个参与人（如A和B），且每个参与人都只有两个策略可供选择的情况下，纯策略的纳什均衡最多可有四个。例如，当A与B的支付矩阵可分别表示如下时，总的支付矩阵中所有四个单元格的两个数字均有下划线，从而，总共有四个纳什均衡。

$$A的支付矩阵=\begin{bmatrix} a_{11} & a_{12} \\ a_{21} & a_{22} \end{bmatrix} \qquad B的支付矩阵=\begin{bmatrix} b_{11} & b_{12} \\ b_{21} & b_{22} \end{bmatrix}$$

3. 例如，当参与人A与B的支付矩阵中恰好有三个单元格的两个数字均有下划线，从而，总共有三个纳什均衡。

4. 可使用条件策略下划线法。具体步骤如下：第一步，设两个参与人分别为左参与人和上参与人，并把整个支付矩阵分解为这两个参与人的支付矩阵；第二步，在左参与人的支付矩阵中，找出每一列的最大者，并在其下划线；第三步，在上参与人的支付矩阵中，找出每一行的最大者，并在其下划线；第四步，将已经划好线的两个参与人的支付矩阵再合并起来，得到带有下划线的整个支付矩阵；第五步，在带有下划线的整个支付矩阵中，找到两个数字之下均划有线的所有的支付组合。这些支付组合所代表的策略组合就是纳什均衡。

5. 例如，在如下的二人同时博弈中，当参与人A选择上策略时，参与人B既可以选择左策略，也可以选择右策略，因为他此时选择这两个策略的支付是完全一样的。因此，对于参与人A的上策略，参与人B的条件策略有两个，即左策略和右策略。

		B的策略	
		左策略	右策略
A的策略	上策略	5, $\underline{6}$	$\underline{1}$, 5
	下策略	$\underline{7}$, 4	2, $\underline{3}$

6. 例如，在下面的二人同时博弈中，无论参与人A是选择上策略还是选择下策略，参与人B总是选择左策略，因为他此时选择左策略的支付总是大于选择右策略。因此，在这一博弈中，左策略就是参与人B的绝对优势策略。

		B的策略	
		左策略	右策略
A的策略	上策略	5, $\underline{6}$	$\underline{1}$, 5
	下策略	$\underline{7}$, 4	2, $\underline{3}$

7. 在纯策略博弈中，所有参与人对策略的选择都是“确定”的，即总是以 100% 的可能性来选择某个策略，而在混合策略博弈中，参与人则是以一定的可能性来选择某个策略，又以另外的可能性选择另外一些策略。在这种情况下，参与人选择的就不再是原来的单纯的策略（如上策略或下策略），而是一个概率向量（如以某个概率选择上策略，以另外一个概率选择下策略）。

8. 例如，在一个只包括参与人 A 与参与人 B 的二人同时博弈中，参与人 A 的条件策略是 A 在 B 选择某个既定策略时所选择的可以使其支付达到最大的策略。相应地，参与人 A 的条件混合策略是 A 在 B 选择某个既定的混合策略时所选择的可以使其期望支付达到最大的混合策略。

9. 在纯策略博弈中，纳什均衡是参与人的一种策略组合，在该策略组合上，任何参与人单独改变其策略都不会得到好处；在混合策略博弈中，纳什均衡是参与人的一种概率向量组合，在该概率向量组合上，任何参与人单独改变其概率向量都不会得到好处。

10. 在同时博弈中，纯策略的纳什均衡可能存在，也可能不存在，但相应的混合策略纳什均衡总是存在的。例如，在下面的二人同时博弈中，根据条件策略下划线法可知，由于没有一个单元格中两个数字之下均有下划线，故纯策略的纳什均衡不存在，但是，相应的混合策略纳什均衡却是存在的。例如：

			B的策略	
			q_1 左策略	$1-q_1$ 右策略
A的策略	p_1	上策略	$3, \underline{6}$	$\underline{9}, 2$
	$1-p_1$	下策略	$\underline{7}, 3$	$2, \underline{8}$

首先，分别计算 A 与 B 的条件混合策略：

$$
\begin{aligned}
EA &= 3p_1q_1 + 9p_1(1-q_1) + 7(1-p_1)q_1 + 2(1-p_1)(1-q_1) \\
&= 3p_1q_1 + 9p_1 - 9p_1q_1 + 7q_1 - 7p_1q_1 + 2 - 2q_1 - 2p_1 + 2p_1q_1 \\
&= 7p_1 - 11p_1q_1 + 5q_1 + 2 \\
&= p_1(7 - 11q_1) + 5q_1 + 2
\end{aligned}
$$

$$
\begin{aligned}
EB &= 6p_1q_1 + 2p_1(1-q_1) + 3(1-p_1)q_1 + 8(1-p_1)(1-q_1) \\
&= 6p_1q_1 + 2p_1 - 2p_1q_1 + 3q_1 - 3p_1q_1 + 8 - 8q_1 - 8p_1 + 8p_1q_1 \\
&= 9p_1q_1 + 8 - 5q_1 - 6p_1 \\
&= q_1(9p_1 - 5) - 6p_1 + 8
\end{aligned}
$$

其次，分别计算 A 和 B 的条件混合策略。

$$
p_1 = \begin{cases} 1 & q_1 < 7/11 \\ [0,\ 1] & q_1 = 7/11 \\ 0 & q_1 > 7/11 \end{cases}
$$

$$
q_1 = \begin{cases} 1 & p_1 < 5/9 \\ [0,\ 1] & p_1 = 5/9 \\ 0 & p_1 > 5/9 \end{cases}
$$

最后，混合策略纳什均衡参见下图中的点 e。

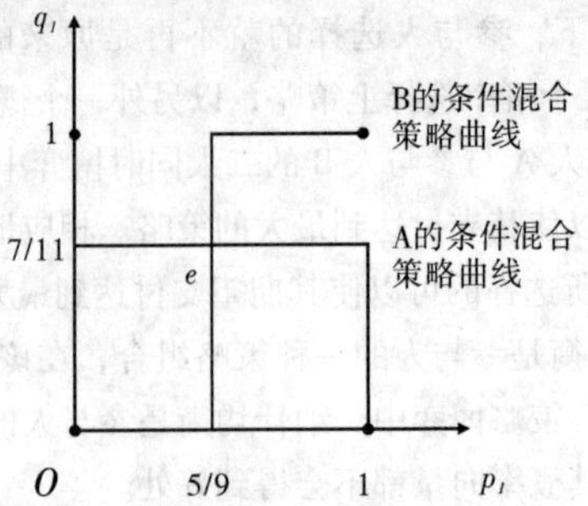

11. 当纯策略博弈的纳什均衡为有限时，相应的混合策略博弈的纳什均衡既可能是有限的，也可能是无限的。例如，在只包括 A 与 B 的二人同时博弈中，混合策略纳什均衡的“集合”可以是单位平面、三条线段、两条线段、一条线段、三个点、两个点和一个点，其中，前四种情况就意味着存在无限多个纳什均衡。

12. 与同时博弈一样，在序贯博弈中，纳什均衡也是指这样一些策略组合，在这些策略组合中，没有哪一个参与人会单独改变自己的策略。同样，在序贯博弈中，纳什均衡也可能不止一个。在这种情况下，可以通过逆向归纳法对纳什均衡进行“精炼”，即从多个纳什均衡中，排除掉那些不合理的纳什均衡，或者，从众多的纳什均衡中进一步确定“更好”的纳什均衡。经由逆向归纳法的精炼而得到的纳什均衡就是所谓的逆向归纳策略。

13. 任何一个博弈都具有三个基本的要素，即参与人、参与人的策略和参与人的支付。

14. 斯塔克尔博格模型中两个寡头先后选择的产量之和要大于古诺模型中两个寡头同时选择的产量之和，而斯塔克尔博格模型中两个寡头利润之和则小于古诺模型的两个寡头利润之和。因此，市场有一个领导者比各厂商势均力敌时对消费者而言更好，因为斯塔克尔博格模型与古诺模型相比产量大了，价格低了。斯塔克尔博格模型中博弈领导者决定的产量要大于追随者的产量，领导者的所得的利润也要大于追随者的利润，即斯塔克尔博格模型具有先动优势“谁先动谁占优”。

第十二章 市场失灵和微观经济政策

一、名词解释

1. 自然垄断：是指由于市场的自然条件而产生的垄断。

2. 政府管制：是指政府按照一定规则对社会经济主体的活动进行限制的行为。

3. 公共物品：是指政府提供的，用于公共使用或消费的物品。

4. 信息不对称：是指市场交易的各方所拥有的信息不对等。

5. 外部性：是指由于市场活动而给第三方造成的成本。

6. 政府失灵：是指政府的活动或干预措施缺乏效率，或者说政府作出了降低经济效率的决策或不能实施改善经济效率的决策。

7. 内部性：是指由交易者所经受的但没有在交易条款中说明的成本或效益。

8. 产权：是指一种通过社会强制而实现的对某种经济物品的多种用途进行选择的权利。

9. 逆向选择：是指在信息不对称的情况下，拥有信息少的一方作出不利于另一方的选择。

10. 寻租：是指为获得和维持垄断地位从而得到垄断利润的活动。

11. 道德风险：是指从事经济活动的人在最大限度地增进自身效用的同时作出不利于他人的行动。

12. 排他性：是指个人被排除在消费某种物品或服务的利益之外。当消费者为私人产品付钱购买之后，他人就不能享用此种商品和服务所带来的意义，排他性是私人物品的一个特征。

13. 竞争性：是指消费者的增加引起生产成本的增加，每多提供一件或一种私人物品，都要增加生产成本，因而竞争性是私人物品的一个特征。

二、判断题

题号	1	2	3	4	5	6	7	8	9	10
答案	×	✓	×	✓	×	✓	×	✓	×	✓
题号	11	12	13	14	15	16	17	18	19	20
答案	✓	×	✓	✓	✓	✓	×	×	×	×
题号	21	22								
答案	×	✓								

三、单项选择题

题号	1	2	3	4	5	6	7	8	9	10
答案	D	A	B	D	C	D	D	C	B	C
题号	11	12	13	14	15	16	17	18	19	20
答案	D	C	C	D	C	D	A	B	D	B
题号	21	22	23	24	25					
答案	D	D	B	D	D					

四、多项选择题

题号	1	2	3	4	5	6	7	8	9	10
答案	ABC	BD	ABC	AC	ABCD	ABD	BD	ABC	ABC	BD
题号	11	12	13	14						
答案	ABC	ABC	ABC	ACD						

五、简答题

1. 市场失灵是指在一个未加管制的市场上，买方和卖方的选择导致了无效的产出。在市场失灵的情况下，价格体系无法实现资源的有效配置。市场失灵产生于三个原因：第一，公共物品的存在，即市场机制能有效地提供私人物品，却不能有效地提供公共物品。第二，外部性的存在，即市场机制能实现私人利益的最大化，但由于外部收益与外部成本的存在，并不能同时实现社会利益的最大化。第三，垄断的存在，即竞争必然产生垄断，市场机制是以完全竞争为前提的，但当垄断存在时，市场机制的作用必然受到某种限制。此外，即使市场机制能实现配置效率，但其结果也不能实现社会福利的最大化。这就是在市场机制调节下所产生的收入分配不平等的问题。正是市场失灵的存在引起了政府干预。

2. 公共产品是指某产品一旦被提供给某一集团，则该集团所有的人都能享受到该产品的好处。公共产品具有的最显著的两个特征是：①非排他性。是指当一个人在消费公共产品时，往往其他人也能同时消费并获益。②非竞争性。是指某人消费某物品不会减少其他人的消费，消费者之间不存在竞争。

3. 垄断导致了资源配置的低效率。其主要措施有：①反垄断法；②价格管制；③税收管制。

4. 在微观经济学中，我们一般假定不存在外部影响，这样，自由竞争的市场机制就能使资源配置达到最优。但是，在现实经济活动中，不可能不存在外部影响。一般来说，根据私人利益和社会利益、私人成本和社会成本的大小关系，外部影响可以分为外部经济和外部不经济。当私人收益小于社会收益时，外部影响表现为外部经济。在这种情况下，一般个人从事了这项经济活动，那么从社会上其他人所得到的好处中拿出一部分来补偿进行这项活动的私人所受到的损失后还会剩余，也就是使一些人状况变好而没有人状况变坏。这说明在存在外部经济的情况下，私人活动的水平常常低于社会所要求的水平。而当私人成本小于社会成本时，外部影响就表现为外部不经济。在这种情况下，一个人从事了这项经济活动，那么从社会上其他经济活动所受到的损失要大于私人所受到的损失。这样，从整个社会来看，其实是无效率的。这说明存在外部不经济的情况下，私人活动的水平常常高于社会所要求的水平。

5. “搭便车”问题是指经济中不支付即可获得消费满足的人及其行为。产生这种现象的原因是商品的非排他性。由于商品的这种特征，拥有或消费这种商品的人不能或很难把他人排除在获得该商品带来的满足的范围之外。例如，国防提供一种劳务，而新出生的人也会受到它的保护。这就意味着任何不支付费用的经济当事人都试图通过不付费而获得国防的保护，因此这一特征及其相应的问题被形象地称为“搭便车”问题。

6. 科斯定理的内容主要是只要财产权是明确的，并且假定交易成本为0，则不管开始时将产权赋予哪一方，都可以达到资源的最优配置。也就是说，财产权明确给A或明确给B，对于最后的资源最优配置没有影响。当然，我们要注意，这里是在假定交易成本为0的情况下所得出的结论。正如实际经济中的情况，如果交易成本不为0的话，那么只是明确产权并不能达到资源的最优配置。根据科斯定理，外部影响最终导致资源配置无效的原因在于产权不明确。如果产权明确的话，有些外部影响就不会发生。也就是说，解决外部影响问题时不一定要求政府干预，只要产权明确，市场就能自动解决外部影响问题。但是，在该理论提出以前的传统经济学认为，解决外部影响的问题时要求有政府的干预。当出现外部不经济时就要进行征税，征税的数额应等于外部不经济给其他社会成员造成的损失，从而使得私人成本等于社会成本；当出现外部经济时，政府就要采取津贴的办法，使私人收益等于社会收益，从而使得资源配置达到最优。可以说，科斯定理对传统的经济学解决外部影响问题的方法提出了挑战，并且在理论和实践中也得到验证。

7. 市场机制是一种利益调节机制。因此，市场机制对具有竞争性和排他性的私人物品能够起到调节作用。对于公共物品来说，由于它失去了竞争性和排他性，增加消费并不会导致成本的增加，消费者对其支付的价格往往是不完全的，甚至根本无须付费。在此情况下，市场机制对公共物品的调节作用就是有限的，甚至是无效的。由于市场机制对公共物品生产的调节作用具有局限性，因此，如果单纯依靠市场机制来调节该类产品的生产，其产出可能为零。至少，市场所提供的公共物品将无法满足社会的需求，即市场机制分配给公共物品生产的资源将是不足的，资源因此而不能得到有效配置，帕累托最优状态也就无法实现。

8. 许多经济学家认为，垄断会带来福利损失，降低经济效率，因此主张反垄断。但也有不少经济学家认为，垄断有可能促进经济效率提高，因为：①垄断会带来规模经济，降低成本，节省费用支出，一些自然垄断行业更需要垄断；②范围经济，即垄断企业有条件进行多样化产品组合，把在生产技术上相互关联的产品放在一个企业内生产经营，使投入的生产要素（尤其是原材料）得到多次使用以生产不同产品，并共同享用商标、包装和营销渠道等，从而降低成本；③技术创新，即大企业有力量投入大量研究开发经费，如美国最大的100家垄断企业的研发费用达到了全国研发总费用的82%。美国经济学家熊彼特就是从技术创新角度为垄断企业进行辩护的。正因为垄断也有可能提高经济效率，因此不适当地反垄断也可能损害经济效率。

9. 新古典微观经济学关于竞争市场模型的一个基本假定是信息是完全的：所有人都知道其他人的经济特征及各种有关生产和市场的信息。显然，这个假定与现实不符合。现实生活中的市场都是信息不完全的市场，例如，消费者并不完全清楚要购买的商品的质量，生产者也并不完全清楚市场上究竟需要多少本企业生产的产品，也不完全知道可供给它作出最有利选择的所有生产技术和所能使用的最合算的全部生产要素。一句话，信息不完全是指有关市场主体获取的或掌握的信息不足以使市场主体作出理性判断或决策，而信息不对称可看作信息不完全中的一种情况，即一些人比另外一些人具有更多的有关经济信息。例如，工人比雇主更清楚自己的生产能力和工作努力程度，厂商比消费者更了解自己产品的质量。需要说明的是，信息不对称不仅是指人们常常限于认识能力不可能知道在任何时候、任何地方发生的或将要发生的任何情况，而且更重要的是指行为主体为充分了解信息所花费的成本实在太大，不允许他们去掌握完全的信息。例如，保险公司就难以充分了解参加保险的自行车车主是否会谨慎小心地保管自己的车子，除非公司派专人天天跟在每辆投保的自行车后面监视。如果真这样做，代价实在太大了。这样，自行车主的行为对保险公司来说就必然是一种不完全的或者说不对称的信息。

10. "逆向选择"通常是指在信息不对称的状态下，接受合约的人一般拥有私人信息并且利用另一方信息缺乏的特点而使对方不利，从而使市场交易的过程偏离信息缺乏者的情况。假定市场上既有高质量产品又有低质量产品出售时，买主愿意出的价钱介于最高和最低之间。这个价格高于低质量产品卖主的保留价值而低于高质量产品卖主的保留价值，从而使愿意成交的产品都是低质量的产品，高质量的产品则被驱逐出市场。假定产品质量的分布是均匀的，高质量产品与低质量产品出售的概率相同，但由于成本不同，卖主的利润就不相同。由于低质量产品的生产成本低，利润较大，使市场的卖主都会出售低质量产品以牟取高额利润，好产品将被差产品驱逐出市场。

11. （1）在垄断情况下，当厂商按照边际成本等于边际收益的利润最大化条件确定产量时，其价格将大于边际成本，这就出现了低效率。此时的经济福利比完全竞争情形要少。

（2）根据寻租理论，垄断的经济损失甚至包括垄断厂商利润的一部分、全部或者更多。为获得和维持垄断地位从而得到垄断利润的寻租活动是一种纯粹的浪费，进一步加剧了垄断的低效率。

12. 令私人利益、社会利益分别为 V_P、V_S；私人成本、社会成本分别为 C_P、C_S。则：

（1）如果某个人采取某项行动的 $V_P < V_S$（存在外部经济），同时 $V_P < C_P < V_S$ 时，他不会采取该项行动，虽然从社会角度看该行动有利。

（2）如果某个人采取某项行动的 $C_P < C_S$（存在外部不经济），同时 $C_P < V_P < C_S$ 时，他就会采取该项行动，虽然从社会角度看该行动不利。

上述两种情况均为资源配置失当。前者生产低于社会最优水平，后者生产高于社会最优水平。

13. 科斯定理是指，只要产权明确，并且交易成本为零或者非常小，那么无论在开始时将产权赋予谁，市场均衡的最终结果都是有效率的。但无论在资本主义社会还是社会主义社会中，运用科斯定理虽然可以解决一部分外部性问题，但并不一定绝对有效。

（1）科斯定理要求财产权明确，但是财产权并不总是能够明确地加以规定。有的资源（如空气）在历史上就是大家均可使用的共同财产，很难将财产权具体指派；有的资源即使在原则上可以明确，但由于不公平问题及法律程序的成本问题等也变得实际上不可行。

（2）科斯定理要求财产权可以转让，但是由于信息不充分及买卖双方不能达成一致意见等，财产权不一定总能顺利转让。

（3）即使财产权明确且可以转让，也不一定总能实现资源的最优配置，即比原来状态有所改善但不一定为最优。

（4）分配财产权会影响收入分配，收入分配的变动可能造成社会不公平，引起动乱。在社会动乱的情况下，解决外部影响的问题就无从谈起了。

14. 由于公共物品不具备消费的竞争性，任何一个消费者消费一单位公共物品的机会成本总为0。这意味着，没有任何消费者要为他所消费的公共物品去与其他任何人竞争。因此，市场不再是竞争的。如果消费者认识到他自己消费的机会成本为0，他就会尽量少支付给生产者以换取消费公共物品的权利。如果所有消费者均这样行事，则消费者们支付的数量就将不足以弥补公共物品的生产成本。

结果便是低于最优数量的产出，甚至是0产出。

15.（1）市场机制可以解决一部分的信息不完全和不对称问题。例如，为了利润最大化，生产者必须根据消费者的偏好进行生产，否则，生产出来的商品就可能卖不出去。生产者显然很难知道每个消费者的偏好的具体情况。不过，在市场经济中，这一类的信息不完全并不会影响他们的正确决策，因为他们知道商品的价格。只要知道了商品的价格，就可以由此计算生产该商品的边际收益，从而就能够确定其利润最大化产量。

（2）市场的几个机制不能够解决所有的信息不完全和不对称问题。这种情况在商品市场、要素市场上都是常见的现象。

（3）在市场机制不能解决问题时，就需要政府在信息方面进行调控。信息调控的目的主要是保障消费者和生产者能够得到充分的和正确的市场信息，以便他们能够作出正确的选择。

六、计算题

1.（1）要使蜂蜜达到均衡产出，则使蜂蜜的边际生产成本等于蜂蜜的边际收益，即其货价，故有 $dC_H/dH=2H/100-1=2$，故 $H=150$。

故蜂蜜和苹果的均衡产出分别为100、150。

（2）若两个农场合并，其总成本函数为 $C=H^2/100+A^2/100-H$，

C 对 A 求一阶偏导数，得到 $2A/100=3$

则 $A=150$

C 对 H 求一阶偏导数，得到 $2H/100-1=2$

则 $H=150$

故要使合并后的农场利润最大化，蜂蜜和苹果的产量都应该是150。

（3）对社会来说，蜂蜜的最佳产量应是150，如它们分开经营，为引导蜂场生产最佳产量，对蜂蜜的价格补贴应是1元，这是因为，蜂场的边际成本函数是 $H/50$，将 $H=150$ 代入得 $MC=150/50=3$。当价格等于边际成本时，价格应为3，而原价格为2，故应补贴1元。

2.（1）已知汤姆的效用函数为 $2X_T+Y$，令 $d(2X_T+Y)=0$，可以求得汤姆在私人物品和公共物品之间的边际替代率为：

$MRS_{XY}^T=dX_T/dY=-1/2$

同理可以求得约翰在私人物品和公共物品之间的边际替代率为：

$MRS_{XY}^J=dX_T/dY=-J/Y$

（2）物品消费达到帕累托最优的条件为汤姆和约翰在两种物品之间的边际替代率相等，即 $X_J/Y=1/2$。

（3）满足条件 $X_J/Y=1/2$，故可以达到帕累托最优。

3.（1）社会对公共物品 x 的反需求函数为：

$P=P_1+P_2$

$=100-x+100-2x=200-3x$

（2）该社会公共物品最优数量为社会对公共物品总需求与总供给的均衡数量，在此，每单位公共物品成本为4元，故公共物品成本函数为 $C=4x$。

当 $300-3x=4x$ 时，$x=300/7$，即最优数量为300/7。

（3）$P_1=100-300/7$；$P_2=100-600/7$。

4.（1）在垄断情形下，市场需求函数即垄断厂商需求函数 $Q=500-5P$

则由反需求函数 $P=100-0.2Q \Rightarrow MR=100-0.4Q$

又由成本函数 $C=20Q \Rightarrow MC=20=AC$

联立 $\begin{cases} MR=100-0.4Q \\ MC=20 \\ MR=MC \end{cases}$

$\therefore \begin{cases} Q=200 \\ P=60 \end{cases} \Rightarrow \pi=60\times200-20\times200=8\ 000$

（2）达到帕累托最优，则价格等于边际成本 $P=100-0.2Q=MC=20 \Rightarrow \begin{cases} Q=400 \\ P=20 \end{cases}$

显然，在垄断情形下，价格上升而产量下降。

（3）社会纯福利的损失为三角形的面积。

$CS=\int_{200}^{400}(100-0.2Q-20)\,dQ$

$=(80Q-0.1Q^2)\big|_{200}^{400}=16\ 000-12\ 000=4\ 000$

5.（1）因为公共电视是一种纯粹的公共物品，因此，对公共电视节目小时数的市场需求曲线是三个集团需求曲线的垂直相加。

$W_1+W_2+W_3=(100-T)+(150-2T)+(200-T)=450-4T$

$450-4T=MC=100 \Rightarrow T=87.5$

（2）在竞争性私人市场中，最优的标准是每个消费者的边际利益等于边际成本。

$W_1=100-T_1=100 \Rightarrow T_1=0$

$W_2=150-T_2=100 \Rightarrow T_2=25$

$W_3=200-T_3=100 \Rightarrow T_3=100$

因此，$T=T_1+T_2+T_3=0+25+100=125$

6.（1）由 $C=5x^2+2\ 000 \Rightarrow MC=10x$

联立 $\begin{cases} MC=10x \\ P=MC \end{cases} \Rightarrow 10x=800 \Rightarrow x=80$

（2）每户牧民的成本 $=(5x^2+2\ 000)/5=x^2+400 \Rightarrow$ 每户牧民的边际成本 $MC=2x$

联立 $\begin{cases} MC=2x \\ P=MC \end{cases} \Rightarrow 2x=800 \Rightarrow x=400$

可见，实际放牧数量远远超过最优放牧量，从而造成“公地悲剧”。

7. 路灯属于公共物品。每人愿意为增加一盏路灯支付 4 美元，则有对路灯的边际收益 $MR=4\times10=40$。

成本函数为 $C(x)=x^2 \Rightarrow MC=2x$

联立 $\begin{cases} MR=40 \\ MC=2x \\ MC=MR \end{cases} \Rightarrow 40=2x \Rightarrow x=20$

8.（1）不灌溉：$E(\pi)=0.5\times1\ 000+0.5\times500=750$

灌溉：$\pi=1\ 000-200=800$

因此，农场主将选择灌溉。

（2）不买天气预报：选择灌溉，$\pi=1\ 000-200=800$

买天气预报：假定支付 x 元购买天气预报

预报下雨，不灌溉，$\pi=1\ 000-x$

预报不下雨，灌溉，$\pi=800-x$

因此 $E(\pi)=0.5\times(1\,000-x)+0.5\times(800-x)=900-x$

只有当 $900-x\geqslant 800$ 时，即 $x\leqslant 100$ 时，农场主购买天气预报才有意义。

七、论述题

1. 只要财产权是明确的，并且其交易成本为零或者非常小，那么，无论产权在开始时分配给谁，市场均衡的最终结果都是有效率的。例如，假定有一家工厂排放的烟尘污染了周围5户居民晾晒的衣服，每户居民由此受损失75元，5户共损失375元。再假定有两个解决方法：一是花150元给工厂烟囱安装一个除尘器；二是给每户买1台价值50元的烘干机，5户共需250元。不论把产权给工厂还是给居民，即不论工厂拥有排烟权利，还是5户居民有不受污染的权利，如果听任私有制为基础的市场发生作用，工厂或居民都会自动采取花150元解决问题的方法，因为这样最节省，150元成本最低，表示资源配置最优。

一些西方学者根据科斯定理认为，外部影响之所以导致资源配置失当是由于产权不明确。如果产权明确，且得到充分保障，有些外部影响就不会发生。在上述例子中，只要产权归工厂还是居民是明确的，则他们中任何一方都会想出用150元安装一个除尘器的办法来消除污染，即解决外部影响问题。也就是说，在解决外部影响问题上不一定要政府干预，只要产权明确，市场会自动解决外部性问题，而在此以前，以英国庇古为主要代表的传统经济学家认为，解决外在性问题，需要政府干预：出现外部不经济时，要用征税办法，其数额应等于外部不经济给其他社会成员造成的损失，使私人成本等于社会成本；出现外部经济时，可用政府津贴办法，使私人利益和社会利益相等，这样，都可使资源配置达到帕累托最优。因此，科斯定理的问世，被认为是对传统经济学的修正。

2. 公共选择理论是现代西方经济学的一个分支，它将经济学应用到政府行为分析，说明政府的选择与决策。主要内容有：

（1）非市场集体决策。公共选择理论属于政府经济学，研究非市场的集体决策。这种决策有两个特点：一是非市场的，二是集体的。公共物品生产的资源配置问题，不可能通过市场靠“看不见的手”来解决，而要通过政治市场来解决。政治市场由供给和需求两方面构成，作为需求方面的消费者是选民、纳税人，作为供给方面的生产者是政治家、官员。双方在政治市场上通过交换相互联系发生作用。

（2）集体决策规则。公共选择理论认为，在公共物品方面，关于生产什么、生产多少等问题，选民们的观点各异，意见存在分歧，只能通过政治过程进行商议，然后得到协调，投票就是一种协调形式。公共选择理论认为可以表现集体决策规则特点的有两种投票规则：第一种是一致同意规则，是指候选人或方案要经过全体投票人赞成才能当选或通过的规则。第二种是多数规则，是指候选人或方案只须经过半数以上投票人赞成就能当选或通过的规则。

（3）民主无效率。在民主制度下，投票集团的偏好对公共物品的生产会起决定作用，这样，民主制度就会使一部分人遭受损失。另一个缺陷是不能按成本—收益分析结果选择最佳方案，因为这是按多数赞成票决定的。民主制度下，公民对政治问题和候选人情况并不了解，因为对公共问题的了解并不增加个人福利。民主制度是议员们被特殊利益集团所利用，为其服务尽力，而不管全民福利。民主秩序中还存在投票矛盾，难以形成一致决策。

（4）官员制度和效率。官员制度是指选举所产生的政府官员和被任命的官员及经考试录用的官员管理政治事务的制度。公共选择理论认为，同大公司的官员制度相比，政府官员制度带来的是低效率。原因是：第一，垄断劳务供给，缺乏竞争。第二，追求规模最大化。规模大可以增强在机关预算中的讨价还价能力。第三，消费最大化。官员们会努力增加自己的薪金，改善工作条件，减轻工作负担，尽量少提供劳务，这样就提高了他们的劳务成本。为解决政府官员制度低效率的问题，应该引入竞争机制，一是使公共部门的权力分散化，减少垄断，增加竞争因素，提高效率；二是由私人生产者承包公共劳务，实行公共劳务生产私人化；三是公共部门与私人生产者开展竞争。

公共选择理论广泛地研究了西方经济社会的问题，即官僚主义、财政赤字及通货膨胀，得出的结论是：当代西方经济社会暴露出来的很多问题，不仅反映了市场经济的矛盾交织，而且反映了政治结构弊端丛生。为此，正确的对策是进行政治制度和法规的改革，目标是遏制日趋膨胀的政府势力。

3. 政府失灵是指政府的活动或干预措施缺乏效率，或者说政府作出了降低经济效率的决策或不能实施改善经济效率的决策。

政府失灵的表现包括：①政府干预经济活动没能达到预期目标；②政府干预虽然达到预期目标，但效率低下，干预成本过高；③政府干预有效率，也达到预期目标，但从长期看却带来不利的副作用。

早期政府干预理论暗含着三个假定：第一，政府是公共利益的忠实代表者，实现公众利益最大化是政府的目标函数；第二，政府具有决策所需的充分信息和完备知识；第三，政府干预无代价即成本为零。

然而，在实际经济生活中，这三个假设都是不存在的。首先，政府官员也是经济人，他们也有不同于公共利益的私人利益，在可能的情况下，他们都要谋求自身利益的最大化。其次，政府要实施对经济活动的正确干预，一个必须具备的前提条件是能够获取和掌握有关经济运行和市场交易情况的全面、准确和完全的信息知识。然而，由于政府机构的低效率和缺乏相应的激励机制，特别是政府官员中广泛的私人利益的存在，政府要得到充分有效的信息是很难的。最后，政府干预是有成本的，而且在许多情况下，政府干预的成本是昂贵的。政府干预在本质上也是一种经济行为，只有当其收益高于成本时才是合理的。

4. 从对竞争性市场机制的分析中，西方学者得出了市场经济富有效率的结论：①出于利己动机的消费者，支付商品的价格，他们从消费的商品中获得最大的满足。这些价格通过市场供求均衡转化为厂商的收益。②出于利己动机的厂商，为了获得最大利润，必然使得产量达到价格等于边际成本也等于平均成本之点。这时，厂商以最低的成本向社会提供最优的数量。③平均成本是厂商支付给生产要素的报酬，以便补偿生产要素的边际贡献。它恰好等于所有生产要素的单位收入之和。④通过市场价格的自发波动，经济系统能以最低的成本进行生产，来使消费者得到最大效用、厂商获得最大利润、社会达到理想状态。

以上描述的市场机制使得最终产品在消费者之间的交换符合帕累托最优，提供这些最终产品的厂商在使用资源方面符合生产的帕累托最优，并且经济体系生产的产品组合也达到最优，从而断定竞争性市场机制实现了最有效率的资源配置：①从消费者消费最终产品来看。对于任意消费者而言，在既定的商品价格条件下，消费者得到最大效用时必然使得商品的边际替代率等于商品的价格之比。因而，在交换上符合帕累托最优条件。②从企业使用生产要素生产最终产品来看。获得最大利润的厂商必然使得生产要素的边际技术替代率等于要素的价格之比。这就保证了生产符合帕累托最优。③从生产和消费两个方面来看。产品的转换率等于产品的边际成本之比，而当厂商处于均衡时，产品的边际成本等于相应产品的价格，所以既定资源生产的产品的边际转换率等于产品的价格比，从而等于消费这两种商品的边际替代率。这表明，在市场机制的作用下，经济系统内的各种资源均得到了最优的利用，社会实现了最大的福利水平。

以上分析表明，完全竞争的市场机制是有效率的，但是，完全竞争条件一旦遭到破坏，就会出现市场失灵。针对市场失灵的原因，可以采取相应的微观经济政策。

此外，市场机制运行的结果也未必尽如人意。例如，收入分配不公、经济波动等，都成为市场机制的局限。收入政策及宏观经济政策在某种程度上可以起到提高市场机制效率的作用。

5. 公共物品是供整个社会及全体社会成员共同享用的物品，如国防、警务之类。这些公共物品只能由政府提供，具有非排他性和非竞争性。非排他性是指一产品为某人消费的同时，无法阻止别人也来消费这一物品。非竞争性是指公共物品可以同时为许多人所消费，增加一名消费者的消费的边际成本为零，即一个人对这种物品的消费不会减少可供别人消费的量。公共物品使用之所以具有非排他性和非竞争性，是因为公共物品生产上具有不可分性。

私人物品具有排他性和竞争性。对于私人物品来说，购买者支付了价格就取得了该物品的所有权，就可轻易阻止别人来消费这一物品。私人物品的生产是由市场竞争决定的。

公共物品的两大显著特点是消费或使用上的非排他性和竞争性。这些性质决定了公共物品和私人物品在最优产出水平决定上大不相同。私人物品的市场需求曲线由各消费者个人需求曲线水平相加而得。公共物品的市场需求曲线只能由各消费者个人需求曲线垂直相加而得。但是，许多西方经济学家认为，公共物品的需求曲线是虚假的。首先，单个消费者通常并不很清楚自己对公共物品的需求价格，更不用说去准确地陈述他对公共物品的价格与需求的关系；其次，即使单个消费者了解自己对公共物品的偏好程度，他们也不会如实说出来。为了减少支付价格或不支付价格，消费者会低报或隐瞒自已对公共物品的偏好。他们在享用公共物品时都想“搭便车”，即不支付成本就得到利益。

在竞争的市场中，如果是私人物品，则市场均衡时的资源配置是最优的。但是，如果是公共物品，即使它是可排他的，情况也将完全不同。任何一个消费者消费一单位商品的机会成本为零。这意味着，没有任何的消费者要为他所消费的公共物品去和任何人竞争，因此，市场不再是竞争的。如果消费者认识到他自己消费的机会成本为零，他就会尽量少支付给生产者以换取消费公共物品的权利。如果所有的消费者均这样行事，则消费者们支付的数量就将不足以支付公共物品的生产成本。结果便是低于最优数量的产出，甚至是零产出。

微观经济学模拟试卷 A

一、名词解释（每题 3 分，共 18 分）

1. 微观经济学：是西方经济学的一个重要分支，又被称为个体经济学或小经济学。它以单个经济单位（居民户、厂商及单个产品市场）为研究对象，研究单个经济单位的经济行为，以及相应的经济变量的单项数值如何决定。微观经济学的核心理论是价格问题，主要内容包括价格理论、消费者行为理论、生产理论、成本理论、厂商均衡理论、收入分配理论，以及福利经济学和一般均衡理论。

2. 需求定理：是指商品的需求量与价格之间的互为反方向的变化关系。价格上升，需求量减少；价格下降，需求量增加。用几何形式表示商品的需求量与价格之间的这种关系，即需求曲线的形状是向右下方倾斜的。

3. 边际效用递减规律：是指在其他条件不变的前提下，某消费者在消费某种商品时，随着消费量的增加，新增加的一单位该商品所带给该消费者的效用的增加量减少，即边际效用将递减。

4. 生产函数：表示在一定时期内，在技术水平不变的情况下，生产中所使用的各种生产要素的投入数量与所能生产的最大产量之间的关系。

5. 机会成本：生产一单位的某种商品的机会成本是指生产者所放弃的使用相同的生产要素在其他生产用途中所能得到的最高收入。

6. 停止营业点：厂商 *SAVC* 曲线和 *SMC* 曲线的交点。在这一点上，厂商生产和不生产的结果都一样，处于关闭企业的临界点。

二、单项选择题（每题 1 分，共 12 分）

题号	1	2	3	4	5	6
答案	B	D	C	B	A	B
题号	7	8	9	10	11	12
答案	C	D	D	A	A	B

三、判断题（每题 1 分，共 10 分）

题号	1	2	3	4	5	6	7	8	9	10
答案	✓	×	×	✓	×	×	✓	×	×	✓

四、多项选择题（每题 2 分，共 20 分）

题号	1	2	3	4	5	6	7	8	9	10
答案	ABC	ACD	BE	BD	ABC	ABCD	BD	ABCD	BCE	ABCD

五、计算题（每题 5 分，共 10 分）

1. 设肉肠为商品 1，面包卷为商品 2，

∵ 两商品为完全互补品

∴ 效用函数为 $U=\min\{x_1, x_2\}$

假设用于两种商品的总花费一定

∴ 收入约束条件为 $M=p_1x_1+p_2x_2$

求解效用最大化得 $x_1=x_2=\dfrac{M}{p_1+p_2}$

（1）肉肠的需求价格弹性 $e_1=-\dfrac{\mathrm{d}x_1}{\mathrm{d}p_2}\cdot\dfrac{p_1}{x_1}$

其中，$\dfrac{\mathrm{d}x_1}{\mathrm{d}p_1}=\dfrac{\mathrm{d}\dfrac{M}{p_1+p_2}}{\mathrm{d}p_1}=\dfrac{-M}{(p_1+p_2)^2}=-\dfrac{p_1x_1+p_2x_2}{(p_1+p_2)^2}$

根据题目已知条件 $p_1=p_2$，上式可进一步化简为$\dfrac{\mathrm{d}x_1}{\mathrm{d}p_1}=-\dfrac{2p_1x_1}{(2p_1)^2}=-\dfrac{x_1}{2p_1}$

代入 e_1，得 $e_1=\dfrac{x_1}{2p_1}\cdot\dfrac{p_1}{x_1}=\dfrac{1}{2}$

（2）$e_{12}=\dfrac{\mathrm{d}x_2}{\mathrm{d}p_1}\cdot\dfrac{p_1}{x_2}$

$\because \frac{dx_2}{dp_1}=\frac{dx_1}{dp_1}=-\frac{p_1x_1+p_2x_2}{(p_1+p_2)^2}=-\frac{2p_1x_2}{(2p_1)^2}=-\frac{x_2}{2p_1}$

代入 e_{12}，得 $e_{12}=-\frac{x_2}{2p_1}\cdot\frac{p_1}{x_2}=-\frac{1}{2}=-e_1$

(3) 当两商品的相对价格发生变化 $p_1=2p_2$，

则$\frac{dx_1}{dp_1}$和$\frac{dx_2}{dp_1}$相应发生变化，$\frac{dx_1}{dp_1}=\frac{dx_2}{dp_1}=-\frac{2x_1}{3p_1}=-\frac{2x_2}{3p_1}$

$e_{12}=-\frac{2}{3}$

2. 由 MC 微分得：

$TC=3Q^3+2Q^2+5Q+a$（a 为常数）

$3\ 000=3\times10^3+2\times10^2+5\times10+a\Rightarrow a=-250$

$\therefore TC=3Q^3+2Q^2+5Q-250$

$AC=\frac{TC}{Q}=3Q^2+2Q+5-\frac{250}{Q}$

$VC=TC-FC=3Q^2+2Q+5=3\times10^2+2\times10+5=325$

$AVC=\frac{VC}{Q}=3Q+2+\frac{5}{Q}=3\times10+2+\frac{5}{10}=32.5$

$FC=TC-VC=3\ 000-325=2\ 675$

六、简答题（每题5分，共15分）

1. “看不见的手”原理是对自由市场机制的一种形象化的说法，具体是指在正常情况下，市场会以其内在的机制维持自身的健康运行。“看不见的手”是古典经济学家亚当·斯密的一句名言，指完全竞争市场内价格机制的作用。早期的经济学家强调经济的自发性和自由放任，反对政府干预经济，认为资源的有效配置完全可以依靠市场来实现，自发组织经济活动的市场操纵者，不是政府和资本家，而是一只“看不见的手”。亚当·斯密在《国富论》中指出：市场上的每个厂商都力图用他的资本生产最大的产量；每个消费者都力图用他的收入达到最大的满足。他可能并不企图增进公共利益，也不知道他增进的公共利益是多少，他所追求的仅仅是他个人的利益和安乐。他这样做时，有一只“看不见的手”引导他去促进一种目标，尽管这种目标绝不是他所直接追求的。他在追逐自身利益的同时，也经常促进社会的利益，而且效果比他真正想要促进社会利益时所得到的还大。“我们所以有饭吃，不是因为卖肉者、酿酒者或面包商仁慈，而是因为他们要考虑自身的利益。”也就是说，通过市场间接实现的公共利益比通过计划和政府干预直接去谋求的社会利益效果更好。商品经济是一种交换经济，个人的实现程度完全取决于交换的实现程度。交换的实现，意味着被社会承认，社会承认是取得利润的前提。因此，生产者在追求自身利润最大化时，需要首先考虑社会的需要，满足公共的利益，这是不需要有人督促的。但事实上这一原理由于其假定过于严格而很难实现。

2. 如下图所示，短期成本曲线共7条，分别是总成本 TC 曲线、总可变成本 TVC 曲线、总固定成本 TFC 曲线，以及相应的平均成本 AC 曲线、平均可变成本 AVC 曲线、平均固定成本 AFC 曲线和边际成本 MC 曲线。

(1) TC 曲线、TVC 曲线和 MC 曲线之间的关系。每一产量点上的 MC 值就是相应的 TC 曲线和 TVC 曲线的斜率。在边际报酬递减规律的作用下，当 MC 曲线逐渐由下降变为上升时，相应地，TC 曲线和 TVC 曲线的斜率也由递减变为递增。当 MC 曲线达到最低点时，TC 曲线和 TVC 曲线相应的各自存在一个拐点。

(2) AC 曲线、AVC 曲线和 MC 曲线之间的关系。“U”形的 AC 曲线与“U”形的 MC 曲线相交于 AC 曲线的最低点。在 AC 曲线的下降阶段，MC 曲线在 AC 曲线的下方；在 AC 曲线的上升阶段，MC 曲线在 AC 曲线的上方。“U”形的 AVC 曲线与“U”形的 MC 曲线相交于 AVC 曲线的最低点。在 AVC 曲线的下降阶段，MC 曲线在 AVC 曲线的下方；在 AC 曲线的上升阶段，MC 曲线在 AVC 曲线的上方。对于产量变化的反应，边际成本 MC 要比平均成本 AC 和平均可变成本 AVC 敏感得多。反映在图中，则不管是上升还是下降，MC 曲线的变动都快于 AC 曲线和 AVC 曲线。

(3) 比较图中 AC 曲线和 MC 曲线的交点 D 与 AVC 曲线和 MC 曲线的交点 F，可以发现，前者的出现慢于后者，并且前者的位置高于后者。也就是说，AVC 曲线降到最低点 F 时，AC 曲线的最小值大于 AVC 曲线的最小值。这是因为：平均总成本中不仅包括平均可变成本，还包括不变成本。正是由于平均不变成本的作用，才使得 AC 曲线的最低点 D 的出现既慢于又高于 AVC 曲线的最低点 F。

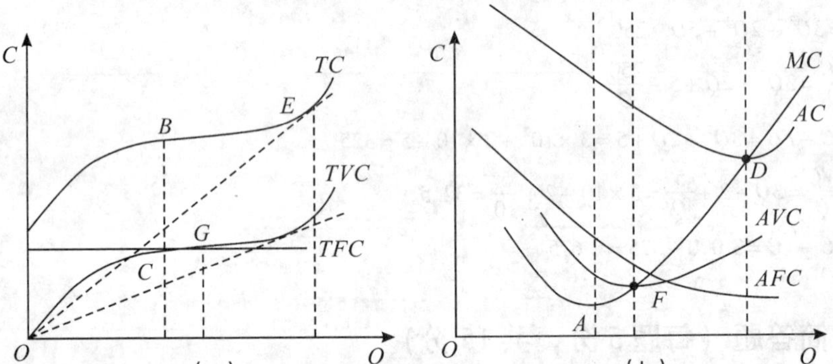

(a) (b)

3. 企业的生产规模不能过小，也不能过大，即要实现适度规模(appropriate degree dimensions)。就是两种生产要素的增加应该适度，生产规模的扩大正好使收益递增达到最大，当收益递增达到最大时就不再增加生产要素，并使这一生产规模维持下去。如果一个厂商不断地扩大工厂规模，到了一定程度，会因管理越来越复杂，使管理效率下降；因增加生产要素供给和产品销售困难，使生产要素价格与销售费用增加，因而，规模收益将会出现递减的趋势。

七、论述题(15分)

科斯定理是指，只要财产权是明确的，并且其交易成本为零或者非常小，那么，无论产权在开始时分配给谁，市场均衡的最终结果都是有效率的。例如，假定有一工厂排放的烟尘污染了周围5户居民晾晒的衣服，每户居民由此遭受损失75元，5户共损失375元。再假定有两个解决方法：一是花150元给工厂烟囱安装一个除尘器；二是给每户买1台价值50元的烘干机，5户共需250元。不论把产权给工厂还是给居民，即不论工厂拥有排烟权利，还是5户居民有不受污染的权利，如果听任私有制为基础的市场发生作用，工厂或居民都会自动采取用150元解决问题的方法，因为这样最节省，150元成本最低，表示资源配置最优。

一些西方学者根据科斯定理认为，外部影响之所以会导致资源配置失当是由于产权不明确。如果产权明确，且得到充分保障，有些外部影响就不会发生。在上述例子中，只要产权归工厂还是居民是明确的，则他们中任何一方都会想出用150元安装一个除尘器的办法来消除污染，即解决外部影响问题。也就是说，在解决外部影响问题上不一定要政府干预，只要产权明确，市场会自动解决外部性问题，而在此以前，以英国庇古为主要代表的传统经济学家认为，解决外在性问题，需要政府干预：

出现外部不经济时，要用征税办法，其数额应等于外部不经济给其他社会成员造成的损失，使私人成本等于社会成本；出现外部经济时，可用政府津贴办法，使私人利益和社会利益相等，这样，都可使资源配置达到帕累托最优。因此，科斯定理的问世，被认为是对传统经济学的修正。

微观经济学模拟试卷 B

一、单项选择题（每题 1 分，共 20 分）

题号	1	2	3	4	5	6	7	8	9	10
答案	C	C	B	C	C	D	D	D	A	B
题号	11	12	13	14	15	16	17	18	19	20
答案	D	C	D	A	C	A	C	D	B	A

二、多项选择题（每题 2 分，共 10 分）

题号	1	2	3	4	5
答案	ACE	BCD	ACD	ABC	ABD

三、判断题（每题 1 分，共 15 分）

题号	1	2	3	4	5	6	7	8	9	10
答案	×	✓	×	✓	✓	✓	×	✓	✓	✓
题号	11	12	13	14	15					
答案	✓	×	✓	✓	✓					

四、计算题（每题 5 分，共 15 分）

1.（1）当 $P=55$ 时，$Q=20$，利润 $=790$。

（2）当 $P=AVC=5$ 时（此时 $Q=10$），厂商停止生产。

2. $P=2$，$Q=7$，$E_d=\frac{1}{14}$，应该提价。

3. 计算得出 $Q=10$，$\min(AVC)=6$。

五、简答题（每题 8 分，共 24 分）

1. 无差异曲线的特点：①向右下方倾斜，且凸向原点；②同一平面上可以有无数条无差异曲线，且离原点越远，代表的效用水平越高；③任何两条无差异曲线不能相交。

与等产量曲线的区别：前者表示效用，是主观的；后者表示产量，是客观的。

2.（1）*TP*、*MP*、*AP* 的特点：都是先上升，后下降。

（2）当 *MP* 大于0时，*TP* 上升；当 *MP* 小于0时，*TP* 下降；当 *MP* =0时，*TP* 达到最大。

（3）*MP* 曲线通过 *AP* 曲线的最高点。

（4）图形略。

3.（1）实行了三级价格差别。

（2）产品具有垄断地位时，厂商可以控制价格；市场可以分开；两个市场具有不同的需求弹性。

六、论述题（16分）

（1）边际报酬递减规律的含义：在技术水平不变的条件下，在连续等量地把某一种可变生产要素增加到其他一种或几种数量不变的生产要素上去的过程中，当这种可变生产要素的投入量小于某一特定值时，增加该要素投入带来的边际产量是递增的；当这种可变生产要素增加并超过这个特定值时，边际产量是递减的。

（2）原因：对于任何产品的短期生产，可变要素投入和固定要素投入之间存在着一个最佳的组合，在达到最佳组合之前，边际产量是递增的；在达到最佳组合之后，边际产量是递减的。

（3）与规模报酬的区别：规模报酬讨论的是厂商规模变动时，产量如何变化，属于长期分析；而生产要素报酬考察的是在既定的生产规模下，增加可变生产要素时相应的产量的变化，属于短期分析。

微观经济学模拟试卷 C

一、单项选择题（每题1分，共20分）

题号	1	2	3	4	5	6	7	8	9	10
答案	B	B	A	A	B	A	A	B	B	D
题号	11	12	13	14	15	16	17	18	19	20
答案	C	B	B	D	A	D	C	D	D	B

二、多项选择题（每题2分，共10分）

题号	1	2	3	4	5
答案	BDE	BCD	ACE	ACDE	ABCD

三、判断题（每题 1 分，共 15 分）

题号	1	2	3	4	5	6	7	8	9	10
答案	✓	✓	×	×	✓	×	×	✓	✓	×
题号	11	12	13	14	15					
答案	×	✓	✓	×	×					

四、计算题（每题 5 分，共 15 分）

1. $P=1$ 时，$Q=3$，$E_d=1/9$，应该提价。

2. $P=130$，$Q=10$，利润 $=-400$，$AVC=70<130$，继续生产。

3. 总产量达到最大时，$L=20$；平均产量达到最大时，$L=10$。

五、简答题（每题 8 分，共 24 分）

1.（1）AC、AVC、MC 均呈现出“U”形。

（2）MC 曲线通过 AC 曲线的最低点。

（3）MC 曲线通过 AVC 曲线的最低点。

（4）图形略。

2. 不会做广告。因为理论上，假定完全竞争的生产者的产品是同质的，没有任何质的差别，而且信息是充分的，完全竞争的厂商只是按照既定的价格出售任何数量的产品，因此，做广告只会增加成本，却不会增加收益。

3. 当 $MU_X/P_X<MU_Y/P_Y$ 时，这说明同样的一元钱，购买 X 所得到的效用小于购买 Y 所得到的效用，这样，消费者应该减少对 X 的购买，而增加对 Y 的购买；当 $MU_X/P_X>MU_Y/P_Y$ 时，这说明同样的一元钱，购买 X 所得到的效用大于购买 Y 所得到的效用，这样，消费者应该增加对 X 的购买，而减少对 Y 的购买；当 $MU_X/P_X=MU_Y/P_Y$ 时，消费者得到了最大效用。

六、论述题（16 分）

按照生产要素的贡献分配，有利于提高生产效率，但由于人和人的能力与禀赋差异的客观存在，必然使一部分人比另一部分人更为富裕，这就产生了公平与效率的问题。人们对公平的看法主要有：①平均主义，这是一种朴素的公平观点，它是指社会的所有成员得到同等数量的商品；②罗尔斯主义，认为应该给予社会中处境最差的人比较大的权数，使境况最差者的效用最大化；③功利主义，认为应使社会所有成员的效用最大化，倾向于要求在社会境况最好和最差的人之间有所区别；④市场主义，认为只要市场是自由竞争的，那么市场竞争的结果是最公平的，那些最有能力的和工作最努力的人应该得到与其劳动付出相应的报酬。

微观经济学模拟试卷 D

一、名词解释（每题 2 分，共 10 分）

1. 替代品：如果两种商品之间可以互相代替以满足消费者的某一种欲望，则称这两种商品之间存在着替代关系，即这两种商品互为替代品。

2. 效用：是指人们消费或拥有一定数量的某种商品时所获得的满足程度。

3. 规模报酬：又称规模收益，是指企业生产规模的变化与所引起的产量变化之间的关系。

4. 经济利润：是指企业的总收益和总成本之间的差额，简称企业的利润。

5. 边际收益：是指厂商增加一单位产品销售所获得的收入增量。

二、单项选择题（每题 1 分，共 10 分）

题号	1	2	3	4	5	6	7	8	9	10
答案	C	D	D	B	B	B	B	D	B	A

三、判断题（每题 1 分，共 10 分）

题号	1	2	3	4	5	6	7	8	9	10
答案	×	✓	✓	×	×	✓	✓	×	✓	×

四、简答题（每题 5 分，共 25 分）

1. 这三个概念是：资源的有限性、选择的必要性、机会成本。边界以外无法达到的组合意味着资源的有限性；边界上各种组合的存在意味着选择的必要；边界以下意味着机会成本。

2. 主要有商品的自身价格、生产成本、生产的技术水平、相关商品的价格、生产者对未来的预期。

3. 主要原因是农产品在需求方面是很缺乏弹性的，因为它属于生活必需品。在歉收的时候，由于粮食价格上升的幅度大于需求下降的幅度，农民获得的收入反而多于平常；在丰收时，由于价格下降的幅度大于需求增长的幅度，农民获得的收入要比平常少。所以，粮食价格低是导致农民收入下降的主要原因。

4. 在一定时间内，在其他商品的消费数量保持不变的条件下，随着消费者对某种商品消费量的增加，消费者从该商品连续增加的每一消费单位中所得到的效用增量，即边际效用是递减的。

5. 短期平均成本曲线呈“U”形的主要原因是边际报酬递减。

在可变生产要素增加的初期，平均产量随边际产量递增而递增，相对应平均成本是递减的；随着可变要素的不断增加，过了平均产量的最大点后，平均产量开始递减，相对应的平均成本开始递增。所以，短期平均成本曲线呈先下降后上升的“U”形。

五、计算题（每题 15 分，共 30 分）

1. 1960—1961 年：

$\Delta P=50$，所以，$\Delta Q=-0.049\Delta P=-2.45$

$$E_d=\frac{\Delta Q}{\Delta P}\cdot\frac{P_1+P_2}{Q_1+Q_2}$$

$$E_d=\frac{-2.45}{50}\times\frac{1\,000+1\,050}{75.3+76.6}\approx -0.66$$

1961—1962 年：

$\Delta P=73$，所以，$\Delta Q=-0.049\Delta P=-3.577$

$$E_d=\frac{-3.577}{73}\times\frac{1\,050+1\,123}{76.6+79.4}\approx -0.68$$

1962—1963 年：

$\Delta P=112$，所以，$\Delta Q=-0.049\Delta P=-5.448$

$$E_d=\frac{-5.448}{112}\times\frac{1\,123+1\,235}{79.4+79.4}\approx -0.73$$

2. 设 K 和 L 的价格分别为 P_K 和 P_L，

对于生产函数 $Q=6KL$

$MP_K=6L$

$MP_L=6K$

根据生产者均衡条件 $\frac{MP_L}{MP_K}=\frac{P_L}{P_K}$

$\therefore \frac{6K}{6L}=\frac{P_L}{P_K}$

$\therefore K=\frac{LP_L}{P_K}$

代入生产函数 $Q=6KL$，得：

$Q=\frac{6P_L}{P_K}\cdot L^2$

$\therefore L=(\frac{P_K}{6P_L})^{\frac{1}{2}}\cdot Q^{\frac{1}{2}}$

$K=(\frac{P_L}{6P_K})^{\frac{1}{2}}\cdot Q^{\frac{1}{2}}$

则：$TC=LP_L+KP_K$

$\quad=(\frac{2}{3}P_KP_L)^{\frac{1}{2}}\cdot Q^{\frac{1}{2}}$

六、论述题（15 分）

（1）厂商不会在劳动的第一阶段经营，因为在这个阶段，平均产量处于递增阶段，边际产量大于平均产量。这意味着增加劳动的投入，劳动的平均产量处于不断增加的状态。厂商也不会在第三阶段生产，因为在这个阶段，可变要素的增加反而会使总产量减少，边际产量为负值。同样，厂商也不会在资本的第一、第三阶段生产。理性的厂商应在第二阶段生产，因为这个阶段劳动和资本的边际产量都是正值，只有在此阶段，才存在使利润达到最大值的要素的最优组合。

(2) 厂商将在生产的第二阶段，由 $MP_L/MP_K = P_L/P_K$ 决定的使既定产量下成本最小或者既定成本下产量最大的点上进行生产。

(3) 如果 $P_K = 0$，厂商将在使劳动有最大平均效率的点上进行生产，即在劳动第二阶段开始处进行生产（此时，AP_L 最大且 $MP_K = 0$）；如果 $P_L = 0$，厂商将在资本第二阶段开始处生产；如果 $P_L = P_K$，厂商将在第二阶段内 MP_K 和 MP_L 的交点处进行生产。

微观经济学模拟试卷 E

一、名词解释（每题 2 分，共 10 分）

1. 非价格竞争：在垄断竞争市场上，由于每一个厂商生产的产品都是有差别的，所以垄断竞争厂商往往通过改进产品品质、精心设计商标和包装、改善售后服务及广告宣传等手段，来扩大自己产品的市场销售份额，这就是非价格竞争。
2. 完全竞争厂商：同时处于完全竞争产品市场和完全竞争要素市场中的厂商称为完全竞争厂商。
3. 一般均衡：在一个经济体系中，所有市场的供给和需求同时达到均衡的状态。
4. 道德风险：从事经济活动的人在最大限度地增进自身效用的同时，作出不利于他人的行动。
5. 预算线：表示在消费者收入和商品价格为一定的条件下，消费者所能购买的不同的商品组合。

二、判断题（每题 1 分，共 10 分）

题号	1	2	3	4	5	6	7	8	9	10
答案	×	✓	✓	×	×	×	✓	✓	×	×

三、单项选择题（每题 1 分，共 10 分）

题号	1	2	3	4	5	6	7	8	9	10
答案	C	B	B	B	B	A	C	B	C	B

四、简答题（每题 5 分，共 25 分）

1. 基数效用是指用基数 1、2、3……具体数量衡量的效用。假如消费者的收入一定，并且每单位货币收入的边际效用是一定的，此时消费者购买一种商品的最大效用原则是 $MU = \lambda P$，即商品的边际效用等于货币的边际效用乘以商品价格。如果消费者购买多种商品，则最大效用原则是各种商品的边际效用与各自的价格之比相等。

$$MUX / PX = MUY / PY = \cdots = \lambda$$

2. 当保持其他生产要素不变，而使某一种生产要素连续增加时，保持不变的生产要素与连续增加的生产要素之间存在一个最优比例，如果超过了这个最优比例，再继续增加这种生产要素，则生产要素的效率下降，边际产量将发生递减。

3. 流量指标是指某现象在一定时期内发展所达到的总量；而存量指标是指某现象在一定时点上所达到的总量。二者的区别是：第一，不同时期的流量指标可以相加，而不同时期的存量指标不能相加；第二，流量指标的数值大小和所计算的时期长短有直接关系，一般来讲，时期越长，流量指标的数值越大，反之则越小，而存量指标的数值大小和所计算的时期长短没有直接的关系。

4. 首先，说明当边际成本曲线位于平均成本曲线的下方时，平均成本曲线呈下降状态；当边际成本曲线位于平均成本曲线的上方时，平均成本曲线呈上升状态。然后，证明边际成本曲线不可能在平均成本曲线向下倾斜或向上倾斜时相交，边际成本曲线和平均成本曲线的唯一交点是平均成本曲线的最低点。

5. 这样说是正确的，因为西方经济学家认为，产品差别造成了垄断，才能使垄断厂商按不同质的产品价格出售自己的产品。如果产品没有差别，则价格就不能有差别；如果产品有差别，生产者就可以在价格上也有差别，这样的价格差别并不会使生产者丧失市场，因为有差别的产品能满足人们的不同需要，产品差别越大，满足人们不同需要的程度也就越大，从而使产品价格的差别也越大。

五、计算题（15分）

（1）利润最大化的条件是：$MR=MC$

而 $TR=PQ=(80-0.7Q)$，$Q=80Q-0.7Q^2$

所以 $MR=80-1.4Q$

$MC=TC'=(0.4Q^2+2Q+5)'=0.8Q+2$

于是 $80-1.4Q=0.8Q+2$

解得 $Q\approx35.45$（单位）

（2）边际收益为0时，总收益最大，令 $MR=80-1.4Q=0$

解得 $Q\approx57.14$（单位）

此时 $P=80-0.7Q=80-0.7\times57.14=40$（单位）

$TR=PQ=40\times57.14=2\ 285.6$（单位）

总利润 $=TR-TC$

$=2\ 285.6-(0.4\times57.14^2+2\times57.14+5)$

≈860.32（单位）

六、论述题（每题10分，共30分）

1. （1）消费者购买各种物品是为了实现效用最大化，或者说是为了使消费者剩余最大。当某种物品价格既定时，消费者从这种物品中所得到的效用越大，即消费者对这种物品评价越高，消费者剩余越大。当消费者对某种物品的评价既定时，消费者支付的价格越低，消费者剩余越大。因此，消费者愿意支付的价格取决于他以这种价格所获得的物品能带来的效用的大小。

（2）消费者为购买一定量某物品所愿意付出的货币价格取决于他从这一定量物品中所获得的效用。效用大，愿付出的价格高；效用小，愿付出的价格低。随着消费者购买的某物品数量的增加，该物品给消费者所带来的边际效用是递减的，而货币的边际效用是不变的。这样，随着物品的增加，消费者所愿付出的价格也在下降。因此，需求量与价格必然成反方向变动。

2. 第一，人类的生产活动总是在一定形态的社会中进行。必须首先服从剩余价值规律，即寻求利润最大化。建立在生产函数基础上的生产理论所介绍的生产是一般性的生产，即抽象掉了生产关系后所剩下的生产的一般条件，所描述的生产与资本主义生产的实际情况具有一定的距离。这种生产理论也与社会主义市场经济的生产有关。例如，在社会主义市场经济中，为了降低生产成本，必须寻求生产要素的最优组合。社会主义的企业也同样存在着规模报酬的递增、递减和不变的问题。因此，在扩大原有企业的规模和另行新建同一企业之间进行选择的时候，必须把这一点考虑在内。

第二，这种生产理论关于等产量曲线的介绍表明，不同数量的生产要素的组合可以得到相同的产量，但是在现实生活中，具备一定数量的生产要素并不足以使生产得以进行。这种生产理论也抽象掉了企业家的技术创新的作用。因此，当把该理论用于中国的现实时，我们必须对此加以考虑。

3. 机会成本是经济分析中一个非常重要的概念，它是人们在作决策时必须考虑到的一个重要的因素，可以被推广到任何有关人类行为的决策过程中去。它是以放弃用同样资源来生产其他产品或将同样资源投入另外一种用途时所能获得的收入来衡量的。

经济学要从机会成本的概念来分析厂商的生产成本，这是因为，经济学是从稀缺资源配置的代价而不是会计学的意义上来考察成本的概念。当一定量的经济资源投入到产品 A 的生产中时，生产产品 A 的代价不仅包括这一定量的经济资源的耗费，而且还必须包括没有用这些经济资源生产产品 B 可能获得的收益。因为如果用一定量经济资源所生产 A 获得的利益抵不上生产 B 获得的收益，资源就要从产品 A 转移到产品 B。因此，从资源配置的角度来看，生产 A 的真正成本，不仅应该包括生产 A 的各种费用支出，而且应该包括放弃的另一种用途（生产 B）可能获得的收入。